中國學術思想 研究輯刊

十一編

林慶彰 主編

第 9 冊

張載之禮學

陳美圓 著

《中庸》與周張二程思想之關係

李昌年 著

花木蘭文化出版社

國家圖書館出版品預行編目資料

張載之禮學　陳美圓　著／《中庸》與周張二程思想之關係
李昌年　著 -- 初版 -- 新北市：花木蘭文化出版社，2011〔民
100〕
序 4+ 目 2+104 面 + 目 2+112 面：19×26 公分
（中國學術思想研究輯刊 十一編：第 9 冊）
ISBN：978-986-254-456-3（精裝）
1. 中庸　2. 儒學　3. 宋元哲學
030.8　　　　　　　　　　　　　　　　　　100000692

ISBN-978-986-254-456-3

9 789862 544563

中國學術思想研究輯刊
十一編　第 九 冊　　　　　　　ISBN：978-986-254-456-3

張載之禮學
《中庸》與周張二程思想之關係

作　　　者　陳美圓／李昌年
主　　　編　林慶彰
總 編 輯　杜潔祥
出　　　版　花木蘭文化出版社
發 行 所　花木蘭文化出版社
發 行 人　高小娟
聯絡地址　新北市永和區中正路五九五號七樓之三
　　　　　　電話：02-2923-1455 ／傳真：02-2923-1452
網　　　址　http://www.huamulan.tw 信箱 sut81518@ms59.hinet.net
印　　　刷　普羅文化出版廣告事業
封面設計　劉開工作室
初　　　版　2011 年 3 月
定　　　價　十一編 40 冊（精裝）新台幣 62,000 元

張載之禮學

陳美圓　著

作者簡介

陳美圓，國立政治大學中國文學系學士、碩士。曾任國立台中商專講師、副教授。現任國立台中技術學院副教授。著有：「吳文英詞研究」、「台灣唸歌中的哪吒傳說及其表現形式」、「台灣唸歌《哪吒鬧東海》的文化傳承與創新」。近年來主要研究興趣在台灣文學、台語文、台灣唸歌等。

提　　要

　　宋明理學家體察天人、深究心性，為中國思想開拓出新的格局和風貌。其中濂、洛、關、閩四大宗派更為後世所崇仰，也是研究宋代理學最重要的依據。本文針對關學宗師張載禮學的探討，主要在闡明關學繼承先聖精神，重視人文倫理的思想特質，以及張橫渠先生苦思精學、成德達道、自勉勉人的生命歷程。

　　第一章對張載的生平和著作做詳細的考究，參考呂大臨〈張橫渠先生行狀〉，《四庫總目題要》，《性理大全書》，《宋元學案》等多本書籍，了解張橫渠先生刻苦的生命，精思的成果。

　　第二章陳述關學的宗風和繼承人物，關學與范文正公淵源很深，所以也形成了特別重視實用、人文倫理、教育禮俗等學風。

　　第三章是論文的重心，討論禮的本原意義、禮學的理論根源，並且透過人文倫理、政治制度、教育思想、禮俗規範四大項目，深入探討橫渠先生禮學的宏闊義涵。如果缺少道體、性命、心體等形上思維的建構，就沒有所謂倫理、教育、禮俗的落實。這也是橫渠先生所一再強調的上學下達的實踐精神。

　　第四章闡述橫渠禮學對後世的影響，南宋的朱熹、明代的王船山都深深受到張橫渠禮學精神的影響，各自開創了一代的學風。

　　中國文化特別重視禮教，禮教也因為宋明理學的精密理論而更形貞固。不過隨著時代的進步，不合時宜的禮教，也應該詳加分辨並修整，才能更符合先儒提倡理學的精神。

目

次

序　言

　　究極天道，以立人道，乃先儒思想之歸趣。宋明理學家密察天人、深究心性、標示理性之義，為中國思想開拓嶄新之風貌。而其中人文倫理、成德達道之智慧，是否足以相映今之人生事項？其意義與價值又如何衡定？探討理學之餘，不禁有此一疑。然自揣學力並不足綜理諸家天道、性命之論；對張載禮學之研究，正所以由下學入手也。茲謹依各章節以述研究之方法、資料之檢別、理論之建構。

　　首章述張載之生平及著作，要在明其學思梗概。張子年譜今已佚，故以呂大臨橫渠先生行狀為本，旁徵各有關橫渠之傳略綜合論述，主在考究其思想發展之歷程。橫渠之著作則分經、子、集三部，考其著錄篇卷，內容旨要。於西銘、正蒙二本更考四庫總目提要、性理大全書、宋元學案諸書所錄，特舉諸家注解。而歷來學者特重西銘、正蒙義理，於焉可察。其間異同、優劣更有待專文析論之，本文不暇及。章後附錄橫渠年表，載橫渠及同時之儒者、門人之行誼。

　　次章考究關學一派之宗風，以列傳之法，分生平事蹟、學行、學統或學思，並述其師承。關學因完顏之亂，寥落無聞於後世。其傳難考。茲章之述大抵採自宋元學案及宋元學案補遺，更參宋人傳記資料索引，由此索引以求橫渠門人之　傳略資料，引用四庫珍本多種，然亦繁碎不成篇章。雖極陳關學淵源，卻頗略其諸弟子。末節綜合關派學者之行誼、與宋代之政制、關陝之地理、風俗民情，歸納而成關學四特徵。關學重禮制、貴實踐之風範，適與橫渠之禮論交相輝映。

　　第三章為本論文重點所在，以禮之初探與橫渠之論禮、禮學之理論根源、

禮學與倫理、禮學與政制、禮學與為學之道、禮學與禮俗六節架構橫渠禮學之內涵。禮乃中國文化之核心，其範圍廣大，涵義繁富。欲究其底蘊，必先探其本原。而首節橫渠之論禮與末節禮俗之述，皆與禮記所論比照而觀，其中義理足與今相映者，特表而出之。

第二節禮學之理論根源，主在申述橫渠下學上達之要義，扣合其天道性命，人倫日用相貫之旨趣。然千年前之思考方式，與義理之綜釐分辨，與今日自然有別。若強以今之思考模式規劃其論理，難免有滯礙及附會之嫌，故以道體、性命、心體條理其論本體、論心、論性之大概，其中之理解咸以正蒙原文為本，並與今之論點相疏通，以免其道隱晦不明。橫渠充擴心知之義，用以成性成德，重禮化性之論理基礎，亦由此心性而接合矣。

禮學與倫理一節，主探究其倫理思想之基礎，進而明其對個人倫理、社會倫理之論。西銘乃橫渠倫理觀之代表作，其中萬物一體之仁、理一分殊之義，並採程伊川、楊時、朱熹之釋解。仁道之充擴乃倫理之極致、分殊之別要在達用，然分定之義其弊致使社會倫理趨向封閉、僵化，表現於君臣、父子、夫婦之道中，尤顯其相對意義之欠缺。五倫之教，雖有悲慈、仁愛之公德為本心，然卻受制于君父威權，無能發揮其用。

為學之道主密察成德之徑路，以今觀之，乃治學之方法態度也。惟橫渠重在德性之知，非聞見之知也。其學在學所以為人之道。乃今自我教育之歷程。其肯定人生之價值、主體之道德，一本中國思想之本色。橫渠論學之語，散見正蒙、經學理窟、張子語錄，茲條理、綜合其要旨而論為學之方、學之層次，而聖人之意蘊，則亦檢別著作中言聖之處，綜理其要而成。此學以成德、人人得以臻聖之論，頗有助於今之道德教育及自我實現之教育。

禮學與政制，由正蒙及經學理窟考究橫渠之政制思想與政制內涵，自漢統制之思奠立，歷代儒家之政制思想非但未超脫其樊籬、反因專制集權之更張，愈顯其貧弱無力。橫渠之政制思想亦本諸傳統之德治主義，嚮慕三代大公之立制，極陳封建、井田、宗法之制。然因儒者疏於事理之察。故所論皆迂闊不切現世。改制之思，降至西學之激盪方成，然今封建、官僚之風，于學界、政界猶殘存，實為傳統政制之流弊也。

第四章述橫渠禮學之流衍，勾勒朱熹、王船山禮學之形貌。二先生契慕橫渠精思力踐之學，發憤自勵。雖其學思不止於關學，自成一家之言。然由朱子稱述橫渠之言，並考其議禮、制禮之論，頗有以應合橫渠學思者，特誌

之。王船山之禮制，則察其以禮坊慝、克己復禮之議論，並由其撰作禮記章句之篇旨，明其重人文禮制之一斑。

有關橫渠天道、性命及批判釋老之言，茲篇所述較簡略，皆因論旨所限，祈異日能補充詳論之。對於禮學，有宋學者若周濂溪，王安石、李覯等人亦頗重之，其間相融相貫或相異相斥之義，若比照而論，禮教對當代之影響，當可得完整之概念。禮教因理學之精密而益形貞固，事理、人理、物理之分辨，于中國思想中亦頗值玩索也。

斯文之作，幸賴董師金裕，悉心指正。於資料之檢索、綱要之擬定，啓教良多。然因學力粗淺，雖覃思竭慮，亦多所遺漏疏略，尚祈師友有以教正之。

　　　　　　　　　　　　　　　　　　陳美圓謹序於木柵政大
　　　　　　　　　　　　　　　　　　民國七十年五月

第一章 張載之生平及其著作

第一節 張載之生平

張載字子厚，先世大梁人。曾祖某，生於唐末，歷五代不仕，以子貴得贈禮部侍郎。祖父名復，宋眞宗時爲給事中、集賢院學士，贈司空。父名迪，宋仁宗時爲殿中丞、並知涪州，贈尚書都官郎中。卒於涪州任上。時橫渠兄弟皆年幼，未克西歸。故僑寓陝西鳳翔郿縣之橫渠鎮。後人以是尊張載爲橫渠先生。〔註1〕

橫渠生於宋眞宗天禧四年（西元 1020 年），值澶淵之盟後十餘年，外患止息，宋室得有餘力以興文教。范仲淹、孫復、胡瑗等宋學先河，已力肩儒道，開興學講學之風。同輩之周敦頤、邵雍皆先橫渠而生。下開朱、陸之二程則稍晚出。〔註2〕理學之統緒，因諸家之激盪，而蔚然成潮。爲中國儒學開創嶄新之境。

橫渠少就外傅，氣宇非凡。虔守其父遺命，不爲外境所移，涪州諸公器之。呂大臨撰先生行狀，言其「少孤自立，無所不學。」曾與邠人焦寅遊，喜談兵事。康定元年，先生年二十一，〔註3〕時西夏犯境，朝廷亟于用兵，詔徵有志

〔註1〕 見呂大臨所撰〈橫渠先生行狀〉。
〔註2〕 橫渠生時，范仲淹年三十二，胡瑗年二十八，孫復年二十九：堪稱爲前輩人物，至於邵雍則長橫渠八歲，周敦頤長橫渠四歲。故爲同輩。而二程則少橫渠十二、三歲。
〔註3〕 麥仲貴〈宋元理學家著述年表〉云：「今考張載年十八，時爲景祐四年，時范仲淹知潤州。而載二十一歲時，則正爲康定元年。時值范仲淹在陝，顯然行

之士。橫渠慨然以功名自許，意欲聚眾取回洮西失地。故上書謁范仲淹，范氏時任陝西經略安撫副使，負討賊重任。一見橫渠，知其志氣豪邁，異日必大有為。故責之曰：「儒者自有名教可樂，何事於兵？」並手授中庸一編。橫渠受此啓導，始將好悅孫、吳之心，轉而志求儒道。全祖望云：「高平一生粹然無疵，而導橫渠以入聖人之室，尤為有功。」〔註4〕足見范氏對於橫渠啓沃之深。

自是橫渠精研中庸，歷數十年而不稍輟，《經學理窟》義理篇云：

> 某觀中庸義二十年，每觀每有義，已長得一格。六經循環，年欲一觀。

又云：

> 學者信書，且須信論語、孟子。詩、書無舛雜。禮雖雜出諸儒，亦無害義處，如中庸、大學，出於聖門，無可疑者。

由是可知四書五經皆為其所致力者，然橫渠于求諸經書之先，猶訪諸釋老數年。蓋因釋老之學，于當世亦頗盛。范育作〈正蒙序〉曰：

> 自孔、孟沒，學絕道喪千有餘年，處士橫議，異端間作，若浮屠老子之書，天下共傳，與六經並行。而其徒侈其說，以為大道精微之理，儒家之所不能談，必取吾書為正。

天下之士宗釋老之道，靡然而風從。橫渠既有心志求聖道，佛老精微之理，焉得不探其究竟。正由於其有此一番歷練，故當橫渠於返諸六經之後，其駁斥釋老之論，每能深探其隱微，著力于義理之辯析。一反自來儒者，僅限于尊王攘夷之義，及情感之好惡。〔註5〕

宋仁宗嘉祐初年，橫渠于京師擁皋皮授易，聽從者甚眾。據宋史及呂大臨撰橫渠先生行狀云：

> 一夕，二程至，與論易，次日語人曰：「比見二程，深明易道，吾所弗及，吾輩可師之。」撤坐輟講。與二程語道學之要，渙然自信曰：「吾道自足，何事旁求！」於是盡棄異學，淳如也。

因此洛派弟子楊時乃謂橫渠之學其源出於程氏。〔註6〕直以橫渠師事二程。然

〔註4〕見《宋元學案》卷六〈高平學案〉。
〔註5〕見康君毅所撰〈略談宋明理學與佛學之關係〉，哲學與文化，第二十三期。而關於橫渠反佛之論點。朱建民之〈論橫渠之弘儒與反佛〉，載鵝湖五卷第七期至第九期。有深闢之見解，可參看。
〔註6〕見《龜山集》中〈跋橫渠先生書〉。

狀誤。」按行狀以康定用兵時年十八，今依《宋史》所載改為年二十一。

二程乃橫渠外兄弟之子，少先生十二、三歲，嘉祐初橫渠年三十七，年壯學富；而二程年方二十四、五，縱其天資高明，于道亦未熟。謂橫渠師事二程，當為程門特意崇師之言。況伊川嘗云：

> 表叔平生議論，謂頤兄弟有同處則可；若謂學於頤兄弟，則無是事。
>
> 頃年屬與叔刪去之，不謂尚存，幾於無忌憚矣！〔註7〕

茲觀《二程遺書》卷十洛陽議論，知橫渠時與二程論道。切磋之功或不可沒。橫渠之學，歷盡轉折，終於進窺儒道之堂奧。自足自尊，何假旁求哉！

宋仁宗嘉祐二年，橫渠與呂大鈞同登進士。初為祁州司法參軍，遷雲巖縣令，掌令政，以敦本善俗為先務。欲復施儒道于世。諄諄為教，以孝悌之儀化民。呂大臨所撰先生行狀云：

> 每以月吉具酒食，召鄉人高年會於縣庭，親為勸酬，使人知養老事長之義，因問民疾苦及告所以訓誡子弟之意。有所教告，常患文檄之出不能盡達於民，每召鄉長於庭，諄諄口喻，使往告其里閭。間有民因事至庭，或行遇於道，必問：「某時命某告某事，聞否？」聞即已，否則罪其受命者。故一言之出，雖愚夫孺子無不預聞知。

又云：

> 在渭，渭帥蔡公子正特所尊禮，軍府之政，小大咨之，先生夙夜從事，所以贊助之力為多。邊塞之民常苦乏食而貸於官，帑不能足，又屬霜旱，先生力言於府，取軍儲數十萬以救之。又言戍兵徒往來，不可為用，不若損數以募士人為便。

橫渠愛民之誠，化民之績，皆由此得見。京兆王公樂道嘗延其至郡學，先生多教人以德。勉學者舍就功名之心，以聖賢為志。關中從其學者日眾，卒成一宗派。

橫渠《經學理窟》及諸經說，大抵成於此時。

熙寧二年，神宗方勵精圖治，登用大臣。御史中丞呂晦叔薦先生於朝日：「張載學有本原，四方之學者皆宗之，可以召對訪問。」神宗召見之，問以治道。橫渠曰：「為治不法三代，終苟道也。」上悅，曰：「卿宜日見二府議事，朕且將大用卿。」時王安石為執政，新政正雷厲風行。橫渠有所顧忌，故辭謝曰：「臣自外官赴召，未測朝廷新政所安，願徐觀旬月，繼有所獻。」上然之。後見執政，執政嘗語曰：「新政之更，懼不能任事，求助於子何如？」

〔註7〕見《皇朝名臣言行錄外集》卷三。

〔註8〕橫渠與安石雖皆服膺周官之制，然于經界之基礎觀點不一。〔註9〕復不悅安石急進求功之行。故拒為新政而任崇文校書，云：

> 朝廷將大有為，天下之士，願與下風。若與人為善，孰敢不盡！如
> 教玉人琢玉，則人亦故有不能。

二者嫌隙遂生，時浙江東明州苗振貪污事發，安石以按獄為名，遣其離京。時程顥為監察御史裏行，曾為文論遣張載按獄，意謂橫渠經術德義，為士人所師法。近得召對，中外翕然。若使之按獄，非朝廷待賢之道。更令四方之士益難自進矣！〔註10〕安石卻曰：「淑問如皋陶猶且獻囚，此庸何傷！」獄成還朝，會其弟天祺爭議新法，為安石罷去御史之職。先生知勢已不可為，乃謁告西歸。返居橫渠，移疾不起。其移疾詩云：

> 移疾謝華省，問耕還弊舍；扶持便疎慵，曠僻逃將迓。晝基莎徑側，
> 暮粥桐陰下；久矣澄清心，永媿桑弧射。〔註11〕

自熙寧三年至熙寧十年，橫渠精思力踐儒學。于哲理之窮究達醇熟之境。時人形容其用功致學之情形曰：

> 終日危坐一室，左右簡編，俯而讀，仰而思，有得則識之；或中夜起
> 坐，取燭以書，其志道精思，未始須臾息，亦未始須臾忘也。〔註12〕

朱子曰：

> 學者少有能如橫渠用功者。近看得橫渠用功最親切，直是可畏。
>
> 〔註13〕

又曰：

> 橫渠說做工夫處，更精切似二程，二程資稟高明潔淨，不大段用工
> 夫；橫渠資稟有偏駁夾雜處，大段用工夫來。〔註14〕

觀正蒙一書，體大思精，窮盡天人之理。若非其苦心力索，焉得至此。較之諸儒之語錄，正蒙之體系誠為宋儒諸家所不逮也。

　　橫渠非僅隱居著書，更講學倡道，啓迪後進。其言：

〔註8〕以上所引之言皆見〈橫渠先生行狀〉及正誼堂全書道統錄。
〔註9〕《宋史研究集》〈北宋幾個大思想的井田論〉陶希聖著。張橫渠釋井田為封建制度，王安石則以井田為自耕農建立之策。無怪二者之不合。
〔註10〕見《二程全書》冊二，《明道文集》，論遣張載按獄。
〔註11〕見濂洛風雅、《宋詩紀事》卷二二。
〔註12〕參《伊洛淵源錄新增續錄》卷六。
〔註13〕《朱子語類》卷三。
〔註14〕《宋元學案》卷一八附錄。

　　今日之往來，俱無益，不如閒居，與學者講論，資養後生，卻成得
　　事。〔註15〕

歷代儒者皆講求內聖外王之道，然懷才不遇，抑鬱之情溢於言表。觀先生之
老大詩云：「老大心思久退消，終日面岩巖；六年無限詩書樂，一種難忘是本
朝。」可見其以天下為己任之胸懷，至老不衰。

　　橫渠除立言、講學外，更屬意三代之治。以為縱不能行之天下，猶可驗
之一鄉。其議論曰：

　　仁政必自經界始。貧富不均，教養無法，雖欲言治，皆苟而已。世
　　之病難行者，未始不以亙奪富人之田為辭；然茲法之行，悅之者眾，
　　苟處之有術，期以數年，不刑一人而可復，所病者特上未之行爾。
　　〔註16〕

以經界為急，並講求法制，俱見橫渠務實憂世之思。因自與學者議古之法，
欲共買田一方，畫為數井，上不失公家之賦役，退以其私正經界，分宅里，
立斂法，廣儲蓄，興學校，成禮俗，救菑恤患，敦本抑末，足推先生之遺法，
明當今之可行，惜茲志未就而卒。其弟子呂大鈞推本其法，行鄉約之制。關
中風俗丕變。此禮治教化乃關學之特色。亦橫渠學思一大特徵。

　　熙寧九年秋，先生感異夢。以書屬門人，乃集所立言，謂之正蒙，出示
門人曰：

　　此書予歷年致思之所得，其言殆於前聖合與！大要發端示人而已，
　　其觸類廣之，則吾將有待於學者。正如老木之株，枝別固多，所少
　　者潤澤華葉爾。〔註17〕

其弟子蘇昞並將正蒙，編為十七篇。范育、胡五峯曾為正蒙序。諸家議論、
注解頗多。詳見張載之著作一節。

　　熙寧九年，呂汲公薦之曰：「張載之學，善法聖人之遺意，其術略可措之
以復古，乞召還舊職。」〔註18〕詔命同知太常禮院。橫渠方悅卒有所遇，將
大有為。不意與有司議禮制咸不合。據行狀云：

　　會有言者欲請行冠昏喪祭之禮，詔下禮官。禮官安習故常，以古今

〔註15〕《河南程氏遺書》卷十洛陽議論。
〔註16〕〈橫渠先生行狀〉及《皇朝名臣言行錄外集》卷三。
〔註17〕〈橫渠先生行狀〉。
〔註18〕〈橫渠先生行狀〉。

異俗爲説，先生獨以爲可行，且謂：「稱不可，非儒生博士所宜。」
眾莫能奪，然議卒不決。郊廟之禮，禮官預焉。先生見禮不致嚴，
亟欲正之，而眾莫之助。

至是橫渠已知道之難行，故復移疾西歸，過洛見邵雍及二程，並曾賦詩。〔註19〕
語二程曰：「某病不起，尚可及長安。」行至臨潼，沐浴更衣而寢，及旦視之，
亡矣！〔註20〕時值熙寧元年十二月，享年五十八。貧無以歛，門人共買棺奉其
喪還。卜以元豐元年八月癸酉葬於涪州墓南之兆。先生娶南陽郭氏，有子名因，
尚幼。〔註21〕

卒後，翰林學士許將等言其恬於進取，乞加贈卹，詔賜館職半賻。嘉定
十三年，賜諡曰明公。淳熙元年，封郿伯，從祀孔子廟庭。〔註22〕

橫渠之形貌、氣質依宋潛溪記九賢遺像曰：

橫渠張子，面圓，目以下微滿而後收。色黃，須少短微濃，衣帽類
康節，履亦如之，高拱正立。氣質剛毅，德溫而貌嚴。〔註23〕

又呂大臨行狀載，橫渠治家接物，皆以身爲則。其非僅以禮教門人，自家規
矩亦甚謹嚴。云：

其家童子，必使灑掃應對，給侍長者；女子之未嫁者，必使親祭祀，
納酒漿，皆所以養孫弟，就成德。嘗曰：「事親奉祭，豈可使人爲之！」

橫渠之生計至困，猶刻苦學道，並周濟門人之無資者。嘗自述云：

渭南涇北已三遷，水旱縱橫數畝田，四十二年居陝右，老年生計似
初年。〔註24〕

又云：

兩山南北雨冥冥，四牖東西萬木青，面似枯髏頭似雪，後生誰與屬
遺經。〔同上註〕

頗能刻畫其苦讀成疾之形貌。然先生猶以「富貴之得不得，天也；至于道德
則在己，求之而無不得也。」自勉。安貧樂道之風，至今猶令人想慕。

〔註19〕見《崇文集》雜詩第十。詩上堯夫先生兼寄伯淳正叔。詩云：「先生高臥洛城
中，洛邑簪纓幸所同。顧我七年清渭上，並遊無侶又春風，病肺支離恰十春，
病深樽俎久埃塵。人憐舊病新年減，不道新添別病深。」
〔註20〕《皇朝名臣言行錄外集》卷三。
〔註21〕〈橫渠先生行狀。
〔註22〕《宋史》張載傳及《宋元學案補遺》卷一七。
〔註23〕《宋元學案補遺》卷一八。
〔註24〕《宋詩紀事》卷二二。

有關橫渠學行，考見諸家之評述爲：

伊川曰：子厚謹嚴，纔謹嚴，便有迫切氣象，無寬裕氣。〔註25〕

朱子曰：明道之學，從容涵泳之味洽。橫渠之學，苦心力索之功深。
〔註26〕

問橫渠似孟子否，朱子曰：橫渠嚴密，孟子宏闊。至之曰：孟子平
正，橫渠高處太高，僻處太僻。朱子曰：是。又曰：橫渠之於程子，
猶伯夷、伊尹之於孔子。〔註27〕

眞西山曰：「張子有言「爲天地立心，爲生民立命，爲前聖繼絕學，
爲萬世開太平。」又云：「此道孟子後千有餘歲，若天不欲此道復明，
則不使今日有知者，既使人有知者，則必有復明之理」此皆先生以
道自任之意。〔註28〕

蓋橫渠之道高德醇，爲宋明學者所服膺。其任道之風概，精思力踐之行。考
諸宋儒蓋無能出其右者。南宋之朱熹，明末之王船山，學思受啓于先生者良
多。其霑披學者，非僅於當時之關中弟子也。

第二節　張載之著作

橫渠先生之著述，見於宋史藝文志者，有易說十卷、詩說一卷、《經學理窟》
三卷、張氏祭儀一卷、正蒙書一卷、又雜述一卷、張載集十卷。〔註29〕蓋先生
之作主於深思自得，本不以繁富爲長。其所倡關學於北宋頗盛，足與洛學抗衡。
然降至南宋學無傳承，遂至淹沒無聞。所著奧論微言泰半毀於兵火，僅餘繼簡
殘編爾。唯賴後學辛勤校刻，始得彰顯於世。現存之橫渠著作，有明呂柟所撰
之《張子抄釋》，明徐必達所刻之《張子全書本》，〔註30〕清張伯行正宜堂全書

〔註25〕《二程遺書》冊二《伊川文集》，答橫渠先生書。
〔註26〕《朱子語類》卷三。
〔註27〕《朱子語類》卷三。
〔註28〕《宋元學案》卷一八之附錄。
〔註29〕《四庫總目提要》子部儒家類，《張子全書》四十卷附錄一卷之提要云：「考
　　　　載所著書，見於《宋史》藝文志者，有易說三卷，《正蒙》十卷，《經學理窟》
　　　　十卷，文集十卷。」而今考宋史著錄，易說十卷，《經學理窟》則三卷，疑提
　　　　要誤也。
〔註30〕徐必達所刻乃合《周子全書》、《張子全書》，名爲周張全書。四庫著錄，其書
　　　　二十二卷。日有和刻影印本，今廣文書局印行。

所錄之《張橫渠文集》，以及清朱軾所刊之《張子全書》。呂柟《張子抄釋》序云：

> 橫渠張子書甚多，今其存者，止二銘、正蒙、理窟、語錄及文集。
> 而文集又未完，止得二卷於三原馬伯循氏。然諸書皆言簡意實，出
> 於精思力行之後。至論仁孝神化政教禮樂。蓋自孔孟後，未有能如
> 是切者也。顧其書散見漫衍、渙無統紀，而一義重出，亦容有之。
> 暇嘗粹抄成帙，注釋萬言，略發大旨，以便初學者之觀省。

可見明時已無完本。又考諸徐必達所刻之本，止得二銘一卷、《正蒙》二卷、《理窟》五卷、《易說》三卷，而語錄文集則只得呂柟所抄者；又稍採補《性理》、《近思錄》、《二程書》之遺言、遺書，分別曰拾遺、附錄。而張伯行之張橫渠文集與朱軾之張子全書本，內容大抵以徐本為主，張橫渠文集未錄易說。而綜觀各本內容重覆、沿襲，甚而有漏略之處。今里仁書局所印行之《張載集》，校刊精審，收錄繁富。首錄《正蒙》十七篇，將原列正蒙之前自為一卷之東、西銘，歸入《正蒙》乾稱篇；依次為《橫渠易說》、《經學理窟》、《張子語錄後錄》、文集佚存、性理拾遺、近思錄拾遺等，書末並錄多篇附錄，於研究橫渠傳略、評註甚有助益。茲將橫渠著述，分經部之屬、子部之屬、集部之屬，略考撰作篇卷著錄之況，並述內容旨要，各本若得諸家注解者，亦一併誌之。以明其學思之梗概。

一、經部之屬

（一）《橫渠易說》三卷

1. 篇卷著錄

《四庫全書總目提要》云：

> 宋志著錄作十卷，今本按上經一卷，下經一卷，繫辭傳以下至雜卦
> 為一卷，末有總論十一則，與宋志不合。然書錄解題已稱橫渠易說
> 三卷，則宋志誤也。

今所存《張子全書》本，均錄《易說》三卷。另見《通志堂經解》易部亦錄《橫渠易說》三卷。然宋元學案卷一七，雲濠案云：「謝山剳記有云橫渠易說十卷。」不知所據為何。綜觀是書頗為簡略，上、下經解說尚稱周詳，至於說卦、序卦、雜卦則不復詳載經文，但載其說而已。疑其殘佚篇卷或較所存

為多。當不止三卷耳。

2. 內容旨要

橫渠易說依上經、下經、繫辭上、繫辭下、說卦、序卦、雜卦之次說解經傳精義。《四庫提要》云：

> 董眞卿謂「橫渠《易說》，發明二程所未到處。」然考《宋史》，張子卒於神宗時，程子易傳序則作於哲宗元符二年，其編次成書則在徽寧後，張子不及見矣！……其說乾象用「迎之不見其首，隨之不見其後」，說文言用「谷神」字，說「鼓萬物而不與聖人同憂」用「天地不仁，以萬物爲芻狗」語，皆借老子之言而實異其義，非如魏晉人合老易爲一者也。

蓋橫渠之說易，在嘉祐初未第之先。其間曾究佛老數年，故易說中不乏徵引釋老之言者。〔註31〕

《宋史》道學傳稱橫渠之學以易爲宗，觀橫渠之天道理論，乃由易理乾元之道推衍而來。正蒙大易篇，廣釋周易之旨，有大義，有微言，旁及於訓話，而皆必合於道。〔註32〕適足以與易說之旨相發明。故《張子正蒙注》序云：「張子言無非易，立天立地立人，反精研幾，精義入神，以綱維三才，貞生而安死，則往聖之傳。」誠得橫渠易學之要矣。

（二）《詩說》一卷

《宋史》藝文著錄詩說一卷，今其目僅見于《近思錄拾遺》。〔註33〕詩說內容，散見於《正蒙》樂器篇、《經學理窟》詩書篇及《張子語錄》。〔註34〕全文已不復見。其餘存目之經說，尚有禮樂說、禮記說、樂說、書說等。〔註35〕其

〔註31〕橫渠《易說》繫辭上，經文「仰以觀於天文，俯以察於地理，是故知幽明之故。……」後之說解爲「釋氏語實際，乃知道者所謂誠也，天德也。……」見張載集頁183。同書頁188鼓萬物而不與聖人同憂經文之後，有老子言「天地不仁，以萬物爲芻狗」，此是也；「聖人不仁，以百姓爲芻狗」，此則異矣。橫渠雖引釋老之言，然皆有所辯明也。
〔註32〕參見王夫之《張子正蒙注》，大易篇之篇旨。
〔註33〕《近思錄拾遺》「斯干詩言，兄及弟矣，式相好矣。言兄弟宜稱好，不要厮學猶似也。……」節之下註爲詩說。
〔註34〕《正蒙》樂器篇錄有甘棠、卷耳、伐柯等詩篇之義旨。《經學理窟》詩書篇則言詩序、靈台、七月等之詩義。
〔註35〕見《近思錄拾遺》各節下之註語。又《宋元學案補遺》卷十八則錄有周禮說、儀禮說、禮記說之內容。

文大抵散見於《經學理窟》與語錄中，未自成篇卷也。

詩說由現存之文而言，其義乃明詩序、誦詩之要，並釋解詩經風、雅、頌各篇篇旨。

（三）《經學理窟》五卷

1. 篇卷著錄

《宋史》藝文志載《經學理窟》三卷。《郡齋讀書志》著錄有《理窟》二卷。並言「右題曰金華先生，未詳何人，爲程張之學者。」又趙希弁《郡齋讀書志》附志，錄橫渠先生《經學理窟》一卷。曰「右張獻公載之說也。希弁所藏橫渠先生《經學理窟》一卷，其目有所謂周禮、詩書……月令統、喪紀，凡十二云。」〔註36〕另嘉靖黃鞏跋《經學理窟》云：

> 子張子《經學理窟》五卷。按先生西銘、正蒙皆列學官，若文集、語錄、諸經說之類，朱文公編次近思錄則固取之，獨理窟世所罕見。但前晁云一卷而此五卷，豈本自一卷而爲後人所分？未可知也。考之近思錄，凡取之先生文集、語錄、諸經說之語而命以是名，殆非先生所自著也。

若依晁氏及日抄皆以爲《理窟》爲橫渠自撰，而先生未曾一語涉此，僅言自集正蒙耳。如是《理窟》蓋與語錄類似，皆橫渠之門人或後學編纂而成。現存張子全書本所錄《經學理窟》均作五卷。

2. 內容旨要

嘉靖汪偉撰橫渠《經學理窟》序云：

> 理窟言之精者，固不出於正蒙，謂非先生之蘊不可也。論學則必期於聖人，語治則必期於三代，至於進爲之方，設施之術，具有節級，鑿鑿可行，非託諸空言者。

若論《正蒙》爲哲思之所繫，上契天道。則理窟乃治道、修爲之論，以通下學。茲述篇旨，以明其要。

首篇周禮，其言「治天下不由井地，終無由得平。周道止是均平。」，推崇周禮之職官及井田制度，以爲若均平之道得施宋室，則人民是幸也。

次爲詩書篇，謹述、堯、舜、文、武、周公先聖之德。進而明解詩、書之深義。如「周南、召南爲乾坤」；「解書必大其胸臆也」等。

〔註36〕參見《張載集》附錄。

再次宗法篇，首言「管攝天下人心，收宗族，厚風俗、使人不忘本，須是明譜系世族與立宗子法。」力言宗法之立，則敬祖之義昭然，仁義之道有所歸止，家國安固也。

其次禮樂篇，闡發禮樂之眞諦；申明禮樂之功能；辨先王之樂與鄭衛之音；述聲音之道與禮之本原。極言古禮古樂至善之境。

其次氣質篇，闡發所以變化氣質之由，及變化氣質之道。學者須心弘志大，誠勉不息，師友講治，謹敬持守，方得其功。故橫渠言：「人之氣質美惡，與貴賤夭壽之理，皆是所受定分。如氣質惡者，學即能移。今人所以多爲氣所使而不得爲賢者，蓋爲不知學古之人。在鄉閭之中，其師長朋友，日相教訓，則自然賢者多。但學至於成性，則氣無由勝。孟子謂氣壹則動志，動猶言移易。若志壹亦能動氣，必學至於如天，則能成性。」

其次義理篇，「義理之學，亦須深沈方有造，非淺易輕浮之可得也。蓋惟深則能通天下之志，只欲說得便似聖人，若此則是釋氏之所謂祖師之類也。」學者首須尋思義理，其學方得旨趣，居之亦安矣！反之任智而爲，囿於聞見之知，徒窮人欲，不僅學而無功，反自趨鄙賤爾。義理篇末諸節，專講讀書之道。所言除四書五經外，並及於諸子。

次爲學大原上、下兩篇，學之大原與義理不可須臾離。蓋義理由學而來，而學之所以明義理也。綜觀二篇，大抵論學之要、學之方、學之境界，更及於學之層次，範疇，尤有進者，申述成學歷程，所遇之情境，與持守之心態。戒愼、敦勉溢於言表。橫渠講學務實，以知禮成性，變化氣質爲功。捨志道、苦學，莫之由也。

其次自道篇，此篇以「某」發語者有六節，分明爲其自道學思之梗概，藉以自省也。如「某向時謾說以爲已成，今觀之全未也。然而得一門庭，知聖人可以學而至。更自期一年如何，今且專與聖人之言爲學，閒書未用閱，閱閒書者，蓋不知學之不足。」又「某學來三十年，自來作文字說義理無限，其有是者皆只是億者屢中……。」理窟之言語，大抵先於正蒙，由自道篇可證矣。〔註37〕

又其次爲祭祀篇，橫渠言「夫祭者必是正統相承，然後祭禮正，有所統

〔註37〕「某學來三十年」，若以志道爲學之始，則始受《中庸》時年二十一。則自道之言至遲爲年五十一。而《正蒙》之言皆發於移疾屏居南山之後，即熙寧三年，先生五十二歲之後。故理窟諸言，大抵先發於《正蒙》。

屬。今既宗法不止，則無緣得祭祀正，故且須參酌古今，順人情而為之。」標示祭祀之時義，針砭當世祭祀之不合宜。進而申述祭祀諸禮之儀，且言其中義理之所在。

再其次為月令統篇，僅錄數節。意不明確，恐有殘缺。

末篇喪紀，橫渠所言喪紀，尊古禮而合時措之宜。凡篇中所舉主、苴、祔葬、葬法、心喪、喪服諸禮儀，皆明確可行。如「葬法有風水山岡，此全無義理，不足取。」。又「聖人不制師之服。師無定體，如何是師？見彼之善而己效之便是師也。……故聖人不制其服，心喪之可也。孔子死，弔服如麻，亦是服也，卻不得謂無服也。」〔註 38〕深得禮意，既不流於迷信，亦不落入儀節之窠臼。

《經學理窟》所言大體重為學、知禮、治道，修為諸端，橫渠之學頗有助於社會教化，其詳請參見禮學之章。

（四）張氏祭儀一卷

《宋史》藝文志著錄，今無此書存目。疑其乃橫渠所自定之家禮。《朱子語類》曾提及橫渠家禮，〔註39〕內容今已佚。

二、子部之屬

（一）《正蒙》二卷

1. 篇卷著錄

宋史藝文志錄正蒙書十卷，宋晁分《武郡齋讀書志》卷三，亦錄《正蒙書》十卷，云「皇朝張載子厚撰」。又陳振孫《書錄解題》卷九錄《正蒙書》十卷，云：

> 崇文校書長安張載子厚撰，凡十九篇。范育、呂大臨、蘇昞為前後
> 序，皆其門人也。又有待制胡安國所傳，編為一卷，末有行狀一卷。

今觀蘇昞序，此書初無篇次，略倣論、孟，篇次章句，以類相從，而成十七篇。陳氏書錄解題之十九篇，乃將東、西二銘自乾稱篇提出，獨立成二篇之故。現存張子全書本均錄正蒙二卷，而篇目則同為十七也。

〔註38〕以上各篇旨中所引之言，皆由該篇擷取而出。特此註明，不一一註之。
〔註39〕《朱子語類》卷八四：「橫渠所制禮，多不本諸儀禮，有自杜撰處。如溫公卻是本諸儀禮，最為適古今之宜。」

2. 諸家注解

《正蒙》一書體大思精，歷來學者欲窺奧微，莫不孜孜究研，於是注釋、集解迭出。考諸性理大全書卷五注正蒙者有朱子、程子、黃瑞節等，又宋元學案所錄則有高忠憲、黃百家等之注釋。茲述四庫提要著錄，及發揮正蒙義理之註解，以供學者參考。

（1）《正蒙釋》四卷，明徐必達撰。四庫提要云：

> 舊本題高攀龍集註，徐必達發明。……葉向高序稱正蒙精深浩渺，朱子訓釋未盡。錫山高雲從緣其指，廣爲集註、檇李徐德夫篤好此書，嘗條其所見，謂之發明，以質雲從之說。同者去之，異者存之，異而此失彼得者去之，短長互見者存之云云。則此書爲必達所自定，非攀龍之本矣。

考見徐必達之周張全書，高攀龍之集註、徐必達之發明並列，故兩家之註可相參較。

（2）《正蒙集解》九卷，清李文炤撰。《四庫提要》云：

> 是書解張子正蒙，粗具訓釋，無所發明，其乾稱篇以朱子取西銘自爲一書，故刪除不載。……又解〈參兩篇〉七政交食之理，皆據黃瑞節舊文，尤爲疏略。

（3）註解正蒙二卷，清李光地撰。《四庫提要》云：

> 正蒙一書，張子以精思而成，故義博詞奧，注者多不得其涯涘。又章句既繁，不免偶有出入，或與程、朱之說相抵悟。注者亦莫知所從，不敢置議。光地是書疏通證明，多闡張子未發之意，又於先儒互異之處，皆一一別白是非，使讀者曉然不疑。明初以來注釋之中，可謂善本矣。

（4）《正蒙初義》十七卷，清王植撰。《四庫提要》云：

> 釋《正蒙》於大全所收集釋補註集解外，取明高攀龍、徐德夫，清冉覲祖、李光地、張伯行之註，列程、朱諸說之說，並採張子《經學理窟》、《語錄》、《性理拾遺》三書相發明者附錄之。而各以己見參訂於後，立論持平，頗能破門戶之見，其謂張子自注，惟見於參兩、神化、至當、三十、樂器者各一見，於王禘者五，乾稱者四，諸本或以集釋之說，誤爲自註。又謂十七篇爲蘇昞所傳，張子手定，李光地本多割裂，其辨析皆爲不苟，至所稱張伯行註出於他人之假

名，非所自著云，出伯行面言，亦足資考訂也。〔註40〕

《正蒙初義》序論錄諸家總論《正蒙》，次列《正蒙臆說》十七條，申述正蒙書旨，及諸篇連屬相貫之義理；另詳敘正蒙援引經書情況，自註及各家注釋之況。研思正蒙，是編資料可謂豐贍無比。

（5）《正蒙會稿》，明劉璣撰。《正蒙會稿》序云：

> 易有「蒙以養正」之文，故張子取之以名書，篇內東銘、西銘，初曰砭愚，訂頑，皆正蒙之謂也。是書也，出入乎語、孟、六經及莊、老諸書，凡造化人事，自始學以至成德，大學之所謂格物致知，孟子之所謂盡心知性，無不備此。……自早歲得有所聞於介菴李先生及提學恭簡載先生之門，茲又承遼菴楊先生之命，因與同志諸友會講成稿。中間所引經傳，舊有註者，固不敢妄爲之說。其有非本文所當註而註者，則欲學者因此識彼，而且易於考證也。

（6）《張子正蒙注》，明王夫之撰。《張子正蒙注》序論云：

> 正蒙者，養蒙以聖功之正也。……張子之學，上承孔孟之志，下救來茲之失，如皎日麗天，無幽不燭，聖人復記，未有能易焉者。……使張子之學曉然大明，以正童蒙之志於始，則浮屠生死之狂惑不折而自摧，陸子靜、王伯安之蓁然者亦惡能傲君子以所獨知，而爲浮屠作率獸食人之倀乎！

王夫之學術淵源於橫渠，晚年致力正蒙。以爲正蒙範圍天人，乃希聖之教立命之所在。其注正蒙，各篇皆明篇旨置於篇首，以後逐節而釋，頗爲詳備。尤以闡發正蒙諸篇連貫相屬之處，以正蒙爲一系統之作，最爲可取。近代學者唐君毅先生，以爲《張子正蒙注》于中正篇、至當篇、作者篇、有德篇所言皆不切，于三十篇、有司篇無述。〔註41〕茲觀其作者篇篇旨云：「此下四篇，皆釋論語，孟子之義。」，求之原文，其說不切。容後詳述。又船山藉此注譏評程、朱之學，〔註42〕其學之契合橫渠益發了然矣。

〔註40〕以上各本注解四庫全書皆著錄，謹依時代先後而列。除《正蒙集解》外，以後出爲精詳。以下《正蒙會稿》、《張子正蒙注》則四庫著錄。
〔註41〕見《中國哲學原論》原教篇上，張橫渠以人道合天道之道一文。
〔註42〕《張子正蒙注》序論：「朱子之學，慮學者之驚遠而忘邇，測微而遺顯，其教門人也，以易爲占筮之書而不使之學。致其學流爲雙峯、勿軒諸儒，逐跡躡影，沈於訓詁。」船山深契易學，以其爲先聖先王扶正人心之大法，無怪其譏評朱子矣。

3. 內容旨要

《正蒙》十七篇，篇目依次為太和、參兩、天道、神化、動物、誠明、大心、中正、至當、作者、三十、有德、有司、大易、樂器、王禘、乾稱。其中所涵蓋之意，以今之哲理體系言，凡宇宙論、人性論、倫理論、治道論幾無所不包。王植《正蒙初義》臆說云：

> 《正蒙》一書二萬五百餘言，其中窮理格物之事多而工夫入手處亦未嘗不詳。蓋微而天人理氣神化性命之精，顯而修齊治平禮樂政教之蹟；細而一名一物曲文繁節之數，罔不研精採微，著厥要蘊。

正蒙內容之豐富，為宋明清學者一致推崇。近世研究橫渠思想，恒以歐西之哲思體系規劃，抽取正蒙諸篇論述，逐一為證。然其著作自成體系，下學上達，天人合一蘊其中，妄為割裂，必生曲解。謹參唐著中國哲學原論原教篇，〈張橫渠之以人道合天道之道〉一文，以述篇旨。

太和第一，言太和之道，以天道為主。其中更言太虛即氣之理。橫渠於理氣二者，似更重氣之變化與作用，故有名之為唯物論者。然神化篇之說，萬物皆具虛靈之氣，又為泛神之意味。

參兩篇第二，言天地、日月、星辰、陰陽、寒暑、潮汐諸自然景象，並言及五行之性質。更有交食、虧盈、閏術之探究，屬今自然科學之範疇，惜無進一步之發明與證驗。

天道篇第三，云：「天道四時行，百物生，無非至教，聖人之動，無非至德。」，天道具在，聖人體道設教，與天合其德。故「知有天德而天地之道可一言而盡之。」

神化篇第四，「神化者，天之良能；故大而位天德，然後能窮神知化。」又「神不可致思，存焉可也；化不可助長，順焉可也。存虛明，久至德，順變化，達時中，仁之至，義之盡，知微彰顯，不舍而繼其善，然後可以成人性矣！」知仁至義盡，則神化之德蘊其中也。

動物篇第五，言動植物、鬼神、人之寤夢、形氣之相軋、物之相感，皆本自然之理。故「天之生物也有序、物之既形也有秩，知序然後經正，知秩然後禮行。」

誠明篇第六，云：「天之所以長久不已之道，乃所謂誠。仁人孝子所以事天誠身，不過不已於仁孝而已。故君子誠之為貴。」又「性與天道合一存乎誠」，誠乃天之道，亦人之道也。所謂不誠無物，人所以明天道，在自誠

明以盡耳！

大心篇第七，言：「大其心則能體天下之物，物有未體，則心爲有外。」，橫渠以爲人之心知大于聞見之知，人應盡心以知性知天也。「存象之心，亦象而已。」，故人不可師心自用，自囿於成見，亦即拘限心知之義也。

中正篇第八，云：「中正然後貫天下之道，此君子所以大居正也」；以中正之道示教學者，故言「學者中道而立，則有仁以弘之。」，與大心篇旨相輔相成。所謂「極其大而中可求，止其中而後大可有。」。學者若能誠、大、中則聖道之工夫必成矣。此篇要在言學問工夫，而歸于成教。故其末諸節言教育人才之道也。

至當篇第九，云：「至當之謂德，百順之謂福。德者福之基，福者德之致，無入而非百順，故君子樂其道。」，君子得中正之道，則以接萬事萬物必順當，福德亦隨之而至。故此篇之旨在明體以達用也。

作者篇第十，言伏羲、神農、黃帝、堯、舜、禹、湯先聖制法興王之道。其人之德，足爲後世效法。

三十篇第十一，此篇大抵述孔子之行止及其學，並言孔子弟子顏淵、子路之賢德。

有德篇第十二，此篇發明論語之義理。所言皆修己治人之道。

有司篇第十三，言君子爲政舉賢、討伐、節用愛民之道。

大易篇第十四，論易之大義。橫渠以易爲天下至精至深之理，非止占筮之書爾。篇中猶發明卦義，可與橫渠易說參看。

樂器篇第十五，篇中所言有樂、詩、書三經之義。尤以釋詩之篇旨特多，風、雅、頌盡包括。

王禘篇第十六，言禘禮、祭禮、命官師之禮與射禮，並附及春秋大義。

乾稱篇第十七，此篇乃綜合天道人道而立言。性命、至誠、太虛、陰陽、氣說、易說均已見前篇論述。其中第八節、第九節乃批判釋氏幻妄之說，以明儒學與佛學之異。

（二）《東銘、西銘》一卷

1. 篇卷著錄

朱子曰：「先生嘗銘其書室之兩牖，東曰砭愚、西曰訂頑。伊川曰：『是起爭端，不若曰東銘、西銘。』二銘雖同出於一時之作，然其詞義之所指，

氣象之所及，淺深廣狹，判然不同。是以程門專以西銘開示學者，而於東銘則未嘗言。」〔註43〕自朱子始將二銘摘出別行，張子門人則原合於《正蒙》乾稱篇中。考諸現行之《張子全書本》，及各本摘錄張子之著作，皆置東、西銘於《正蒙》之前，獨立篇卷，自成一書。由此可見二銘義理之受諸家推重。

2. 諸家注解

西銘素受宋、明學者推尊，說解其義理者頗多。自程伊川、楊時之問答書始。其後有朱子、張南軒、饒雙峯、陳北溪、眞西山、吳臨川、張橫浦、劉蕺山等數家，皆于西銘義理有所發明。此外曹端、王夫之、張伯行亦有注解之文。關中道脈四種書，有張子東、西銘全註，惜未得見。大抵諸家皆重西銘，而略東銘。唯劉蕺山曰：「千古而下埋沒卻東銘，今特爲表而出之。緣儒者善講大話也。余嘗謂東銘遠勝西銘，聞者愕然。」〔註44〕茲舉諸家注解，堪成一獨立篇卷者於后，僅片段之說解者概從略。

（1）《西銘解》，宋朱熹撰。今本張子全書，性理大全書皆存錄。朱子曰：

> 始予作太極、西銘二解，未嘗敢出以示人也。近日儒者多議兩書之失，或未嘗通其文義而妄肆詆訶。予竊悼焉。因出此解以示學徒，使廣其傳。庶幾讀者由辭以得意，而知其未可以輕議也。

朱子之解西銘，詳備精審，堪稱諸家之冠。其與張南軒、郭沖晦、陸子美之答書皆有關西銘之議論。〔註45〕並極稱程子之能闡發其中「理一分殊」之說。

（2）《西銘說》，宋張栻。見《性理大全書》卷一及《宋元學案補遺》卷十七之載。

（3）《西銘解》，宋饒雙峯撰。亦見性理大全書卷一及宋元學案卷補遺卷十七之載。

（4）《西銘述解》，明曹端撰。《西銘述解》一卷與《太極圖說述解》、《通書述解》併爲一書，四庫著錄。曹端之傳詳見《明史》儒林傳。其以爲此三書爲道之所繫。故箋釋之，抒己心得，大旨以朱子爲歸。

（5）《西銘注》，明王夫之撰。此注附於《張子正蒙注》中。李光地之註解正蒙，王植之正蒙初義，皆以東、西銘自成一篇，獨出於正蒙之外。唯王

〔註43〕參見《性理大全書》卷一西銘總論及張子全書卷一。

〔註44〕見《宋元學案補遺》卷一七。

〔註45〕見《宋元學案補遺》卷一七所錄。

夫之仍附之乾稱篇中，其意在明張子書之全體。〔註46〕雖然，其說亦頗有可觀者，故特舉之。

張橫浦、劉蕺山之注解存錄于《宋元學案》之〈橫渠學案〉，無名稱之標舉，概以《西銘》注解視之。其等之說，亦深得旨要。至於諸家注解之特點，以及優劣、異同有待專章論究，非本文所遑及。

3. 內容旨要

程子曰：「訂頑一篇，意極完備，乃仁之體也。」又曰：「訂頑立心便達天德。」曰：「西銘明理一而分殊。」〔註47〕王夫之曰：「西銘切言君子修身立命，存心養性之功。」〔註48〕劉蕺山言東銘之旨曰：「此張子精言心學也，戲言戲動，人以為非心。而不知其出於心。思與謀心之本乎人者也。……西銘之道，天道也。東銘其盡人者與。」〔註49〕是故西銘、東銘乃發明倫理、心理思想之文也。

（三）《張子語錄》三卷、後錄二卷

1. 篇卷著錄

現存之《張子語錄》三卷，後錄二卷。乃南宋末天台吳堅刊本。張元濟跋曰：

> 張子語錄三卷，後錄二卷，無纂輯人姓氏。宋史藝文志、馬氏經籍考、陳氏書錄解題均不載。獨晁氏讀書志附志有橫渠先生語錄三卷，無後錄。是本卷上首頁缺前九行，舊藏汲古閣毛氏。藝芸書舍汪氏迄鐵琴銅劍樓瞿氏均未補得。余聞滂喜齋潘氏有宋刻諸儒鳴道集，因往假閱，則是書所缺九行儼然具存，遂得影寫補足。鳴道集所收亦三卷，且序次悉合，間有異同，可互相是正。時刻張子全書第十二卷有語錄抄，取以對勘，乃僅得六十七節，減於是本者約三分之二。然卷末有六節，為是本及鳴道集所無，意者其明人增輯耶？

今《張載集》錄《張子語錄》上、中、下三卷，後錄二卷。並補語錄抄七則。

2. 內容旨要

語錄三卷，內容包羅萬象。凡天道性命，人倫日用諸端皆具備。紹述孔

〔註46〕見張子正蒙注卷九乾稱篇篇旨。
〔註47〕見張子後錄及《性理大全書》卷一西銘總論。
〔註48〕見《張子正蒙注》卷九西銘之旨。
〔註49〕見《宋元學案補遺》卷一七。

孟聖學、闡發仁義禮智、解說六經旨意，及爲學大要，其大旨不出於正蒙、理窟之範疇。若詳加條理，語錄諸節皆可納入正蒙、理窟各篇，於此益可了解橫渠學思之大體，乃在天人相貫，體用合一也。

後錄二卷，上卷錄先生之遺事。下卷採自朱子語錄，于朱子師生答問中，論說橫渠之學，有關心統性情之義旨。舉一節以明之，「性、情、心惟橫渠、孟子說的好。仁是性，惻隱是情，須從心上發出來。橫渠曰『心統性情者也』，性只是合如此底。」蓋朱子以爲心統性情之說，最是顛撲不破之論。

三、集部之屬

（一）《張橫渠崇文集》十卷

1. 篇卷著錄

《宋史》藝文志錄張載集十卷，《郡齋讀書志》錄《張橫渠文集》十卷。又呂柟《張子抄釋》序云：「橫渠張子書甚多，今其存者止二銘、正蒙、理窟、語錄及文集，而文集又未完，止得二卷於三原馬伯循氏。」而呂柟之張子抄釋，僅錄文集抄一卷。後徐必達刻周張全書時，於文集無新增，亦著錄一卷。朱軾之張子全書亦然。故今存之文集止一卷耳。

2. 內容旨要

《張子抄釋》卷六之文集抄，其目爲答范巽之書第一、慶州大順城記第二、女戒第三、賀蔡密學第四、策問第五、邊議第六、與蔡帥邊事畫一第七、涇原路經略司論邊事狀第八、經略司畫第九、雜詩第十。〔註50〕

橫渠之兵事才略，于文集論邊事諸篇中得見。北宋理學家文治武功兼備，於此可證。儒者憂國憂民之襟懷，溢乎言表。後世以不語實務，不切現世譏評宋之理學家。實乃一偏之見也。又橫渠之詩，樸實平實，頗具宋詩說理之特色。

先生之作，大抵發明四書五經之義，先儒以禮立教之特質，橫渠亦持之甚固。故著作雖不乏形上哲思之推衍，要皆歸于教化之功。近人研思恒以太虛、理氣爲論，禮治諸端泰半疏略。然探求宇宙及仁心之源，目的亦在下達人生修爲。賦禮以形上之意義，理性之特質。以合時宜、以成教化、以臻聖

〔註50〕《張載集》據呂氏文鑑補入與趙大觀書、與呂微仲書、始定時薦告廟文、張天祺墓誌銘四篇。今于宋詩紀事中得移疾詩一首、絕句詩一首，《宋元學案補遺》卷一八有書齋自儆詩、集義齋詩、宿興慶池通軒同志詩，皆雜詩所無，特誌之。

德，實乃橫渠先生之素願也。

附　橫渠先生年表

公元	宋紀元	橫渠先生事跡及有關事跡
1020	眞宗天禧四年	先生一歲。是年范仲淹三十二歲，胡瑗二十八歲，孫復二十九歲。皆致力興學立教，開宋學先河。濂學宗師周敦頤時四歲。關學之先，俟可十三歲。〔註51〕
1021	天禧五年	先生兩歲，是年王安石生。
1022	乾興元年	先生三歲，二月帝崩。
1023	仁宗天聖元年	先生四歲。
1024	天聖二年	先生五歲。八月帝臨國子監謁孔子。
1025	天聖三年	先生六歲。
1026	天聖四年	先生七歲。是年呂大忠生〔註52〕
1027	天聖五年	先生八歲。晏殊知宣州，自五代以來，學校廢壞，殊始興建，且延范仲淹爲師。是年范純仁生。
1028	天聖六年	先生九歲。是年呂大防生。〔註53〕
1029	天聖七年	先生十歲，是年張天祺生。行狀言橫渠之父仕仁宗朝，卒於涪州任上。諸孤皆幼。疑先生喪父蓋在十歲之後，始冠之前。〔註54〕
1030	天聖八年	先生十一歲。是年歐陽修試禮部第一。
1031	天聖九年	先生十二歲。是年呂大鈞生。〔註55〕
1032	明道元年	先生十三歲。是年程顥生。

〔註51〕 此年表之年代、宋紀元、事蹟皆以吳榮光所編《歷代名人年譜》爲本。范仲淹、胡瑗、孫復之生平可參《宋史》列傳及《宋元學案》所載。侯無可之年乃據程顥所撰〈華陰侯先生墓誌銘〉推得，其生於大中祥符元年（西元 1008年），橫渠生時，其年已十三。以下所述之事蹟，若未加註，概皆擷自歷代名人年譜所載，茲申明之，不另作註。

〔註52〕 呂大忠師事橫渠，乃關中弟子。其生年由《宋史》所載呂大防傳推知。此年表凡關派人物之事蹟，有紀年可考者，一併錄之。

〔註53〕 見《宋史》卷三四〇呂大防傳。

〔註54〕 見《宋元學案》卷一八，張戩熙寧九年卒（西元 1076 年），年四十七。故其生當仁宗天聖七年（西元 1029 年）。呂大臨撰〈橫渠先生行狀〉，言橫渠父卒，諸孤皆幼。天祺既少橫渠十歲，故其父卒必在橫渠十歲之後。又倘年過二十，皆未得稱幼矣！

〔註55〕 見《宋元學案》卷三一，呂大鈞以元豐五年（西元 1081 年）卒，享年五十二。故其生平當爲宋仁宗天聖九年（西元 1031 年）也。

1033	明道二年	先生十四歲。是年程頤生。
1034	景祐元年	先生十五歲。
1035	景祐二年	先生十六歲。
1036	景祐三年	先生十七歲。范仲淹獻四論，上百官圖。以朋黨而貶知饒州。
1037	景祐四年	先生十八歲。與邠人焦寅遊，慨然有志於兵。〔註56〕
1038	寶元元年	先生十九歲。年少無所不學，頗好孫吳之術。是年游師雄生。〔註57〕
1039	寶元二年	先生二十歲。西夏王趙元昊入寇，狄青禦之。
1040	康定元年	先生二十一歲。上以夏竦爲陝西經略安撫招討使。韓琦、范仲淹副之。先生上書謁范仲淹，欲聚眾取回洮西失地。范氏見其遠器，責之曰：「儒者自有名教可樂，何事於兵？」授中庸一編。先生遂轉而志於道。是年呂大臨生。〔註58〕
1041	慶曆元年	先生二十二歲。西夏復入侵。分陝西爲四路，以韓琦、王沿、范仲淹招討。范仲淹於退夏後，築大順城于慶州。
1042	慶曆二年	先生二十三歲。撰文慶州大順城記。頌范氏之功。范仲淹、韓琦鎮邊。西賊畏服。是年由范仲淹、富弼之薦，而徵處士孫復爲國子監直講。孫復講學泰山，經術精深，聞名遐邇。〔註59〕
1043	慶曆三年	先生二十四歲。是年開天章閣，召輔臣條對。范仲淹上十事。富弼上當世之務十餘條及安邊十三策。
1044	慶曆四年	先生二十五歲
1045	慶曆五年	先生二十六歲。是年二程年方十四、五，學于周濂溪，銳然志求聖道。先生研讀中庸以爲不足，醉心佛老數年，蓋於此時。〔註60〕
1046	慶曆六年	先生二十七歲。
1047	慶曆七年	先生二十八歲。
1048	慶曆八年	先生二十九歲。夏元昊卒。四月冊諒祚爲夏國王。

〔註56〕 見呂大臨《橫渠先生行狀》及《宋史》張載傳所述。

〔註57〕 游師雄之生平見《宋史》卷三三二。

〔註58〕 見《皇朝名臣言行錄外集》卷三及呂大臨〈橫渠先生行狀〉，二本皆言康定用兵時年十八。《宋史》則載二十一。茲據麥仲貴《宋元理學家著述年表》所考，乃行狀誤，《宋史》之載爲確。又呂大臨生年乃由《宋元學案》所載之卒年推得。

〔註59〕 參見《宋史》及《宋元學案》卷二。

〔註60〕 參見《性理大全書》卷三九諸儒篇與《皇朝名臣言行錄外集》卷三。醉心佛老之說則見行狀所載。

1059	皇祐元年	先生三十歲。
1050	皇祐二年	先生三十一歲。胡瑗受詔定雅樂。是年謝良佐生。
1051	皇祐三年	先生三十二歲。是年种師道生。〔註61〕
1052	皇祐四年	先生三十三歲。十月以胡瑗爲國子監直講。是年范仲淹卒。〔註62〕
1053	皇祐五年	先生三十四歲,是年陳師道生。
1054	至和元年	先生三十五歲。
1055	至和二年	先生三十六歲。是年晏殊卒。
1056	嘉祐元年	先生三十七歲。時在京師坐虎皮講授易經。前此數年先生又由釋老返求六經。以易爲宗。是年二程亦適京,共語道學之要。先生自二十一歲研中庸始,至是年三十七,于儒道始透徹而無疑。橫渠易說蓋成於此時。〔註63〕
1057	嘉祐二年	先生三十八歲。是年與呂大鈞同登進士,孫復卒。仕祁州司法參軍。〔註64〕
1058	嘉祐三年	先生三十九歲。
1059	嘉祐四年	先生四十歲。是年冬,召河南處士邵雍,不至。雍自李之才受易學,採賾索隱,妙悟神契,遂衍伏羲先天之旨,著書十餘萬言,即觀物內、外篇。先生時爲雲巖縣令,以敦本善俗爲先務。〔註65〕
1060	嘉祐五年	先生四十一歲。《經學理窟》之言大抵成於四十歲左右。〔註66〕
1061	嘉祐六年	先生四十二歲。曾爲絕句詩二首,自述其生活之狀。〔註67〕
1062	嘉祐七年	先生四十三歲。
1063	嘉祐八年	先生四十四歲。三月帝崩。
1064	英宗治平元年	先生四十五歲。
1065	治平二年	先生四十六歲。
1066	治平三年	先生四十七歲。

〔註61〕見《宋史》卷三三五种師道傳。

〔註62〕參見《宋元學案》卷一及宋史胡瑗傳。

〔註63〕見《宋史》張載傳及行狀所載。

〔註64〕見《宋元學案》卷一七、卷三一所載。

〔註65〕見《宋元學案》卷十,及呂大臨橫渠先生行狀。

〔註66〕見《經學理窟》義理篇所述,時年學四十一。理窟各篇所言,大抵以政制、勸學、禮俗爲要。恰合敦本善俗之務也。

〔註67〕見《宋詩紀事》卷二二,橫渠之句詩二首,中「四十二年居陝右」明示其作詩之年。

1067	治平四年	先生四十八歲。十二月夏王諒祚卒。先生撰與蔡師邊事畫一及涇原路經略司論邊事狀二文。言西夏乞係，朝廷因應之道。〔註68〕
1068	神宗熙寧元年	先生四十九歲。是年遷著作左郎，簽書渭州軍事判官。〔註69〕
1069	熙寧二年	先生五十歲。得呂公著之薦被召入對。除崇文校書。與執政不合，尋辭，被遣按獄浙東。〔註70〕
1070	熙寧三年	先生五十一歲。獄成還朝。會程顥、張戩被罷御史裏行之職，遂移疾西歸橫渠，有移疾詩。〔註71〕
1071	熙寧四年	先生五十二歲，于橫渠故居，講學著作，用功致思，中夜不寐，哲思益臻圓熟。〔註72〕
1072	熙寧五年	先生五十三歲。是年歐陽修卒。
1073	熙寧六年	先生五十四歲。是年同茂叔卒，享年五十七。
1074	熙寧七年	先生五十五歲。
1075	熙寧八年	先生五十六歲。先生之雜詩若「聖心」、「老大」、「有喪」蓋皆晚年之作。〔註73〕
1076	熙寧九年	先生五十七歲。呂大防薦召還舊職。上命同知太常禮院。是年張戩暴病卒。先生曾爲張天祺墓誌銘，並手疏哀詞十二。秋，感異夢，集所立言爲正蒙，以出示門人。〔註74〕
1077	熙寧十年	先生五十八歲。與有司議禮皆不合，復移疾，謁告西歸。過洛拜見邵雍、二程。爲詩上堯夫先生兼寄伯淳、正叔。十二月行抵臨潼，卒。享年五十八。是年九月，邵雍卒。諡爲康節。〔註75〕

〔註68〕　見張橫渠《崇文集》，由二文中所言，知撰於諒祚卒時。
〔註69〕　見《宋元學案》卷一七。
〔註70〕　見呂大臨〈橫渠先生行狀〉。
〔註71〕　見《濂洛風雅》。
〔註72〕　見《正誼堂全書》道統錄。
〔註73〕　見張橫渠《崇文集》雜詩所錄。
〔註74〕　分別見《宋元學案》卷一七、一八。《宋元學案補遺》卷一八。及呂大臨〈橫渠先生行狀〉。
〔註75〕　見《皇朝名臣言行錄外集》卷三，詩存錄于橫渠《崇文集》中之雜詩。

第二章　關學師承及其特徵

　　秦、晉之風，自古尚用貴實。關中雖曾爲歷朝建都之所，然文教並未普及秦晉。關學特興於北宋，獨樹一格，實乃張載有意之倡也。觀《經學理窟》自道篇云：

> 某既聞居橫渠，說此義理，自有橫渠，未嘗如此。如此地又非會眾教化之所，或有賢者經過，若此則似繁著在此。某雖欲去此，自是未有一道理去得。如諸葛孔明在南陽，便逢先主相召入蜀，居了許多時日，作得許多功業。又如周家發迹於邠，遷於岐，遷於鎬，春漸向冬，周積漸入秦，皆是氣使之然。大凡能發見即是氣至，若仲尼在洙泗之間，修仁義，興教化，歷後千有餘年，用之不已。今倡此道，不知如何。自來元不曾有說者，如揚雄、王通又皆不見，韓愈又只尚聞言辭。今則此道亦有與聞者，其己乎？其有遇乎？

此段言明其倡學之用心。一方面以爲有所發見當爲關中氣數所致。己雖以其非教化之所，然猶不忍棄去。故以先賢先王之積漸自勉力耳！再者欲效先聖孔子，修仁興教，奠立千秋不泯之精神。故關學倡義同乎洙泗之教。惟關學之盛與洛學並，橫渠之功固爲深鉅。然其間師友切磋猶不可忽也。此章謹分關學淵源、關學中堅、橫渠門人及關學特徵四節。藉以明關派宗風、特色及橫渠學思以禮爲體之深義。

第一節　關學淵源

　　劉子卿曰：「橫渠倡道學于關中，世謂之關學。」〔註 1〕橫渠誠關學之宗

〔註 1〕見《宋元學案補遺》卷一八，頁 12。

師，然其學之源，或謂出于二程。﹝註2﹞而考諸宋元學案卷三高平學案序錄云：

> 晦翁推原學術，安定、泰山而外。高平范魏公其一也。高平一生粹
> 然無疵，而導橫渠以入聖人之室尤爲有功。

范氏興學立教，于宋代學術，厥功至偉。而啓導橫渠志求聖道，成一代巨儒，
更爲人樂稱。宋元學案視橫渠爲高平門人，以其關中弟子爲高平再傳。明示
高平之學與關派之學具師承關係。或有云橫渠未及高平之門。然二者有深厚
之淵源，則無可置疑。又宋元學案卷六序錄云：

> 慶曆學統四起，齊、魯則有士建中、劉顏夾輔泰山而興，浙東則有
> 明州楊杜五子，永嘉之儒志、經行二子；浙西則有杭之吳存仁，皆
> 與安定湖學相應；關中又有章望之黃唏，亦古靈一輩人也。關中之
> 申、侯二子，實開橫渠之先。

申、侯二子長於橫渠，特立獨行，首創關中學風。述關學之源，此二人不可
忽也。茲分述高平學術與申、侯學術。

一、高平學術

范文正公之學乃承睢陽戚同文而來，欲明高平之學，必先究戚氏之學，
明睢陽學統之特質。

（一）戚氏之學

1. 生平事蹟

戚同文，字同文。宋之楚邱人，世爲儒，幼孤，祖母攜育於外氏。奉養
至教，祖母卒，晝夜哀號，不食數日，鄉里爲之感動。嘗從楊愨學禮記，日
諷一卷。愨異而留之。不終歲，畢誦五經。愨即妻以女弟。時晉末喪亂，絕
意祿仕。先生曰：「長者不仕，同文亦不仕。」愨依將軍趙直家，遇疾不起，
以家事託先生。即爲葬三世數喪，直復厚加禮待。生平不至京師，長子維任
隨州書記，迎先生就養，卒於漢東，年七十三。﹝註3﹞

2. 學 行

《宋史》載戚氏之傳於隱逸之首，推崇其操守節行也。其云：

> 先生純質尚信義，人有喪者，力拯濟之。宗族閭里貧乏者，周給之。

﹝註2﹞ 同前章註6，橫渠與二程之關係見前章所述，茲不重複。
﹝註3﹞ 併參《宋史》卷四五七、《東都事略》卷四七及《宋元學案》卷三以述。

冬月多解衣裘與寒者。不積財不營居室。其云：「人生以有義爲貴，
焉用此。」鄉里咸推服。先生築室聚徒，請益之人不遠千里而至。
登第者五十六人，宗度、陳象輿、高象先皆踐臺閣。而高平范文正
公亦由之出。所與交遊皆一時名士。樂聞人善，未嘗言人短。好爲
詩，有孟諸集二十卷。曾與楊徽之酬唱。徽之云：「陶隱居號堅白先
生。先生純粹質直，以道義自富。」遂與其門人追號正素先生。

此言將戚氏之學行特質表露無遺。

3. 睢陽學統

王梓材《宋元學案補遺》卷三云：

> 厚齋尚書爲廣平書院記云：「惟我國家師道之立，上接鄒魯，其修於
> 家者，睢陽戚氏世德之久，南豐曾子稱之。」又爲赤誠書院記云：「昔
> 有正素戚先生講道睢陽，始建學舍。文忠富公、文正范公皆遊習於斯，
> 爲一世偉人家法之粹。延及後昆，正素子孫若維、綸、若舜賓、舜臣
> 世學相承。睢陽遂爲四書院之冠，簡策有光焉。前儒之重戚氏如此。」

睢陽之學統，乃戚氏所奠立，至范文正公益行光大。矯厲風俗，振起人心，
於世之教化，卓有功焉。

（二）高平學術

宋元學案以范文正爲睢陽所傳，而宋元學案補遺另補高平之師承爲王
褒，並及王氏先緒。〔註4〕而由王氏先緒王旦之遺訓，明示譜圖、祠堂、祭祀、
冠、昏、弟悌諸禮，如其家訓之謹嚴。范氏乃承其精神，而擴及於范氏家族
也。茲述高平學術，以范文正之學行、興教爲主，並及於其諸子。

1. 生平事蹟

范仲淹，字希文。唐相履冰之後，其先邠州人。後徙江南道，爲蘇州吳縣
人。生于宋太宗端拱二年（西元989年）。二歲而孤，母更適長山朱氏，從其姓，
名說。及冠，西遊陝西終南，與王鎬、周德寶、屈元應等，嘯咏於杜鄠間。眞
宗大中祥符八年，登進士。授廣德軍司理參軍，始迎母歸養。天禧初，遷集慶
節度推官，始奉母命請還范姓，定名仲淹。天聖七年，出秘閣校理通判河中。
時方建太乙宮及洪福院，市材木陝西。先生言昭應、壽寧，天戒不遠，宜罷修
寺觀，減常歲市木之數，以蠲除積負，事雖不行，仁宗以爲忠。明道二年，召

〔註4〕王氏先緒之事略可參《宋元學案補遺》卷三。

為右司諫。歲大蝗旱，江淮、京東滋甚，先生出撫江淮，開倉賑撫、禁民淫祀。且奏蠲盧舒折役茶，江東丁口鹽錢。並條上救弊十事。其間出知睦州，又徙蘇州，疏五河，導太湖注之海以濟民田。於蘇州之治，頗具創建之績。景祐三年，先生又上百官圖，獻四論，大抵譏切時政。呂夷簡以朋黨視之，謂其離間陛下君臣，由是罷知饒州。其間續有轉徙。至康定元年，夏元昊寇延州，關中警嚴，韓琦薦公有將才，乃召為天章閣待制，知永興軍，改陝西轉運使。會夏竦為陝西經略安撫招討使，韓琦與先生並為經略安撫副使。其至陝西，則沿岸巡邊，深知將帥無謀，不務訓練而唯請益兵；乃分擘延安兵馬，作六將教習，並議定軍律，以約士卒。其經略西事，日不暇息，修邊砦，練兵馬，並開置幕府，廣收策士以自益耳目。尤能與將士同甘共苦，以是號令嚴明，士氣大振。夏賊相戒，卒令元昊請和，邊事綏靖，先生之功不可沒也。歐陽修等言先生有相材，請代舉正，遂參知政事。慶曆三年，先生上十事，一曰明黜陟，二曰抑僥倖，三曰精貢舉，四曰擇長居，五曰均公田，六曰厚農桑，七曰修武備，八曰推恩信，九曰重命令，十曰減徭役。所言皆切中時弊，帝悉採用。先生雖入樞府，然時朝風姑息循默，其動輒得咎。雖以天下為己任，裁削倖濫，考覈官吏，然卒遭朋黨之譏。慶曆四年，復請行於邊郡。但亦因讒謗而罷安撫之職。慶曆五年，以疾請知鄧州。皇祐年間，又徙杭州、青州等地，所至皆治績斐然。皇祐四年，會病甚，求知潁州，未至而卒。年六十四。贈兵部尚書，諡文正。〔註5〕先生一生之政治、兵略事功蓋世，非數言可盡。上之傳略，大抵明其外王之蹟，實有以振俗之頹靡者。

2. 學　行

先生早歲曾廬於長白山醴泉寺，刻苦力學，日惟以粥拌鹽，斷虀而食者三年。後感奮身世說自立，佩琴劍，徑趨睢陽學舍，日夜誦習。此時益貧，往往饘粥不繼。然正唯如是動心忍性，其志益堅。「先天下之憂而憂，後天下之樂而樂。」以道自任之弘志，於焉奠立。其學泛通六經，尤長於易。今猶存易義數節。其學受睢陽學統影響頗深，淡泊明志，興教化俗，嚴師道之尊，皆先生平生服膺。尤以孝悌傳家，更得戚氏真傳。推其俸設義田、義學以教養范氏族人，且及於朱氏兄弟、親族。〔註6〕其仁孝之全，情義之篤，誠舉世無匹者也。並以

〔註5〕 參考《宋史》卷三一四、《宋元學案》卷三、《皇朝名臣言行錄前集》卷七及范仲淹的修養與作風頁 15～26 而述。

〔註6〕 參見《范文正公全集》。

儉約、安貧樂道之訓持家。先生公正、廉潔之風，蓋由粹練儉靜之行而來。所著有丹陽集二十卷、奏議十七卷行世。其為文論說，必本於仁義孝悌忠信。先生之詩、詞、文俱佳，千秋傳誦，乃其情理兼具，意蘊深刻之故也。

3. 高平學統與道統

李祁文正書院記云：

> 自六經晦蝕，聖人之道不傳，為治者不知所尊尚，寥寥以至于公，而後克興學校，隆師儒、誘掖獎勸，以成就天下之士，且以開萬世道統之傳，則公之有功於名教，夫豈少哉。〔註7〕

蓋學統之立，必自普遍興學始，學校乃教育所寄托之所。故文正之重視教育，除辦義學以培育宗族子弟外，每臨一地，必建校興學。李祁云：

> 公（文正）至吳郡則以己地建學，規制崇廣，迨公之子恭獻公（即三子純禮），復割田以成公之制。當是時，天下郡縣未嘗皆置學也，而學校之遍天下，自公始。〔註8〕

文正建學不僅重規模，尤重師資之延聘。蓋師嚴而後道尊。學而不得良師，道統終無由奠立。《宋史》載：

> （純祐）性英悟自得，尚節行，六十歲，能讀諸書，為文章，籍籍有稱。父仲淹守蘇州，首建郡學，聘胡瑗為師，瑗立學規良密，生徒數百，多不率教；仲淹患之，純祐尚未冠，輒白入學，齒諸生之末，盡行其規，諸生隨之，遂不敢犯，自是蘇學為諸郡倡。

除胡瑗外，復聘與之齊名之孫復主教。而文正特重師道，不僅禮遇其人，並安置其家屬。其之誠心興學立教，無有能出其右者，又深知道統之傳，必待大器之人，故雖出仕而牧民，用兵略而鎮邊。終不忘獎掖後進，擢拔人才，以續道統。張載、劉牧、富弼諸人皆孤寒之士，咸感慕先生之德，而發憤有所作為。張載之倡關學，實高平學統之賡揚也。有宋一代，學風美，士風純，皆由文正「留心聖賢，弘毅力行。」所致。如是純厚之學統，率使宋之人才遠軼漢唐，並拓成紹承道統之宋學。

4. 高平家學

文正有四子，范純祐、純仁、純禮、純粹也。皆恪守孝悌、儉約之家學。宋元學案卷三黃百家案云：

〔註7〕《吳都文粹續集》卷一三。
〔註8〕《吳都文粹續集》卷一三李祁文正書院記。

先生（指純仁）既承文正公之家學，而又得安定、泰山之傳，其學
以忠信為體，六經為功。至其事君，一以正心誠意格其非心。勸其
仁愛萬民，毋開邊釁。百家嘗想先生父子間，古今來粹然純白，學
問中不易多覯之人也。

諸子秉承家訓，於文治武功皆頗有創建。亦有乃父以聖賢為志，以天下自任
之風概。足為後世持家者法也。

二、關學之先

當慶曆中，范文正興學。時關中亦有侯可，申顏起而立教。謹述其學行
及興教化俗之功，明關學源流、學統之究竟。

（一）侯可（附申顏）

1. 生平事蹟

侯可，字無可，其先太原孟縣人，徙華陰。生于宋真宗大中祥符元年（西
元 1008 年），少時倜儻不羈，以氣節自喜。既壯，盡易前好，篤志為學。因親
老家貧，思得祿養。勉就科舉，再試春官，率無所遇。會蠻酋儂智高攻陷二廣，
孫威敏公奉命出征，請先生參其軍事。先生亦奮然振旅奏功。初命武爵，後改
文資。調知巴州化成縣，巴俗尚鬼而廢醫，惟巫言是用。先生誨以義理，破其
迷妄。並為立合宜之婚制，使男婚女歸盡得時。又巴山土薄民貧，絲帛之賦反
倍他所。先生為力爭數十回，率得均平之賦，免日益凋弊之危。旁郡有虎害，
先生日夜治器械、發徒眾親執弓矢擊之，卒除虎害，民得安耕。後調耀州華原
二十一薄，監慶州，再授儀州軍事判官。所至則體民生疾苦，為民除害，治績
斐然。後韓忠獻公薦知涇陽縣，至則鑿小鄭泉以廣灌溉，議復鄭白舊利，而讒
者構之，不竟其施。未幾召至闕下，得對便殿，始命計工興役。旋復專總其事。
邀功害能之人，疾其不自己出，渠功有緒而纔毀交至。先生罪罷，論者頗惜。
元豐己未季夏，先生以疾終於家。享年七十三。二程兄弟乃先生女兄之子，張
載則為二程之表叔，故侯、張必舊識，張氏之受啟於侯氏，亦必然矣。〔註9〕

2. 學行

程顥〈華陰侯先生墓誌銘〉云：

〔註 9〕參見《二程全書》《明道文集》第四華陰侯先生墓誌銘、《宋史》卷四五六及《宋
元學案》卷六。

> 先生純誠孝友，剛正明決，非其義一毫不以屈於人。視貪邪奸佞若
> 寇賊仇怨，顯攻面數意其人改而後已。雖其貴勢，視之藐然。遇人
> 之善，友之助之，欲其成達，不啻如在己也。其博極群書，若禮之
> 制度，樂之形聲，詩之比興，易之象數、天文、地理、陰陽、氣運、
> 醫藥、算數之學，無不究其淵源，尤長於詩。少喜穰苴、孫、吳之
> 學，兵家事無所不通。尤詳於西北形勢，談其山川道路、郡縣、部
> 族纖細備具，聽之者，宛如在目前。晚益翕心於天人性命之學。

此述其學問之賅博，範圍天人日用。又形容其仁厚之德，好義之行曰：

> 先生發強壯厲，勇於有為，而平易仁恕，中懷洞然，至於輕財樂義，
> 安貧守約，急人之急，憂人之憂，謀其道不謀其利，忠於君不顧其
> 身，古人所難能者，先生安而行之。

由其與申顏交友而觀，為申顏之家人謀食，為申顏徒步求醫，更為其葬而典衣，
並恤其孤幼。先生之仁厚純德，適足激頹波而起廢疾。宋史載先生于孝義傳，
宋元學案未敢以腐儒視之。觀華陰侯先生墓誌銘所述學行，方之文正公毫無愧
色。關中之風俗素質樸少文，先生禮樂之化，無乃甘霖霑披，令枯木逢春也。

3. 興教化俗

〈華陰侯先生墓誌銘〉云：

> 先生以勸學新民為己任，主華學之教育者幾二十年，官之所至，必
> 為之治學舍，興絃誦，其所以成就材德，可勝道哉！

又云：

> 博極群書，聲聞四馳，就學者日眾，雖邀隅遠人，皆願受業，諸侯
> 交以書幣迎致，有善其禮命者，亦時往應之，故自陝而西多宗先生
> 之學。

侯氏之有功於關學，自無可疑。而關中教化之風行，申顏亦有功焉。呂本中
《童蒙訓》卷上云：

> 關中始有申顏者，特立獨行，人皆敬之，出行市肆，人皆為之起，
> 從而化之者眾。其後二張更大發明學問淵源。伊川先生嘗至關中，
> 關中學者皆從之遊，致恭盡禮，伊川嘆洛中學者弗及也。

今僅知侯可、申顏為至交，申顏之傳附侯可之後，十分簡略，宋元學案止載
其非法不言，非禮不履。其與侯氏當時相勸學以進。關中之禮教因此二人啟
其端倪，至張載、張戩更發明之，率開一派宗風。其學行、禮教不惟化此一

鄉，影響後世學者亦良深矣。

第二節　關學中堅

全祖望云：「橫渠先生勇於造道，其門戶雖微，有殊於伊洛，而大本則一也。」〔註 10〕橫渠於北宋理學家中，乃屬特立獨行，造詣精湛者。其倡學關中，盛況不下洛學，而橫渠之學得蔚爲風尙，以化民成俗，藍田呂氏篤信之功良不可沒。史載：

> 大學之廢絕久矣，自扶風張先生倡之，而後進蔽於俗尙，其才俊者，
> 急於進取；昏塞者，艱於領解，由是寂寥無有和者，君（呂大鈞）
> 於先生爲同年友，及聞先生學，於是心悅誠服，賓賓然執子弟禮。
> 扣請無倦，久而益親，自是學者靡然知所向矣。

由是知呂氏兄弟之于關學，亦居中堅之功。茲謹述其等傳略、學行，明其所以成就一代宗風之大概。

一、二張之倡學

呂本中童蒙訓云：「張戩天祺與兄載子厚，關中人，關中謂之二張，篤行不苟，爲一時師表。二張之爲關學宗師，其義昭然。茲分述之：

（一）張　載

橫渠之生平著作已如前章所述，學思梗概大抵可見。先生承高平學統，申、侯樂育，自幼孤苦，風節卓著。〈唯室贊〉曰：

> 胸謀腹斷，己學自尊，致彼古禮，寥落無聞。勇哉先生，絕類超倫。
> 返千歲上，以禮立身，隱居關右，化行于民，賓嘉喪祭，惟古之循。
> 坐令鄒魯，復見咸秦。

呂中《宋大事記講義》曰：

> 先生之學以樂天知命爲本，以尊禮貴德爲用，以大易、中庸爲宗，
> 以孔、孟淵源爲法，其宗且遠者既得其要，明井田宅里之制，陳學
> 校之法，與夫定婚祭之儀，裁古今之禮；其近且粗者，又極其備，
> 體用該，本末具。呂大防謂其善發聖人之遺旨，張順民謂其學際天

〔註 10〕《宋元學案》卷一七。

人，罔不究通，皆有見而云耳。

諸家評述橫渠之學皆言其體用兼備，本末俱賅。二程粹言云：

> 關中之士，語學而及政，論政而及禮樂兵刑之學，庶幾善學者。子厚曰：「如其誠然則志大不爲名，亦知學貴於有用也。學古道以待今，則後世之謬，不必屑屑而難之，舉而措之可也。」

明乎此，則橫渠之究思天人，其要實歸諸人倫之用。程子謂其教學者以禮爲先，使人有所據守。朱軾《張子全書》序亦曰：

> 集中《經學理窟》諸篇，於禮樂、詩書、井田、學校、宗法、喪祭，討論精確，實有可見之施行。薛思菴曰：「張子以禮爲教。」不言理而言禮，理虛而禮實也。儒道宗旨，就世間綱紀倫物上著腳，故由禮入最爲切要，即約禮復禮的傳。

故先生之倡禮學，其精義貴在實踐之精神。此風卒爲關中弟子所遵循，程子亦嘆洛中弟子弗如也。而禮學之內涵詳後章，茲不贅述。

（二）張　戩

1. 生平事蹟

張戩，字天祺，橫渠之季弟。生於宋仁宗天聖七年（西元 1029 年），少橫渠十歲。幼孤，志道好學。以進士歷知靈寶，流江、金堂諸縣。熙寧初，方上用士，召爲御史裏行。每進，對以堯、舜、三代之事，進大要，謂反經正本，當自朝廷始。已而累章論王安石亂法，乞罷條例司及追還常平使者。又幼曾公亮、陳升之、趙忭、韓絳等依違附從，並爲死黨。李定以邪陷竊臺諫，呂惠卿刻薄辯給，假經術以文姦言。率因如此讜言直諫，遂忤王安石，不容於朝。後待罪出知公安縣，徙知夏縣。天祺所至，誠心愛人，養老恤貧，罷民之役，人皆感其德，爭相延之。熙寧九年，會暴病而卒。年僅四十七。橫渠爲撰墓誌銘，並手疏哀詞十二，哀痛若不欲生者。〔註11〕

2. 學　行

《宋元學案》卷一八〈橫渠學案〉下附錄云：

> 天祺爲人篤實寬裕，儼然正色，喜慍不見於容，接人無貴賤親疏，未嘗失色。樂道人善，不及其惡，終日無一言不及於義。任道力行，常若不及，小有過，必語人曰：「我知之矣，公等察之，後此不復爲矣。」

〔註11〕參《宋元學案》卷一八附錄、《張載集》文集佚存頁 366 張天祺墓誌銘。

篤行好道，不讓乃兄。又橫渠嘗曰：

> 吾弟德性之美，有所不如。其不自假，而勇於自屈，在孔門之列，
> 宜與子夏相後先。

待與之論道，又慨然言：

> 吾弟全器也，然語道而合，乃自今始。有弟如此，道其無憂乎。

橫渠之學與天祺之學相等，其人任道之重溢乎言表。橫渠方欣悅兄弟比肩造道，庶幾無憂。無奈天不假年，悲曷堪言。呂與叔贊天祺曰：

> 其力之厚，任天下之重而不辭；其氣之強，篤行禮義而無倦；其忠
> 之盛，使死者復生而無憾。

推崇其德，可謂備至。觀此，宜乎關學之特立于北宋也。

二、藍田三兄弟

《宋元學案》卷三一〈全祖望案〉云：

> 關關之盛，不下洛學，而再傳何其廖廖也。亦由完顏之亂，儒術並
> 爲之中絕乎。伊洛淵源錄略于關學，三呂之與蘇氏，以其曾及程門
> 而進之，餘皆亡矣。

三呂因卒業于程門得傳後世。然觀三呂之術德特色，乃關學之紹承。《宋元學案》卷三一〈黃百家案〉云：

> 呂氏六昆，汲公（呂大防）既爲名臣更難。先生（大臨）與晉伯、
> 和叔三人，同德一心，勉勉以進修成德爲事，而又共講經世實際之
> 學，嚴異端之教。

宋史呂大防傳極論其事功，並及論道考禮之學。然汲公之事行，大抵偏於仕宦之途。雖其德亦有可稱者，然終不若晉伯、和叔、與叔專注聖道之純粹，故推明呂氏家學，亦以此三人爲主。

（一）呂大忠

1. 生平事蹟

呂大忠，字晉伯，先生汲郡人。後因祖通葬藍田，遂徙而家焉。父比部郎中賁，有六子，晉伯最長，皇佑中，登進士。爲簽書定國軍判官，知代州。熙寧中，王安石議遣使諸道，立緣邊封溝，大忠陳五不可，遂罷不遣。元豐初，歷工部郎中，陝西轉運副使，知陝州，以直龍圖閣知秦州。嘗獻言：「夏人戍守

之外，戰士不過十萬，吾三路之眾，足以當之矣。彼屢犯王略，一不與校，臣竊羞之。」紹聖二年，加寶文閣直學士，知渭州，付以秦、渭之事，秦言：「關、陝民力未裕，士氣沮喪，非假之歲月，未易枝梧。」因請以職事對，大抵欲以計徐取橫山，自汝遮殘井迄邐進築，不求近功。既而鍾傅城安西，王文郁用事，章惇、曾布主之，先生議不合。紹述黨禍起，降待制。弟汲公大防連遭貶謫，先生乞以所進官爲大防量移，從知同州，致仕，卒。追復龍圖直學。時爲紹聖三年，享年不詳，以大防率年七十一推之，先生享年亦近此。〔註12〕

2. 學　行

晉伯性剛毅質直，勇于有爲，與其弟和叔、與叔，俱遊于張、程之門。伊川謂其老而好學，直是理會到底。謝良佐作秦，教爲程氏之學，晉伯每每屈車騎同馬涓過之，則上蔡爲講論語，晉伯正襟肅容聽之，曰：「聖人之言行在焉，吾不敢不肅。」其修養聖德若是。嘗告馬涓曰：「今科舉之習既無用，修身爲己不可不勉。」又教以臨政治民之要，涓師事之。而先生接物處事，皆有可稱者，《宋元學案》卷三一載曰：

> 先生爲從官，歸見縣令，必致桑梓之恭，待部吏如子弟，于學者多面折其短，而樂于成人。雖汲公未嘗稍假顏色也。嘗坐堂上，汲公夫人拜庭下，二婢掖之。先生慍曰：「丞相夫人也，吾但知二郎新婦耳。不病，何用人扶？」汲公爲之媿謝。每勸汲公辭位，以避滿盈之禍。

晉伯之德厚有如是者，其弟皆起敬起式，率令家風敦篤。上蔡贊之曰：「晉伯兄弟皆有見處，蓋兄弟之多且貴而皆賢者，呂氏也。」又曰：「晉伯甚好學，初理會箇仁字不透，吾因曰：『世人說仁，只管著愛上，怎生見得仁；又如力行近乎仁，力行關甚愛事，何故卻近乎仁。』推此類因悟曰：『公說仁字，正與尊宿門說禪一般。』」〔註13〕先生博極群書，文尚理致。著作有輞川集五卷，奏議十卷。

（二）呂大鈞

1. 生平事蹟

呂大鈞，字和叔，蕡之第三子，學者稱亨兆先生，藍田人。生於宋仁宗天聖九年（西元 1031 年），嘉祐二年，進士中乙科，調秦州司理參軍，監延

〔註12〕 參見《宋史》卷三四○、《皇宋名臣言行錄外集》卷並、《伊洛淵源錄新增續錄》卷八及《宋元學案》卷三一。
〔註13〕 《宋元學案補遺》卷三一所錄。

州折博務,改光錄寺丞,知三原縣。請代賣入蜀,移巴西縣。賣致仕,大鈞亦移疾不行。韓緯宣撫陝西、河東,辟書寫機密文字。府罷移知候官縣,故相曾公亮鎮京兆,薦知涇陽縣,皆不赴。家居講道,數年,起爲諸王宮教授。求監鳳翔船務,制改宣義郎。元豐五年,於道得疾,卒,年五十二。

2. 學 行

大鈞爲人質厚剛正,以聖門事業爲己任,所知信而力可及,則身遂行之,不復疑畏,故識者方之季路,而君心所趨,蓋亦未見其止也。服膺橫渠之學,遂師事之。而《皇朝名臣言行錄外集》卷六載曰:

> 張先生之學,大抵以誠明爲本,以禮樂爲行,眾人則姑誦其言而未知所以進。於是焉君郎若蹈大路,朝夕從事,不啻饑渴之營飲食也。潛心翫理,望聖賢之致,赶期可到。而日用躬行必取先生之法度以爲宗範。自身及家,自家及鄉人,旁及親戚朋友,皆紀其行而述其事。

由此可知其守橫渠之學之用心,其泰行禮教之義,更是不遺餘力。《皇朝名臣言行錄外集》卷六又曰:

> 方諫議憂,自始喪至於葬祭,一仿古儀所得爲者,而居喪之節鉅細規矩于禮,又推之祭祀、冠、昏、飲酒、相見、慶弔之事,皆不混習俗,粲然有文,以相接人,咸安而愛之。

無怪橫渠曰:「秦俗之化,亦先自和叔有力焉。」〔註14〕又嘆其勇爲不可及。大鈞力踐之精神,誠非高談性命者,所可望其項背。范育表其墓,贊其行曰:

> 惟君明善至學,性之所得者,盡之心;心之所知者,踐之身;可謂至誠敏德者矣。

平生以講道勸義,教育人材、變化風俗爲職志,誠爲關學精神之紹承也。

3. 學術思想

大鈞之遺文有〈天下爲一家〉,〈中國爲一人〉二賦及〈呂氏鄉約〉,可以見其思想之一斑。天下爲一家賦云:

> 古之所謂天下爲一家者,盡日月之所照以度地,極舟車所至以畫疆。……凡民之賢而不可遠者,皆我之父兄保傅;愚而不可棄者,皆我之幼穉獲。臧理其財,乃上所以養下之道;分責之事,乃下所以事上之常。……外無異人,旁無四鄰,無寇賊可禦,無閭里

〔註14〕《河南程氏遺書》卷十洛陽議論。

可親。一人之生，喜如似續之慶；一人之死，哀若功緦之綌。一
人作非，不可不愧，亦我族之醜；一人失所，不可不閔，亦吾家
之貧。尊賢下不肖，則父教之義；嘉善矜不能，則母鞠之仁；朝
覲會同，則幼者之定省承稟；巡守聘問，則長者之教督撫存〔註15〕

此賦乃仁德之充擴，發揮相規以善，相勸以德之慈愛。大鈞悲憫情懷溢於言
表。蓋深痛生靈之塗炭，欲以引發鄉人民胞物與，相扶相持之德也。

范文正仁德篤厚，設義田、義學以養族育才。橫渠先生患社會之不均，
貧苦無告，欲復三代封建井田之制。西銘闡發天人至理，乃其倫理思想之基。
大鈞先生守橫渠之學甚固，井田之制，亦其樂道。〔註16〕然世遷時移，制之
復實不可為。故其發為天下一家、中國一人之思，與禮記禮運大同篇實相發
明。其社會倫理之意義深刻，較之范、張猶有進者。社會群體之進化，仰賴
個體之社會意識與認同。今之社會教化及社會福利制度皆植基於此倫理思
想。結合群體，發揮相勸、相規之高度功能。由此同胞物與之思，進而發為
具體之行措。鄉約之創，義繫乎此。而使關中之民相勸以德，用禮成俗，風
行不止，誠為社會教育之先聲。

呂氏鄉約四大原則，即德業相勵，過失相規、禮俗相交、患難相恤。德、
業、過失、禮俗、所患之難，皆明文條述。由現存之朱子〈增損鄉約〉可知
其梗概。乃推有齒德者一人為都約正，有學行者二人副之，約中月輪一人為
直月。置三籍，凡願入約者書于一籍，德業可勸者書于一籍，過失可規者書
于一籍，直月掌之，終則告于約正而授于其次。〔註17〕觀之而知其饒具社會
倫理、社會教育之意義。其精神猶可為有心立教者法。

（三）呂大臨

1. 生平事蹟

呂大臨，字與叔、和叔之弟。生於宋仁宗慶曆元年（西元 1041 年），兄
弟俱登科，惟其不應舉，以門蔭入官。曰，不敢掩祖宗之德也。元祐中，為

〔註15〕《宋元學案補遺》卷三一僅錄〈天下為一家賦〉全文，而〈中國為一人賦〉
　　　　之文已佚。
〔註16〕《皇朝名臣言行錄》卷六云：「君（大鈞）愛講明井田兵制，以謂治道必由是。
　　　　悉撰成圖籍，若可推行。」
〔註17〕詳參《宋元學案補遺》卷三一所錄朱子〈增損呂氏鄉約〉及〈月旦集會續約〉
　　　　之禮。

太學博士秘書省正字。范學士祖禹薦其修身好學，行如古人，可充講官，未及用而卒。時當元祐三年，年四十七。

2. 學 行

大臨學於橫渠，橫渠卒，乃東見二程而卒業。伊川云：「與叔守橫渠說甚固，每橫渠無說處皆相從，有說了更不肯回。」又云：「與叔六月中來，緱氏間居中私常窺之，必見其儼然危坐，可謂敦篤矣。」〔註18〕伊川以爲和叔任道擔當，其風力甚勁，然深潛縝密，則不及與叔。呂氏兄弟以大臨資稟最優，學行亦最篤。據載呂晉伯帥秦時，倅之子張瞻景曾往問學，後入太學求書見，汲公、晉伯皆云：「微仲不須見，不若見大臨舍弟。」〔註19〕蓋大臨深淳近道，而以防檢窮索爲學。程明道語之以識仁，且以不須防檢，不須窮索開之。先生默識心契，作克銘以見意。曾賦詩曰：「學如元凱方成癖，文到相如始類俳，獨立孔門無一事，只輸顏子得心齋。」〔註20〕其婦翁張天祺嘗謂人曰：「吾得顏回爲婿矣。」顏子乃孔門高弟，其得儒學眞傳，德行絕類超倫，臻乎聖境。人之重與叔，直比顏回，其學行可知矣。《宋史》藝文志著錄先生之作有《易章句》一卷、《大學》一卷、《中庸》一卷、《禮記傳》十六卷、《論語解》十卷、《考古圖》十卷、《家祭儀》一卷、《孟子講義》十四卷。著述頗富。惜乎天不假年，否則其道必大有可觀者。〔註21〕

3. 學術思想

《宋史》稱大臨通六經，尤邃於禮。每欲掇習三代遺文舊制，令可行，不爲空言以拂世駭俗。考其著作，知其於四書五經頗用力深思，且自成一家之言。今存錄于宋元學案及宋元學案補遺者僅爲殘編。然亦得窺先生學思之大概。謹分述於后：

（1）《宋元學案錄》〈克己銘〉、〈未發問答〉、〈論赤子之心〉；〈克己銘〉言未克之前「窒我室廬、婦姑勃谿，安取厥餘。」之狀，已克則「皇皇四達，洞然入荒，皆在我闥，孰曰天下，不歸吾仁。」之豁然心境。私慾者，昔未克爲寇讎，今已克則爲臣僕。此乃得顏子克己復禮之深意，仁德寓其中矣。無怪乎人以顏回方之，〈克己銘〉乃其修養識仁之表徵也。

〔註18〕見《宋元學案》卷三一。
〔註19〕《伊洛淵源錄新增續錄》卷八所引呂氏雜誌之言。
〔註20〕《宋元學案》卷三一及《伊洛淵源錄》卷八並載。
〔註21〕《朱子語錄》云：「呂與叔惜乎壽不永，如天假之年，必所見又別。」

未發問答，乃與程伊川論中庸未發已發之理。黃百家案云：

> 此條起豫章延平看未發以前氣象宗旨。子劉子曰：「夫所謂未發以前
> 氣象，即是獨中真消息也。」又曰：「一喜怒哀樂耳。自其蘊諸中言，
> 則曰未發，自其見諸外言，則曰已發。蓋以表裏對待言，不以前後
> 際言也。……惟存發總是一機，故中和渾是一性，推之一動一靜一
> 語一默，莫不皆然。此獨體之妙，所以即微即顯即隱即見，而慎獨
> 之學，即中和，即位育，即千聖之學脈也。」

蓋未發已發指體用而言，非更有二名。此程伊川之意也。而大臨以爲心爲大
本，故乃未發之體，而伊川則謂心兼體用，故二者發此論辯。牟宗三先生以
爲程伊川之論次，不若大臨之精審。〔註22〕

赤子之心，良心也。此知能本然之體，萬事萬物之源頭。大臨謂此爲人
之所以受天地之中者。若奪其良心，欲人修身以正，則難矣。語錄諸節亦皆
發明此良心及四端之義。

　　（2）《宋元學案補遺》錄《藍田語要》、《藍田儀禮說》、《藍田禮記說》。
《藍田語要》言人倫孝悌之要；大學、小學之教；天人本末之理。以先聖之
勤德爲法，勸戒莫以自暇自逸爲善也。其曰：「古之學者純意于德行，而無意
于功名。今之學者，有意于功名，而未純于德行，至其下則又爲利而學也。」
其所以勸勉時人，意至深矣！

　　藍田儀禮說所言包括，冠、昏、相見、鄉飲酒、鄉射、燕禮及大射儀等。
明釋諸禮之意義、精神、功用，非言其儀節也。如鄉射禮曰：「先生制射禮以
善養人于無事之時，使其習之久而安之，君子敬以直內，義以方外，則不疑
其所行。故曰內志正，外體直。然後持弓矢審固，可以言中也。〔註23〕

　　《藍田禮記說》，綜合說解禮記義理。凡曲禮、王制、郊特牲、內則、大
傳、孔子閒居、表記、緇衣、深衣、儒行、冠義、昏義、鄉飲酒義、射義、
燕義、聘義，皆以簡練之言，備其深意。禮記出漢代諸儒之手，內儀節，禮
義駁雜層出，大臨擇其精要而出以己言。中亦有一己之體悟，合時宜之說解。
如「禮之所尊，尊其義也。其文則擯相習之，其義則君子知之，修其文，達
其義，然後可以化民成俗也。」〔註24〕

〔註22〕參《心體與性體》（二）頁350～358。
〔註23〕《宋元學案補遺》卷三一《藍田儀禮說》鄉射禮義一節。
〔註24〕《宋元學案補遺》卷三一《藍田儀禮說》鄉飲酒義。

有人為呂與叔挽詩云：「曲禮三千，自躬行四十年。」〔註25〕觀其學行著作，誠然也。精思之學，力踐之行，實不愧關學中堅人物也。

第三節　橫渠門人

《宋元學案》卷三一〈呂范諸儒學案〉，錄橫渠門人為關學補亡。蘇昞、范育曾為正蒙序，就序文所述，二人曾及張門可知矣！餘者之傳並不存。全祖望云：

> 于宋史得游師雄、种師道；于胡文定公語錄得潘拯；于樓宣獻公集得李復；于童蒙訓得田腴；于閩書得邵清；及讀晁景迂集又得張舜民，又于伊洛淵源錄註中得薛昌朝；稍為關學補亡。述呂范諸儒學案。〔註26〕

茲述諸人之生平事蹟，學行著作。

（一）蘇　昞

蘇昞，字季明，武功人。學于橫渠最久，後師二程而卒業。當尹和靖初為科舉之學，先生曾對其言，子以狀元及第即學，抑科舉之外，更有所謂學。異日會茶，先生舉盞以示言此豈非學耶？和靖因有所省，先生更令其詣二程受學。元祐末，呂晉伯薦先生德性純茂、強學篤志，乃張載門中之俊秀者，秦中賢士大夫皆稱許之。若蒙擢用，必得盡素學而副朝廷樂育之意。上因召為太常博士。坐元符上書入黨籍，貶饒州。過洛，和靖館之，伊川訪焉，既行。伊川謂季明殊以遷貶為意。和靖曰：「然也。」焞嘗問：「季明當初上書為國家計耶？為身計耶？若為國家計自當忻然赴饒州，若為進取計，則熊州之貶，猶為輕典。」季明以焞言為然。又胡氏傳家錄評季明上書，亦必有非所宜言。並以為季明從橫渠最久。以其文（《正蒙》）釐為十七篇，自謂最知大旨。而就上書邪黨坐貶之事，卻是不知橫渠道不合即去之旨也。後卒於饒州任內。〔註27〕

季明嘗以治經為傳道居業之實，居常講習，只是空言無益，質之兩先生。正叔曰：「治經實學也。人之所以患居常講習空言無實者，蓋不自得也。為學治經最好，苟不自得，則盡治五經，亦是空言。非居常講習之空言，端在其

〔註25〕見《伊洛淵源錄新增續錄》卷八所引，未著明撰挽詩者何許人也。
〔註26〕《宋元學案》卷三一。
〔註27〕參見《伊洛淵源錄》卷六及《宋元學案》卷三一。

治學之態度耳。」伯淳先生則言：「修辭立其誠，蓋講習之言，由誠而發，由自得而立，其有可居之處，則修業能成也。」〔註28〕

（二）范　育

范育，字巽之，邠州三水人，父范祥，頗知攻守之利。提舉邊挾，消沮邊隙，咸以忠義推崇之。育舉進士，為涇令，後以養親謁歸，從張載學，熙寧初，以薦受崇文校書、監察御史裏行。神宗喻之曰：「書稱『墍讒說殄行』，此朕任御史之意也。」育請用大學之誠意、正心以治國家。因薦橫渠等數人。西夏入環慶，詔育行邊，還言：「寶元、康定間，王師與夏人三大戰而三北，今再舉亦然。豈中國之大，不足以支夏人數郡乎？由不察彼己，妄舉而驟用之爾。」體察敵我之情，頗有乃父之風。又使河東，論韓絳築囉兀二砦，其中弊端叢生，致民皆破產。因極陳改革之道，神宗從之，遂稍解民困。旋坐劾李定親喪匿服，罷御史，檢正中書戶房，因辭，乃知韓城縣。後詔往鄜延議畫地界，育言：「保疆不如持約，持約不如敦信。」極言封溝、持約之不足恃，因人見利而行，加兵立界任意而為，若不立信，畫界之說，自欺欺人爾。元祐初，出知熙州。時又議棄質孤，勝如兩堡，育爭之曰：「熙河以蘭州為要塞，此兩堡者蘭州之蔽也。棄之則蘭州危，蘭州危則熙河有腰膂之憂矣。」又請築城於李諾平，汝遮川不報。入為給事中、戶部侍郎而卒。觀先生之直諫犯劾，勇不可當，及抗論棄地及進築之策，體察邊情，謀取之略。皆可見其深於兵略實務，非徒空言之儒耳。〔註29〕

橫渠語錄曰：「某唱此絕學，亦輒成就一次第，但患學者寡少，故貪于學者。今之學者大率為應舉壞之，入仕則事業無暇及此。由此觀之，則呂、范過人遠矣。」此范明指范育，故先生之持守道學，可知之矣。又范育為正蒙序，推尊橫渠之學與堯、舜、孔、孟合德；闢浮屠、老氏幻妄虛無之說，以為正蒙之要立乎大中至正之矩，及乎天地、日月、鬼神、風雲、江河之理，物理以辨，人倫以正，造端者微，成能者著，可以放諸四海而皆準。其宗橫渠之學，正用以立己學術，勉己德行也。

（三）游師雄

游師雄，字景叔，武功人。生於宋仁宗寶元元年（西元 1038 年），學於橫

〔註28〕詳見《宋元學案》卷三一蘇昞附錄。
〔註29〕參見《宋史》卷三〇三及《宋元學案》卷三一。

渠。〔註30〕治平二年第進士，爲儀州同戶參軍，遷德順軍判官。元祐初，爲宗正寺主簿。執政將棄四寨，訪于先生。對曰：「此先帝所立以控制夏人者也，若何棄之？」不聽。因著分疆錄，遷軍器監丞。吐蕃寇邊，其酋鬼章青宜結乘閒脅屬羌，結夏爲亂，謀分據熙河。乃擇先生與邊臣措置，以其行聽便宜事。既至，諜知夏人聚兵天都山，前鋒屯通遠境，吐蕃將攻河州。先生先發制人，以爲兵在謀不在衆，分二路而進。卒破洮河，擒鬼章。捷聞，百寮表賀。遣使告永裕陵，言者以爲邀功生事，止遷一官。歷集賢校理，權副陝西轉運。召詣闕，哲宗勞之，先生以將士勳勞未錄爲歉，不以己功爲高。復拜衛尉少卿。帝數訪邊防利病。先生具陳紹聖安邊策十六事。乃言慶歷以來邊臣施置臧否，朝廷謀議得失，及今禦敵之要。又歷知邠州、秦州、陝州、進直龍圖閣。哲宗紹聖四年卒，享年六十。著有分疆語錄二卷、文集十卷、奏議二十卷。〔註31〕

景叔年十五入京兆學，益自刻勵，蚤暮不少休。同舍生始多少之，已而考行試藝，屢居上列，人畏敬，無敢抗其鋒。從橫渠學，益得道奧。先生之學，以經世安攘爲主。非瑣瑣章句。矇瞳其精神，以自列于儒者之比也。故其志氣豪邁，于事功多所建立，議者以用不盡其材爲恨。又其友弟師韓甚篤，嘗遇明堂推恩，不奏其子，而以師韓爲請，朝廷雖不從，而人皆義之。每至一地，公暇之餘，執經講道，以勸諸生，並買書以給學者，凡此皆顯先生育才之誠。〔註32〕西臺祭之曰：

> 嗚呼哀哉！吾景叔者，止于斯耶。功名事業，願率違耶！風義慷慨，
> 今復誰耶！慈仁殷勤，孰不思耶！〔註33〕

景叔之風，百世而降，如立于前也。

（四）种師道

种師道，字彝叔，洛陽人。生於宋仁宗皇祐三年（西元 1051 年）。少從橫渠學。以祖蔭補三班奉職，試法易文階，爲熙州推官，權同谷縣。後累官至京畿河北制置使，知兵有謀。屢破夏賊而建功。靖康中，金人南下，師道

〔註30〕 全謝山〈游景叔墓誌跋〉曰：「游先生墓誌雖言與橫渠遊，而不言受業，疑非
　　　　 弟子。然其文則張公舜民，其書則邵公篆，其篆則章公篆，皆元祐黨人之同
　　　　 岑，而所鑴之人爲安民，尤可珍。」而梓材案云：「《宋史》云學於橫渠。」
　　　　 上見《宋元學案》卷三一游景叔傳之案語。茲從《宋史》之說。
〔註31〕 參見《宋史》卷三三二、《東都事略》卷九一、《宋元學案》卷三一。
〔註32〕 詳參《宋元學案補遺》卷三一。
〔註33〕 見《西臺集》卷一七祭游景叔龍圖文。

將援兵，至闕入對，爲戰守之計，人心以安。時師道春秋年高，天下稱爲老种，然其言不能盡用。後京師失守，帝博膺曰：「不用种師道言，以至於此。」靖康元年十月卒，年七十六。諡忠憲。

《朱子語類》云：

> 昔人嘗問尹和靖，世難如此，孰可以當之者？曰种師道可，曰將則可矣，孰可以相，久之，曰亦只令師道做也好。一日，召師道來，全不能言，遂不用。許翰時爲諫議，爲徽宗言，當今之世，豈可令聞而不用。上曰种老不堪用矣！卿可自見种問之，如何？往見之，种亦不言。許曰上令某問公，公無以某爲書生，某以爲今日之兵云云，要從其去而擊之意。种方應，謂彼云云，今不可擊，俟其過河擊之。許爲上備言其意，方用之。……，种，關西人。其性寡默，與中朝士大夫皆不合。〔註34〕

師道之剛直寡默，不顯其才。卒難爲上用，宋胡寅曾贊其行云：

> ……論新法之害民，遂坐黨籍；言北伐之誤國，黜使退休；女眞內侵，起受師柄；昌言擊討，國勢所憑；和議奪之，至于禍敗，驅馳出入，以沒元身，四海盡傷，九原難作。夫心篤國家之念，可謂曰忠；材兼文武之資，是宜爲憲。使爾不朽，名言在茲，精爽未淪，尚歆嘉寵。〔註35〕

師道之學行於焉可見矣！

（五）潘　拯

潘拯，字康仲，關中人。生卒年不詳。由程氏《入關語錄》中得其名。嘗問：「人之學，非願有差。只爲不知之故，遂流於不同，不知如何持守？」程子言：「且未說到持守，持守甚事。須先在致知，致知盡知也。窮理格物，便是致知，致知盡知也。窮理格物，便是致知。」《入關語錄》乃關中學者所記伊川先生語或明道先生語。而《伊洛淵源錄》〈龜山誌銘〉辨云：「凡公卿大夫之賢者，於當世有道之士，莫不師尊之，其稱先生有二義：一則如後進之於先進，或年齒居長，或聲望早著，心高仰之，故稱先生。若韓子之於盧仝，歐陽永叔之於孫明復是也。其一如子弟之於父兄，居則侍立，出則杖屨服勤，至死，心喪三年。若子貢、曾子之於仲尼；近世呂與叔、潘康仲之于張橫渠是也。憑此則先

〔註34〕《宋元學案補遺》卷三一引《朱子語類》之言。

〔註35〕見《斐然集》卷一三諡忠憲制。

生之事橫渠可知矣。」〔註36〕潘拯爲關中一大弟子，然其事無傳者，益見關學之湮沒也。

（六）李　復

李復，字履中，長安人。生卒年不詳。世居開封，因父官關右，遂徙長安。學者稱潏水先生。元豐二年進士。歷官熙河轉運使，終於中大夫集賢修撰。《宋史》未錄其傳，洪邁《容齋隨筆》載其於蔡京、邢恕謀用戰艦一事，上疏排詆，甚爲切直。而史不能詳。金人犯關中，先生已老且病，高宗以舊德強起之，知秦州，空城無兵，卒死於賊。洪文敏僅稱其忠鯁，然似未知先生之死事者，否則《宋史》曾經文敏之手，不應但附見〈邢恕傳〉中也。〔註37〕

潏水先生于呂、范諸子爲後輩，然猶及橫渠之門。紫髯修目，負奇氣，喜言兵事，于書無所不讀，亦工詩。全祖望云：

> 于讀樓宣公集，始得之。先生論孟子集義養氣之旨，謂動必由理，故仰不愧，俯不怍。無憂無懼，而氣自充。舍是則明有人非，幽有鬼責。自歉于中，氣爲喪矣。故曰無是餒也。朱子稱其能得大旨，所著有《潏水集》。〔註38〕

而《潏水集》四庫提要云：

> 是集如謂揚雄不知道，謂井田兵制不可遽言復古，皆確然中理。其他持論亦皆醇正，不止朱子所稱一條。又久居兵間，嫻習戎事。故所上奏議，大都侃侃建白，深中時弊，亦不止洪邁所稱二疏。至其考証今古，貫穿博洽，於易象、算術、五行、律呂之學，無不剖晰精微，具有本末。尤非空談者所可及。在宋儒中可謂有用者。

極稱先生醇正、賅博、致用之學行，無乃關中一名儒也。

（七）田　腴

田腴，字誠伯，安邱人。後徙河南。從橫渠學。與虔州宿儒李潛善，每三年治一經。學問通貫。當時無及之者。尤不喜佛學，力詆輪迴之說，曰君子職當爲善。建中靖國間，以曾子開薦，除太學正。崇寧初，罷去。先生之叔明之，安定先生高弟也。其學專讀經書，不治子史，以爲非聖人之言，皆

〔註36〕《宋元學案》卷三一潘拯傳下梓材案語。
〔註37〕《宋元學案》卷三一。
〔註38〕《宋元學案》卷三一李復附錄。

不足治。而先生不以爲然。曰博學詳說，然後反約，如不徧覽，非博學詳說
之謂也。謂近世學者，恐無有如橫渠先生者也。正叔其次也。又云向日看正
蒙書，似有個所得處。又云每見與叔中庸解，便想見其爲人。〔註39〕誠伯專
力關學，於焉可見。其于讀經說解，貴擇善者從之，盡去某人說之心，亦重
自得者也。

（八）邵　清

邵清，字彥明，古田人，元祐間，太學諸生有十奇士號，先生與焉。嘗
從橫渠學易。至崇寧、大觀時，還築室先塋之側，聚書千卷，角巾鶴氅，徜
徉其間。鄉黨敬之，不敢以名字稱。因其嘗應八行，舉呼爲八行先生，有故
人任河南尹，召之。先生曰，子以富貴驕我耶！卒不往。享年八十四。〔註40〕

（九）張舜民

張舜民，字芸叟，邠州人。慶歷中，范文正公見其所作，異之。舉進士，
爲襄崇令。新法行，先生上書，以爲堂堂之國，不當與小民爭利。元祐初，
司馬溫公舉先生才氣秀異，剛直敢言，召試，得秘閣校理。除監察御史，疏
論西夏國情。又提舉秦鳳路刑獄。曾使遼，還除直秘閣陝西路運使，俄知陝
州。徽宗即位，上事六十章。極陳陝西之弊，河北之困。後坐元祐黨籍，謫
楚州團練副使。紹興中，贈寶文閣直學士。自號浮休居士。〔註41〕

先生少慷慨論事，曾使遼。見耶律延禧爲皇太孫，所喜者名茶古畫，音
樂姬侍。因著論以爲異日必有張義潮挈十三州以歸期。其晚年致仕，杜門自
守，不見賓客。時爲山游，跨一羸馬，葛巾道服，飢則啖麵一甌，人皆服其
清德。芸叟爲文，豪重有理致，最刻意於詩，晚好樂府。曾自序云，年踰耳
順，方敢言詩，百世之後，必有知音。先生嗜畫，題評精確，又能自作山水。
著有《畫墁集》一百卷。《晁景迂集》謂其嘗從橫渠學，橫渠卒，且爲之乞贈
於朝，以爲孟軻、揚雄之流。〔註42〕

《宋元學案補遺》錄芸叟易論數節，芸叟既從橫渠學，而橫渠之學以易
爲宗，易論受啓於橫渠易說意甚明矣。僅釋卦義、文言義。未見全貌，其要

〔註39〕此段有關田誠伯之學思，皆參呂本中《童蒙訓》所引而言。
〔註40〕《宋元學案》卷三一及《宋元學案補遺》卷三一。
〔註41〕《宋元學案》卷三一、《東都事略》卷九四、《宋詩紀事》卷二四而述。
〔註42〕參考《宋元學案》卷三一、《宋元學案補遺》卷三一及《宋詩紀事》卷二四而
　　　述。

難明。王應麟《困學紀聞》曰：「五陽之盛而一陰生，是以聖人謹于徵。張芸叟曰：『易者極深而研幾，當潛而勿用之時，必知有亢。當履霜之時，必知有戰』。」〔註43〕由是知芸叟亦深於易者。

又《畫墁集》中之〈四賢堂碑陰記〉，曾論及立教育材之事。云：「學校之設，所以教也。教之大倫，忠孝是也。當孔子不得中道而與之，雖潔己之童子，有常之人，狂狷之士，亦有所不棄者，欲以教也。冉求一賦粟，將鳴鼓而攻之，欲以為教也。教者取其材，而為教者必責其成材，苟取其文章而略其德業，則奈何其為教哉。」其之特重教化德行，藹然儒者之言也。

（十）薛昌朝

薛昌朝，字景庸，生卒年不詳。嘗為御史，論新法。程子嘗曰：「天祺有自然德器，似箇貴人氣象，只是卻有氣短氣，規規太以事為重。傷于周至，卻是氣局小。景庸只是才敏，須是天祺與景庸相濟，乃為得中也。」〔註44〕陳古靈嘗薦先生于朝曰：「才質俱美，持法端直，可置臺閣。」〔註45〕時先生為殿中丞，充秦鳳熙洛路句當。餘之生平皆不詳。著作亦不存，先生之才質今不得知之矣。

全祖望云：

> 世知永嘉諸子之傳洛學，不知其兼傳關學，考所謂九先生者，其六
> 人及程門，其三則私淑也。而周浮沚、沈彬老，又嘗從藍田呂氏遊，
> 非橫渠之再從乎？〔註46〕

周浮沚、許橫塘于永嘉學統，有開創之功。然其並為藍田門人，故永嘉之學有所承教於關學。另田誠伯門人，呂好問、呂切問並為婺學之祖師，故婺學亦頗受關學影響。因是，關學除風行關中外，且自洛渡江而至江、浙一帶。其流衍所及，皆融會自得，另創宗風。謹附誌之，以示關學精神之不泯。

第四節　關學特徵

關中為歷代帝都所在，然其繁庶止於渭河平原。關陝地理險要，是為建都之主因。而除渭涇一帶，大都土瘠地貧，民生艱困。加諸世衰之際，異族

〔註43〕見《宋元學案補遺》引《困學紀聞》之言。
〔註44〕見《程氏遺書》卷二。
〔註45〕《宋元學案》卷三一所引。
〔註46〕《宋元學案》卷三二。

兵侵，毀宮掠家，農田亦迭遭破壞。故關中之民大都尙實、刻苦、樸素、少文華。此風於春秋戰國之西秦時代即已特顯。較諸長江一帶之地理經濟，實不可同日而語。風流倜儻之文士，歌舞昇平、車水馬龍之景象，泰半屬江南所有，非西北所可望者。宋興，特重文教，尤以范文正之興學爲著。范氏識見超卓，知蘇湖人文薈萃，有其經濟、地理與文化背景。然關陝之文教素不振，須大力加以倡導。遂於邠州建學，建制規模較諸蘇湖益形宏偉，卒使士風丕變。其〈邠州建學記〉云：

> 今夫子廟隘甚，群士無所安，因議改卜於府之東南隅，地爲高明，遂以建學，并其廟遷焉。以兵馬監押劉保、節度推官楊承用掌役事，博士朝夕視之。明年夏，厥功告異，增其廟度，重師禮也；廣其學宮，優生員也。談經於堂，藏書於庫；長郎四迴，室從而周，總一百四十楹。廣夏高軒，處之顯明，士人洋洋，其來如歸。〔註47〕

由是知文正公對於關中學風獎倡之力。關中學者張橫渠，更由其獎拔啓導，而以道自任；倡道學，立宗風。文正之于關中教化之功誠不可沒也。關學由二張之首倡，藍田呂氏之篤守，諸弟子之奉行，蔚成風氣。其以六經爲學，以聖賢爲志，以道統自居之風概，與宋學之基本精神並無二致。然因宋之立朝特殊背景，以及關中特殊之地理人文，遂使關學有別於宋學其他諸派之風。茲謹綜合並分析關學人物之學術、德行、事功，以述關學之特徵。

一、純厚仁孝，剛正篤實

　　關派人物純厚之德，似與風土民情同爲天成。自侯無可始，程顥稱其純誠孝友，剛正明決。〈華陰侯先生墓誌銘〉中屢稱其孝友仁義之行，云：

> 先生家無儋石之儲，而人有不得其所者，必以先生爲歸，非力能也，誠使然也。

范文正與其師戚正素，亦咸以仁孝名聞天下。而范文正推食全族，設義田、義莊、義學，博愛之行更爲關中學者所秉承。呂大臨撰〈橫渠行狀〉云：

> 橫渠屏居終南，貧不能自給，遇門人之無貲者，雖糗疏亦共之。……歲值大歉，至人相食，家人惡米不鑿，將舂之，先生亟止之曰：「餓殍滿野，雖蔬食且自愧，又安忍有擇乎？」甚或咨嗟對案不食者數四。

〔註47〕見《范文正公集》卷三〈邠州建學記〉。

人溺己溺，人飢己飢之仁懷，足令人欽仰。范育撰〈呂大鈞墓表〉云：

> 君性純厚易直，強明正亮，所行不二于心，所知不二于行，其學以
> 孔子下學上達之心立其志；以孟子集義之功養其德；以顏子克己復
> 禮之用屬其行。

橫渠嘗稱呂大忠篤實而有光輝。〔註 48〕凡此皆象徵關學之仁厚醇篤。而剛正
勇為則顯於諸君之政績，犯顏直諫，自范文正、張橫渠而張天祺皆因諍諫遭
貶謫。蘇昞、范育、种師道、張舜民亦緣剛正直言，遂坐元祐黨籍。于朝秉
公力爭，臨民則寬和淳厚，勇于有為。所至興利除弊，治績斐然。此一特色，
非空談性命之學，臨事蓄縮失措者，堪與比擬。

二、任俠使氣，長於兵略

宋代立國，重文經武。實施中央集權，邊鎮代以文官。國勢之衰，為歷
朝之冠。異族之患，終宋之世。雖宋之文教特興，經濟富庶，民生樂利，亦
止於汴京及江南一帶。關陝邊陲，時受西夏侵擾。有志之士，為禦外侮，習
兵狃武，乃便捷奏功之途。關中之地理形勢，配以時代之環境。造就關學人
物，皆志氣豪邁，任俠好義。自小即慷慨不群，好談兵事。范文正之事功，
古今稱道。用兵如神，西賊聞之喪膽。侯無可「少喜孫吳之學，兵家事無所
不通，尤詳於西北形勢。」〔註 49〕朱子贊橫渠曰：「早悅孫吳。」呂氏兄弟亦
皆熟於兵制。橫渠門人范育、游師雄、种師道、李復等咸以軍事謀略為稱。《宋
元學案》卷三一言李復之長於戰略，載曰：

> 少復奇氣，喜言兵事，以乞奏罷用車戰法及造船而感悟徽宗。其
> 極陳車戰所行乃在平原廣野，用之西夏極邊，實自困自斃也。並
> 舉唐之房琯，嘗用車戰，大敗于陳濤斜，十萬義軍，無有脫者。
> 畿邑平地且如是，況今欲用于峻叛溝谷之間乎？徽宗遂罷之。金
> 人犯關中，先生已老且病，高宗以舊德強起之。知秦州，空城無
> 兵，卒死於賊。

賊亂國弱，民不聊生，關中學者，皆身受其痛。保家衛國，發憤圖強，遂形
於兵事之謀，克敵之術。關學此一特徵，彌足闡揚也。

〔註 48〕《宋元學案》卷三一。
〔註 49〕《二程全書》《明道文集》第四〈華陰侯先生墓誌銘〉，文中極稱侯可詳於山
　　　　川地理，此用兵之要也。

三、特重禮教，勇於實踐

二程粹言云：

> 關中之士，語學而及政，論政而及禮樂兵刑之學，庶幾善學者。子
> 厚曰：「如其誠然，則志大不爲名，亦知學貴於有用也。學古道以待
> 今，則後世之謬，不必屑屑而難之，舉而措之可也。」〔註50〕

可見關學重禮制之一斑。而伊川云：「子厚以禮教學者最善，使學者先有所據
守。」〔註51〕張橫渠詩云：「若要居仁宅，先須入禮門。」〔註52〕溫公作橫渠
哀詞曰：「教人學雖博，要以禮爲先。」〔註53〕蓋此皆明示橫渠之教，以禮爲
本。橫渠著《經學理窟》，多闡發禮之意義、功能。於《周禮》、《儀禮》、《禮
記》多所發明。呂大臨〈橫渠先生行狀〉云：

> 方與學者議古之法，共買田一方，畫爲數井，上不失公家之賦役，
> 退以其私正經界，分宅里，立斂法，廣儲蓄、興學校、成禮俗，救
> 災恤患，敦本抑末，足以推先王之遺法，明當今之可行。

雖其志未就而卒。此禮治教化，貴致用實踐之精神，卻爲關中弟子所服膺。《宋
元學案》卷三一云：

> 呂大鈞既事橫渠，卒業于二程。務爲實踐之學，取古禮繹其義，陳
> 其數而力行之。

又《皇朝名臣言行錄外集》卷六云：

> 丁父憂，自始喪至葬祭一放古儀所得爲者。而居喪一節，鉅細規矩
> 于禮；又推之祭祀、冠、昏、飲酒、相見、慶弔之事，皆不混習俗，
> 粲然有文。以相接人，咸安而愛之。

大鈞尊奉古禮一如其師。而其更將橫渠所倡以禮化民之義，條爲呂氏鄉約，
具體施行，關中風俗丕變，咸以禮爲尙矣。民國初年學者，有所謂鄉村運動，
其意在力挽日益崩頹之農村經濟。〔註54〕較之鄉約特重倫理、道德規範者顯
不能相比擬。大鈞之卓見誠罕睹矣。

再者持守橫渠最力之呂大臨，蔡覺軒《續近思錄》曰：

> 呂與叔與人語，必因可及而喻諸義，治經說得于自踐而心解，其文

〔註50〕見《二程全書》冊三所錄二程粹言。
〔註51〕見《二程遺書》卷二。
〔註52〕呂本中《童蒙訓》上卷。
〔註53〕呂本中《童蒙訓》上卷引。
〔註54〕費孝通《鄉土中國》。

章不作于無用。〔註55〕

又呂與叔詩曰：「禮儀三百復三千，酬酢天機理必然；寒即加衣饑即食，孰爲末後敦爲先。」其篤守禮學，務經世致用，意至顯矣。關中學者之人格特質，加諸橫渠倡學之特性，遂形成關學重禮之特徵。然尊禮知禮踐禮，本在戒弟子流於空疏幻妄之病。而關派後學規規於細節，于大體未識。學術流於褊狹，境界遂無所開展。士人相繼淪喪，秦中氣運亦衰。〔註56〕關學以不得傳人，而湮沒無聞，遂爲世所忽。

四、憂患家國，悲憫生民

《宋史》稱范文正公能先天下之憂而憂，後天下之樂而樂，感論國事，時至泣下。宋代之外患頻仍，積弱不振。范氏鎮邊陲，屢建奇功。西夏至尊爲龍圖老子，不敢率意冒犯，其不僅以武功兵略，解家國之患；進而立學統，繫文化學術之命脈，凡此皆顯其憂患意識之深刻。而受其啓教之關學宗師張橫渠，亦慨然以道自任。云：「爲天地立心、爲生民立命，爲往聖繼絕學，爲萬世開太平。」此則何等恢闊之襟懷！又何等磅沛之氣象！若非其深患家國之危，覺識自我生命之渺幻，道體生命之不朽，則西銘純粹至理之文，無由生矣。誠然范氏與張氏際遇不一，范氏出將入相，文治武功皆彪炳可觀。其所至，民咸被恩。張氏雖無所遇，然其發憤著書，悲憫之情發乎文，亦同爲不朽也。關中弟子若李復者，雖年衰體弱，猶奉命鎮守秦州，卒死於賊。忠誠之行，卒與民同生死。是關派學者，于家國生民之關切，實較北宋他派之學者爲深。

關學之特色，乃以禮教、實用精神爲要，其影響亦較深遠。橫渠之學思旨趣，亦歸乎此。本章所述，可視爲禮論之背景。爲吾人論述橫渠禮論所不可忽者，故特述之如上。

〔註55〕《宋元學案補遺》卷三一引。
〔註56〕上蔡云：「橫渠教人以禮爲先，大要欲得正容謹節。意謂世人污漫無守，便當以禮爲地。教他人上面做工夫，然其門下梢頭，溺於形名度數之間，行得來困無見處。如喫木札相似，更沒滋味，遂生厭倦，故其學無傳之者。」而言秦中氣艷衰，士人相繼淪喪，橫渠之道學亦衰。諸語參見《程氏遺書》卷二所言。

第三章　張載之禮學

　　禮，乃中國文化之核心，其涵義駁雜，範圍廣大。舉凡政制、社會、經濟、教育、倫理諸端盡寓其中。本章論究橫渠禮學之底蘊，凡禮義之理論根源；禮制、禮俗之導民、化民；禮儀規範之特性以及勸學之道皆爲其要目。故橫渠禮學之精義，適與博大宏濶之傳統禮學相映。茲謹分禮之初探與橫渠之論禮、禮之理論根源、禮學與倫理、禮學與政制、禮與與爲學之道、禮學與禮俗六節以述。章中之引文皆以張載集所錄爲本，並參沈自彰之張子全書本。因引文皆擷自《正蒙》、《經學理窟》、《張子語錄》諸篇，故謹附註於引文之下，不另作註，以免註文之繁碎也。

第一節　禮之初探與橫渠之論禮

　　橫渠所論之禮意、禮之效用、禮之範疇。其說大抵本于《周禮》、《儀禮》、《禮記》及《荀子》禮論諸書。或作精深之闡述，或抒發己見。然其宏旨奧義，非數言得盡。茲謹略述禮之原義，暨其有以接合橫渠禮論之處。

一、禮之本原

　　禮之原起，依說文所釋，及今社會人類學者研究初民生活型態所得，並謂乃源于人類對圖騰本質的尊崇，爲一祀神、崇拜之儀式。其目的在結合群族，維繫同類之意識。〔註1〕故禮之初，屬宗教特性。然由現存之周禮、儀禮、禮記

〔註1〕《說文解字》下部云：「禮，履也，所以事神致福也从示，从豊，豊亦聲。」
　　　　又豊部云：「豊，行禮之器也。」依王靜安所釋，卜辭之豊，象二玉在器之形。

所載之禮制、禮俗、禮義等，人文之意義特顯。禮于周代，堪稱文化之總匯。舉凡政制、經濟、社會、倫理、教化諸端皆涵括其中。祭祀之禮，雖為人所特重。然其義已由神秘之崇拜，轉為報本反始、愼終追遠之仁德矣。故宗教性反不若倫理性彰顯。至於三禮形成之時代，儀禮當為周代舊典，〔註2〕周禮、禮記則成于漢儒之手。然其義皆由漢代儒者紹承周、孔、孟、荀並加以融會所得，禮之倫理意義，於焉確立，諸儒藉禮、禮制以達其淑世濟人之目的。〔註3〕此精神皆為後世有心于禮治、德治者所本。

二、橫渠之論禮

橫渠頗得先儒禮治教化之旨，故其倡學特標「禮」以敦勉學者。茲述橫渠所論禮之義、禮之功用、禮之範疇、禮之特性，比照禮記所論而觀。

（一）禮之本原

《經學理窟》禮樂篇云：「禮非止著見於外，亦有無體之禮，蓋禮之原在心，禮者聖人之成法也。」言禮之原在人心，而所謂無體之禮，指不具儀式之禮節而言，其說本於禮記孔子閒居所載：

> 子夏曰：「敢問何謂三無？」孔子曰：「無聲之樂，無體之禮，無服之喪，此之謂三無。」

孫希旦禮記集解云：「無體之禮，謂心之敬而無待於事也。三無者，乃禮樂之原也。」橫渠言無體之禮，蓋深明禮之根源在心之誠敬，若無此心，繁複之儀節，夫復何施？

又《經學理窟》禮樂篇云：

> 禮亦有須變者，如天秩天序，如何可變？禮不必皆出於人，至如無人，天地之禮自然而有，何假於人？天之生物，便有尊卑大小之象，人順之而已，此所以為禮也。學者有專以禮出於人，而不知禮本天之自然。

此段言禮出於天理之本然。人觀萬物殊象，緣之以制成禮文者也。其說賦禮

故禮之原意乃奉玉事神也。李宗侗之中國古代社會史謂禮之意，乃在對原始信仰崇拜之象徵。圖騰乃指人之原始本質，人類崇敬同一個圖騰，即生同一之意識。部族亦由此結合而成。

〔註2〕熊十力《讀經示要》卷三。

〔註3〕見王師夢鷗《禮記今註今譯》序言。

以形上之特質，明天人合一之意蘊。《禮記》禮運篇云：

> 夫禮，必本於大一，分而爲天地，轉而爲陰陽，變而爲四時，列而
> 爲鬼神，其降曰命。其官於天也。

橫渠禮記說云：

> 天無形，固有無體之禮；禮有形，則明于地，明于地，則有山川
> 宗廟五祀，皆布列于地上者也。禮無不在，天所自有，人特節文
> 之耳。

觀此橫渠禮本于天之論，蓋與禮記禮運篇之說相發明。正唯禮之原於人心，且上達天道。故橫渠之禮學與形上論、人性論皆相關。

（二）禮之定義

橫渠之釋禮，其義蓋不出禮記之說。見於橫渠禮記說者：

> 人情所安即禮也，故禮可由義起。

> 禮別異不忘本，而後能推本爲之節文。

> 禮者理也，欲知禮，必先學窮理，禮所以行其義。知理乃能制禮。

凡此諸義分見于《禮記》坊記、曲禮、仲尼燕居各篇。橫渠就其義而闡之，使其更明曉易解。另見于《經學理窟》禮樂篇之說者：

> 禮反其所自生，樂樂其所自成。禮天生自有分別，人類推原其自然，
> 故言「反其所自生」。

> 禮所以持性，蓋本出於性，反本也。凡未成性，須禮以持之，能守
> 禮已不畔道矣。

> 禮即天地之德也

> 禮者聖人之成法也

> 時措之宜便是禮，禮即時措時中見之事業者，非禮之禮，非義之義，
> 但非時中者皆是也。

《禮記》禮器篇云：「禮也者，反其所自生；樂也者，樂其所自成。」仲尼燕居篇云：「夫禮所以制中。」故橫渠釋禮亦由先儒之義引申，進而與己之形上哲理相貫。故其言禮之義，特重窮理、反本、成性、達天德諸端，理之意味較禮記所論爲重。然由《經學理窟》、《張子語錄》見禮文常並舉，知橫渠於儀節亦未忽也。並觀《正蒙》之形上哲理與《經學理窟》之禮，橫渠體用不二之精神可知之矣！

（三）禮之功用

橫渠以周禮爲先王之遺法，以爲可復施於宋。故《經學理窟》之周禮篇、宗法篇，極言封建、井田、宗法之制。其他篇章提及周禮者亦不少，故橫渠之禮學內涵、功用皆及於政制、社會、經濟諸端。容另闢節詳述。此處言禮之功用著重在倫理規範、教化、修爲諸義。茲述其文如下：

> 學者且須觀禮，蓋禮者滋養人德性，又使人有常業，守得定，又可學便可行，又可集得義。養浩然之氣須是集義，集義然後可以得浩然之氣。嚴正剛大，必須得禮上下達。義者，克己也。（《經學理窟》學大原上）

> 某所以使學者先學禮者，只爲學禮便除去了一副當世習熟纏繞。譬之延蔓之物解纏繞即上去，苟能除去了一副當世習，便自然脫洒也，又學禮則可以安得定。（《張子語錄》下）

> 禮所以持性，蓋本出於性，反本也。凡未成性，須禮以持之，能守禮已不畔道矣。（《經學理窟》禮樂篇）

> 修持之道，既須虛心，又須得禮，內外發明，此合內外之道也。（《經學理窟》氣質篇）

> 學禮所以求不疑，仁守之者在學禮也。（《經學理窟》禮樂篇）

禮所以滋養德性、持性成性者、其于修養、教化之功卓著。而橫渠告學者所以知禮成性者，此性皆就天地之性而言。人稟氣而生，有所謂氣質之性。氣質之性與天地之性非相對，天地之性乃寓於氣質。氣質之性有定分，而天地之性則爲純粹至善者。禮之作用要在變化氣質，使本然之性顯現。而尋求至善之境，乃倫理學之極致。明乎此，則橫渠之人性論、倫理論、修養論皆涵括於禮學之中。

（四）禮之範疇

橫渠欲學者知禮、行禮、學禮，此禮皆就儀節及倫理規範而言。其義備載于周禮、儀禮、禮記之書。橫渠嘗撰周禮說、儀禮說、禮記說，《經學理窟》所言亦大抵爲禮之範疇。其言曰：

> 禮者聖人之成法也。除了禮天下更無道矣！欲養民當自井田始，治民則教化刑罰俱不出於禮外，五常出於凡人之常情，五典人日日爲，但不知耳！（《經學理窟》禮樂篇）

是故橫渠以爲雖尋常之禮，其意蘊卻頗繁複。蓋政制經濟、社會、倫理、教化盡寓其中矣！人不能一日無禮，正如人未能一日離五常五典也。

（五）禮之特性

禮乃學者下學上達之工夫，然世遷時移，人事多變。故禮亦有應世之特質。依橫渠之文，歸納其特性。其中或有沿襲前代之說者，茲述於后：

1. 權　宜

《張子語錄》云：「權，量宜而行，義之精，道之極者，故非常人所及。」權之觀念，首見於論語。行權可應用於世間任何事項。《經學理窟》喪紀篇云：

> 子上之母死而不喪，門人問諸子思曰：「昔者先君子喪出母乎？」曰：
> 「然。」「子之不使白也喪之何也？」子思曰：「昔先君子無所失道，
> 道隆則從而隆，道汙則從而汙。伋則安能！出妻不當使子喪之，禮，
> 子於母則不忘喪，若父不使子喪之，爲子固不可違父，當默持心喪，
> 亦禮也，若父使之喪而喪之，亦禮也。子思以我未至於聖，孔子聖
> 人處權，我循禮而已。

> 父在，母服三年之喪，則家有二尊，有所嫌也。處今之宜，但可服
> 齊衰，一年外可以墨衰從事，可以合古之禮，全今之制。

以上所引皆明禮之所以重權宜之道。橫渠以權量禮俗之制。相當於今之倫理學範疇中之處境倫理。〔註4〕蓋於兩種道德規範相斥之情境，行合宜之抉擇也。

2. 時　中

橫渠云：

> 時措之宜便是禮，禮即是措時中見之事業者，非禮之禮，非義之義，
> 又不可一槩言，如孔子喪出母，子思不喪出母，又不可以子思守禮
> 爲非也，又如制禮者小功不稅，使曾子制禮，又不知如何，以不可
> 易言。時中之義甚大，須精義入神以致用，始得觀其會通以行其
> 典禮，此則頁義理也；行其典禮而不達會通，則有非時中者矣！（《經
> 學理窟》禮樂篇）

橫渠《易說繫辭》上所引易之原文云：「聖人有以見天下之動，而觀其會通，以

〔註4〕 參見西洋哲學辭典，Schuster 所寫處境倫理一條。經權之說，在儒家倫理中早已涉及，而所謂處境倫理則爲西方倫理學，嶄新之題材。楊慧傑之《朱熹倫理學》第七章，曾應用此觀念加以討論，爲中國倫理學研究，開拓新風貌，其見頗爲可取。

行其典禮。」依橫渠之釋義，會通制禮，乃時措時中之事業也。君子必多識前言往行以畜德，言行圓熟，則自得比類醜物，得時中之精義。蓋禮若泥古則滯礙難行，若比附則違人情性，焉得行於世，以化民成俗。故會通之特性，適足賦禮以創新融會之功，先儒之重時中，見於《禮記》禮器篇：「禮，時爲大。」橫渠本之而立言。然朱子以爲其家禮則多比附，〔註 5〕與時中之義似不合符節矣！

3. 敬 誠

橫渠云：

> 誠意而不以禮則無徵，蓋誠非禮無以見也。誠意與行禮無有先後，
> 須兼修之。誠謂誠有是心，有尊敬之者則當所尊敬之心，有養愛之
> 者則當有所撫之意，此心苟息，則禮不備，文不當，故成就其身者
> 須在禮，而成就禮則須至誠也。（《經學理窟》氣質篇）

敬爲禮之要義，禮記已三致其意。〔註6〕蓋敬乃發乎內心之誠，與仁德天道通達。所謂不誠無物，禮若無誠敬爲本心，其徒具形文，其義晦蝕，用更難彰矣！

4. 序 分

橫渠云：

> 先生有先後，所以爲天序，小大，高下相並而相形焉，是謂天秩。
> 天之生物也有序，物之既形也有秩，知序然後經正，知秩然後禮行。

天之生物有序，人本天而制禮，是故禮亦以序爲則。親疏、遠近、先後之次盡得禮中求之。而聖人所制之禮，亦必合乎天理人情，井然而有秩也。

有序故有別，有別則分具。橫渠禮記說云：「禮別異不忘本，而後能推本爲之節文。」（《宋元學案補遺》卷一七）而所謂「分」者，義理之所當爲，各人應盡之務也。《經學理窟》學大原下云：

> 凡所當爲，一事意不過，則推類如此善也；一事意得過，以爲且休，
> 則百事廢，其病常在。謂之病者，爲其不虛心也。又病隨所居而長，
> 至死只依舊。爲子弟則不能安洒掃應對，在朋友則不能下朋友，有
> 官長而不能下官長，爲宰相不能下天下之賢，其則至於狗私意，義

〔註 5〕《朱子語類》卷八四：「橫渠所制禮，多不本諸儀禮，有自杜撰處。如溫公卻
　　　　是本諸儀禮，最爲適古今之宜。」今家禮散佚，無由考校其說。
〔註 6〕《禮記》曲禮首即言：「毋不敬，儼若思，安定辭，安民哉！」

　　理都喪，也只爲病根不去，隨所居所接而長。人須一事事消了病則

　　常勝，故要克己。

上所言乃不知安分，克己之病。蓋成德必下學上達交相培養。不識序分則下學工夫無由循節以進矣！

　　橫渠論禮，意蘊深邃。除上所述，其文中又常禮文、禮樂、禮義並舉。故其言禮，乃情、理、文三意兼備。而言禮之踐履，又特標積漸之功，即以潛移默化、平易近人爲貴也。〔註7〕

第二節　禮學之理論根源

　　橫渠禮學涵括倫理、政制、教化諸端，然其重禮樂之人文價值，乃源自天道、性命哲理之探求與肯定。唐君毅先生在其所著《中國哲學原論》〈原道篇〉（三）頁 1392 云：

　　宋明理學家更有進於漢、唐儒者，則在自覺的追求倫理、政治、社

　　會之道之形上學、心性論的根據，緣是而自覺的重新提出儒家人生

　　理想，而自覺的肯定種種倫理、政治、社會之道。

質之橫渠學思，此義確然。蓋橫渠之論道、論性，皆所以接合天人，明天道性命之通貫，以成就下學上達之工夫。言禮之運作之功，必求諸天道性命之根源。故欲論禮學內涵，則必先究其天道、性命之論。然觀橫渠正蒙體大思精，所言道體、性體、心體意蘊奧妙，歷來疏解繁富。會通其說，非學力所能及，亦非本論文之所重。茲謹略言其要，以明形上哲學開示形下修爲之所以然。

一、道體論

　　橫渠之言道，以氣化出之。極易被解爲唯氣之論者，故論道體必太和、太虛、氣之詮義及特性並觀，方能得其眞象。

（一）太和之道

　　橫渠云：

〔註7〕《張載集》頁 312《張子語錄》言：「禮不可大段駭俗，不知者以爲怪，且難之，甚者至於怒之疾之。故禮亦當有漸，於不可知者，少行之已爲多矣，但不出戶庭親行之可也，毋強其人爲之，己德性充實，人自化矣，正己而物正也。」禮當漸人，不可急進。以己德化人，勿強人所難也。

太和所謂道，中涵浮沈、升降、動靜、相感之性是生絪縕、相盪、勝負、屈伸之始。其來也幾微易簡，其究也廣大堅固。起知於易者乾乎！效法於簡者坤乎！散殊而可象爲氣，清通而不可象爲神。不如野馬，絪縕，不足謂之太和。語道者知此，謂之知道，學易者見此，謂之見易。（正蒙太和篇）

此段以太和爲道體，而「中涵浮沈、升降、動靜、相感之性，是生絪縕、相盪、勝負、屈伸之始。其來也，幾微易簡，其究也，廣大堅固。」則言太和創生之特性。而此創生之過程即乾知坤能之終始過程。所謂氣化、神化亦涵蘊在此太和之道中。〔註8〕

（二）太虛之名

橫渠云：

太虛無形，氣之本體，其聚其散，變化之客形爾；至靜無感，性之淵源，有識有知，物交之客感爾。客感客形與無感無形，惟盡性者一之。（正蒙太和篇）

太和爲一切存在之本質，太虛則就存在之體狀言。〔註9〕太和篇又言：「太虛爲清，清則無礙，無礙故神。」是故氣之本體，即清通無礙，神化無窮也。而無感無形，乃太虛之常體，亦性之淵源。所謂之變化，乃氣聚散所致。其感其形皆非常態。唯有知天道、盡人性者能得此常體，不隨氣化而遷。

太和、太虛乃橫渠在道體論上之創見，其義與天道、太極、誠體、至寂感之神並無二致，皆在透徹宇宙根源，明吾人性體之超越性與普遍性，藉以建立道德之形上根基，而使成聖踐形之功爲可能。〔註10〕

（三）氣之特性

橫渠云：

凡可狀，皆有也；凡有，皆象也；凡象，皆氣也。氣之性本虛而神，則神與性乃氣所固有，此鬼神所以體物而不可遺也。（正蒙乾稱篇）

虛與神乃氣之本性。橫渠以氣爲化生萬物之質，而此氣又具遍在，神化之特

〔註8〕《心體與性體》（一）頁437～443、太和之道含行程、創生、秩序三義。乃氣化至和之本體。
〔註9〕吳康《宋明理學》頁118～119，言氣乃宇宙嬗生之基本物質。
〔註10〕《心體與性體》頁445。

性，故其說頗類泛神之宇宙論。〔註11〕然橫渠之氣化論，其要在以實有之存在，駁斥釋氏執無及老氏「有生於無」之說，〔註12〕紹承儒學存神過化之功。亦本太虛即氣，兼體無累，體用不二之義。

1、兼體無累

橫渠云：

> 天地之氣，雖聚散，攻取百塗，然其爲理也順而不妄。氣之爲物，散入無形，適得吾體，聚爲有象，不失吾常。太虛不能無氣，氣不能不聚而爲萬物，萬物不能不散而爲太虛。……然則聖人盡道其間，兼體而不累者，存神其至矣！（正蒙太和篇）

> 聚亦吾體，散亦吾體，知死之不亡者，可與言性矣。（《正蒙》太和篇）

所謂兼體者，乃不偏滯也。不爲空間、時間、動靜、聚散所拘限。直通神與虛之理。以神體、虛體爲道，不爲形體所累，而以存神知化爲其至也。

2. 體用不二

橫渠云：

> 知虛空即氣，則有無，隱顯、神化、性命通一無二。顧聚散、出入、形不形、能推本所從來，則深于易者也。若謂虛能生氣，則虛無窮，氣有限，體用殊絕入老氏有生于無之論，不識所謂有無混一之常。若謂萬象爲太虛中所見之物，則物與虛不相資，形自形，性自性，形性天人不相待，而有陷于浮屠以山河大地爲見病之說。（《正蒙》太和篇）

虛空即氣，即全體是用，就氣即虛空，則全用是體，乃通一無二，圓融無礙之景象。依橫渠之義，則氣立理亦寓其中，氣理一如，不可謂氣外另有個理在。〔註13〕老氏有生於無之無，乃否定人爲造作，特標自然爲境。與橫渠實有之論誠有異處，然不可據以爲非。〔註14〕致於釋氏物與虛不相資，形自形，性自性，形性天人不相待。以大地、山河爲幻妄。此佛家執空有之說，與儒

〔註11〕　參見陳鐘凡《兩宋思想評述》與蔡仁厚《宋明理學》。

〔註12〕　朱建民〈張橫渠之弘儒及反佛〉文中，橫渠以神化之體用不二爲極，於神處另立一太虛之名。有、無指氣之存在情狀。止可言幽隱，不可言有無也。

〔註13〕　參朱建民〈張橫渠之弘儒及反佛〉。

〔註14〕　吳康《宋明理學》頁 119 云：「老子之『無』，乃是一種玄德，即不可見之本體，有是現象，有生無，即現象出於本體，其理至順。」故不可謂其說爲謬誤也。

家肯定當下之人性、人生扞格不通。橫渠之評亦有諦當者。宋儒反佛熾烈，唯能就義理以駁之者，僅橫渠一人耳。〔註15〕明乎此，可見其尋求性體根源，結合天人用力之一斑。縱其意有窒礙處，亦瑕不掩瑜也。

宋儒伊川、朱子評正蒙，皆以其論道體，偏重氣化之說，止為形而下者，未觸道之源頭。然由上之述，所謂太和、太虛之意實指誠體真幾，其清通神化之用，亦反覆申陳，焉得謂其不識根源。其所以重氣化者，要在肯定性命所具虛與神之本質。此義由「太虛即氣」及「合虛與氣有性之名」二語貫串而成。

二、性命論

橫渠云：

> 由太虛，有天之名，由氣化，有道之名；合虛與氣，有性之名；合性與知覺，有心之名。(《正蒙》太和篇)

又云：

> 天性在人，正猶水性之在冰，凝釋雖異，為物一也。(《正蒙》誠明篇)

> 天人異用，不足以言誠，天人異知，不足以盡明。(《正蒙》誠明篇)

上所引皆橫渠天人合一說之明証。人性之理，乃源於天道自然。

故人性與天道無小大之別，人性充得盡時，即天道之誠也。然人性既本諸天性，所謂賢愚、貴賤、優劣之性，又何由而生？再者聖人之倡道，所以盡性、全德、存養，其理安在哉？

橫渠之性論，則在詮釋此理，茲述於后：

（一）天地之性與氣質之性

橫渠云：

> 形而後有氣質之性，善反之則天地之性存焉，故氣質之性，君子有弗性者焉。(《正蒙》誠明篇)

> 人之剛柔、緩急、有才與不才，氣之偏也。天本參和不偏，養其氣，反之本而不偏，則盡性而天矣。性未成則善惡混，故亹亹而繼善者斯為善矣。惡盡去則善因以成，故舍曰善而曰成之者性也。(《正蒙》

誠明篇）

粹然至善之性體，因受形體之限而隱晦不顯，必待人反其本性，而天地之性才得呈現。故君子不以氣質之性爲正性。然如前述氣具虛與神之性，則氣之本然清通，無所謂善惡者也。然則偏雜之氣何由而生也？辨者頗多，大要不外乎就氣質之偏雜而言。茲引牟宗三先生所言以釋：

> 蓋人不是純靈，乃一組合體之有限存在，雖就道德創造以成聖言，
> 必須肯定超越的「天地之性」爲本體，但人亦是有形體的現實存在，
> 故環繞其自然生命，又不能不有其自然生命之種種特徵與姿態，此
> 即「人的自然」之性，所謂氣性、才性、氣質之性是也。天地之性
> 是人的當然之性，是道德創造之性是成聖之性，簡名曰聖性，亦猶
> 佛家之言佛性。〔註16〕

此言氣質之性乃人自然生命之資具，于人是一種限制，然同時亦具備發展之可能性，人賴以自我實現。

正唯此氣質之性之有限，人得體察性之本源，反歸天地之性。此即參贊化育，盡性成性之道。所謂繼善成性，乃由變化氣質而成。則由天地之性所肯定之道德，得由己身開展而出，呈現本然而不爲氣質之偏滯所拘執，聖人之所以盡人之性、盡物之性其義繫乎此矣！

（二）性命于氣與性命于德

如上所論，人人盡可與天合其德，臻盡性成性之境。然此乃就理想之論定而言，事實上人之性命，自有其分定，因是而各自展現不同之情調也。

> 德不勝氣，性命于氣，德勝其氣，性命于德。窮理盡性，則性天德，
> 命天理。氣之不可變者，獨死生修夭而已。故言死生，則曰有命，
> 以言其氣也。語富貴，則曰在天，以言其理也。此大德所以必受命，
> 易簡理得而成位乎天地之中也。（《正蒙》誠明篇）

此段言人所受氣命與天地之氣未可等量齊觀。人雖可盡其道，順受其正。然卻不能超越此種命運和命定。若肯定之德，能超越氣命，則性與命全在德，反之德不勝其氣，則性命一任氣質所定。所謂於穆不已之德，亦無由展現。誠明篇又云：

> 所謂天理也者，能悅諸心，能通天下之志之理也。能使天下悅且通，

〔註16〕見牟宗三《心體與性體》（一）頁509。

則天下必歸焉。不歸焉者，所乘所遇之不同，如仲尼與繼世之君也。人不得歸乎天理，乃所乘所遇所致，此即氣命之事，求亦無益于得。是故人雖須盡心知性知天，以求此道德之無限；然另一方面，猶須知命、知天命之分際，以承此個體之有限。聖人成位于天地之中，乃氣命所定。致於成聖求德，得眾人之歸，則由理命之求而得，此即孔孟雖踐仁以知天，盡性之性以知天，其中猶不離運命、氣命之數也。〔註17〕

三、心體論

天道、性命皆就客觀言道德之普遍與超越。然此道德實踐之所以可能，盡性、化性之所以可成，端繫乎主體意識之認取。而心之主宰一切，能認知殊象、本源，遂成就其道德主體之特性。

（一）心能盡性

橫渠云：

> 心能盡性，「人能弘道」也，性不知檢其心，「非道弘人」也。（《正蒙》誠明篇）

本和篇云：「合性與知覺而有心之名。」乃就性體寂感之神之靈知明覺而說心。而寂感之神乃言客觀之道德根源，而心之靈知明覺即成主觀體現道德之能源。由體此實理貫實事之天道，而完成主觀之道德實踐。所謂人能弘道，非道弘人，意指道德本心之具體原則及主觀原則。

（二）仁心體物而不遺

橫渠云：

> 大其心，則能體天下之物。物有未體，則心為有外。世人之心止于聞見之狹。聖人盡性，不以見聞桎其心。其視天下，無一物非我。孟子謂盡心，則知性知天，以此。天大無外，故有外之心，不足以合天心。（《正蒙》大心篇）

橫渠欲人大其心者，即擴充其道德本心。由之而體察天下萬事萬物，則萬物盡在此本心中。人得不囿於聞見之狹，而起偏執之病。其見天下之物，與我同一。所謂民胞物與之襟懷，皆寓于此同體性命一源之中。精神生命共攝於天道，則人心合天心，盡性成性之實踐道德亦不外乎此。天道篇具言仁心體

〔註17〕參《心體與性體》（一）頁 525～528。

物之事實。其云：

> 天道四時行，百物生，無非至教。聖人之動，無非至德。夫何言哉？
> 天體物不遺，猶仁體事無不在也。禮儀三百，威儀三千，無一物而
> 非仁也。昊天曰明，及爾出王。昊天曰旦，及爾游衍；無一物之不
> 體也。（《正蒙》天道篇）

天體物不遺，猶仁體事無不在，明示仁心即天心，仁德即天道也。由天道之
行衍至人事之為，其中之理，乃由仁心所貫串。橫渠心能盡性，仁心體物之
心體，無非在肯定天地生化有其真實性，人事倫常亦有真實性。道德實踐乃
吾人之定分，人由擴充此心體，而成進德修為之功。橫渠心性根源之窮究，
為其禮學開拓形上之依據，其接合之處，正在此仁心上達下貫之義。〔註18〕

第三節　禮學與倫理

劉師培先生云：「禮經者，倫理心理之講義及課本也。」〔註19〕倫理之名
最早出現於禮記。〔註20〕就禮之功用言，倫理學蓋涵括于其中。倫理思想向
為中國思想之重心，亦為儒學之特色。宋代諸儒以紹承孔、孟道統自居，其
于倫理學之建構自然益趨縝密精深。橫渠之倫理思想于其理學中，居頗重之
環節。下學上達之工夫，若無此通貫天人，且渾然同體之倫理根基，終必落
入蹈空之境。而諸家推崇之西銘，象徵橫渠倫理思想之極致。

西銘全文云：

> 乾稱父，坤稱母，于茲藐焉，乃混然中處。故天地之塞吾其體，天
> 地之帥吾其性。民吾同胞，物吾與也。大君者，吾父母宗子，其大
> 臣，宗子之家相也。尊高年，所以長其長，慈孤弱，所以幼其幼，
> 聖其合德，賢其秀也。凡天下疲癃殘疾惸獨鰥寡，皆吾兄弟之顛連
> 而無告也。于時保之，子之翼也。樂且不憂，純乎孝者也。違曰悖
> 德，害仁曰賊，濟惡者不才，其踐形惟肖者也。知化則善述其事，
> 窮神則善繼其志。不愧屋漏為無忝，存心養性為匪懈。惡旨酒，崇

〔註18〕朱建民撰〈張橫渠之弘儒以反佛〉下。
〔註19〕見《國學發微》頁3。劉師培自註曰：「儀禮為古禮經，乃孔門修身讀本。而
　　　禮記禮運、孔子閒居、坊記、表記諸篇皆孔門倫理學、心理學之講義也。」
〔註20〕《禮記》、樂記篇曰：「樂者，通倫理者也。」所謂倫理一般之意，指人倫道
　　　德而言。橫渠之倫理亦取此義。

伯子之顧養：育英才，頴封人之錫類。不弛勞而底豫，舜其功也；
無所逃而待烹，申生其恭也。體其受而歸全者，參乎。勇於從而順
令者，伯奇也。富貴福澤，將厚吾之生也；貧賤憂戚，庸玉女於成
也。存吾順事，沒吾寧也。

程伊川謂西銘備言仁體，又明理一而分殊。朱熹以為西銘乃原道之宗祖，可
以養吾人浩然之氣。明儒劉蕺山釋訂頑之旨，贊其為求仁之學與立命之學。
〔註21〕諸家評述西銘，咸以其推本萬物一源之仁道，開示倫理至善之境。啓
教本仁孝至誠以盡性成聖人之人生觀。茲謹綜合各家疏解之義，並參橫渠有
關倫理修養之言，以述其倫理思想之基礎，及個人倫理、社會倫理之論。

一、倫理思想之基礎

（一）萬物一體之仁

橫渠云：

乾稱父，坤稱母，予茲藐焉。乃混然中處。故天地之塞吾其體，天
地之帥吾其性。民吾同胞，物吾與也。（西銘）

依朱子之解，人物之體皆本諸天地之氣而成，人物之性亦本諸天地之常理。
故萬物體性同原，吾體吾性即是天地，天地之體性亦同乎萬物者也。然體性
雖本而來，其體有偏正，性有明暗。因此人物之稟受有定分，故有動植及有
情無情之別。人能體察天道，乃萬物之最靈秀者，故有「民吾同胞、物吾與
也」，此仁道之形成與擴充。橫渠之仁乃渾然與物同體之意，〔註22〕此與程明
道識仁之說並無二致。而西銘一文之意旨全繫乎此，無怪二程以之開示其門
人。正唯此與物同體之仁，得以物觀物，各遂其性，各得其宜，而成參贊化
育之功。所謂盡己之性、盡物之性，亦萬物一體之仁道之實現也。

（二）理一分殊之義

程伊川「理一分殊」之言，將西銘之作意顯露無遺。橫渠倫理特性亦由
此說而彰顯。茲將程伊川、楊龜山、朱子三者對西銘之理解比照而觀，以明
理一分殊之究竟。

〔註21〕伊川與朱子所言，見《性理大全書》卷四西銘總倫。總論蓋集諸家之評述西
銘之言。劉蕺山釋西銘旨要，見《宋元學案》卷一七〈橫渠學案〉。
〔註22〕《兩宋概要》頁178～182，以萬物與我合一訓仁者，於宋有程顥、張載、楊
時三人。

楊龜山上程子書曰:

> 西銘發明聖人之微意至深,然而言體而不及用,恐其流遂至於兼愛。
> 則後世聖賢者出,推本而論之,未免歸罪於橫渠也。時竊妄意此書,
> 蓋西人共守而謹行之者,欲得先生一言,推明其用,與西銘並行,
> 庶乎體用兼明,使學者免於流蕩也。〔註23〕

程伊川答書曰:

> 橫渠之言誠有過者,乃在正蒙。西銘之為書,推理以存義,擴先聖
> 所未發,與孟子性善養氣之論同功。二者亦前聖所未發,豈墨氏之
> 比哉?西銘明理一而分殊,墨氏則二本而無分,老幼及人理一也。
> 愛無差等本二也。分殊之敝,私勝而失仁;無分之罪,兼愛而無義。
> 分立而推理一,以正私勝之流,仁之方也。無別而迷兼愛,至於無
> 父之極,義之賊也。子比而同之過矣。且謂言體而不及用,彼欲使
> 人推而行之,本為用也,反謂不及,不亦異乎。〔註24〕

楊時之言,體用二分,未能識橫渠即體言用之深義。而程頤以理一分殊辯明
西銘之用心,然亦未能明示體字不二之理。故楊時之第二書仍未釋然,猶執
意西銘未明言稱物之義及親親等殺,層次不明,易流於無分之敝。〔註25〕然
據朱子引龜山語錄之言曰:

> 西銘理一而分殊,知其理一所以為仁,知其分殊所以為義。所謂分
> 殊猶孟子言親親而仁民,仁民而愛物,其分不同。故所施不能無差
> 等耳。或曰:「如是則體用果離而為二矣!」曰:「用未嘗離體也。
> 以人觀之,四肢百骸具於一身者,體也。至其用處則首不可以加履,
> 足不可以納冠。蓋即體而言而分已在其中矣。」〔註26〕

由上可見楊龜山已悟得體用不二之理矣。所謂理一分殊不復有疑矣,反見其
深闢也。

朱子極稱程子理一分殊之見,其理解西銘益精詳,所發議論多,不遑枚
舉。止言其要,其論曰:

〔註23〕《性理大全書》卷四頁16西銘注解中所引。龜山以為孔孟言仁,僅及仁之方,
　　　　或體用而言。而橫渠言仁體,似有過之之嫌。

〔註24〕全文見《二程全書伊川文集》第五。

〔註25〕《性理大全書》卷四、頁17。

〔註26〕原文見《龜山語錄》。《性理大全書》朱子西銘論中曾引。朱子以為乃楊時晚
　　　　年德盛,見其轉精所致。觀前上伊川二書皆未釋然,則年少悟力不逮也。

天地之間，理一而已。然乾道成男，坤道成女，二氣交感，化生萬
物，則其大小之分，親疏之等，至於十百千萬而不能齊也。不有聖
賢者出，孰能合其異而反其同哉。西銘之作意蓋如此。程此以爲明
理一而分殊，可謂一言以蔽之矣。蓋以乾爲父，坤爲母，有生之類，
無物不然，所謂理一也。而人物之生，血脈之屬，各親其親，各子
其子，則其分亦安得而不殊哉。一統而萬殊，則雖天下一家，中國
一人而不流於兼愛之敝，萬殊而一貫，雖親疏異情，貴賤異等，而
不梏於爲我之私，此西銘之大指也。〔註27〕

朱子推本程子之說云：「西銘通體是一箇理一分殊，一句是一個理一分殊，只
先看乾稱父三字，一篇中錯綜此意。」蓋朱子反覆申述理一分殊之義，主在
示解西銘即體言用之理。上節天道論，橫渠以爲萬物皆氣化而成，而此氣之
特性乃兼體無累，體用不二也。由是而知西銘之義旨與其本體論乃一脈相承
者。程子理一分殊之論因朱子之申明，更形周密完備。

　　橫渠之倫理思想具差序之特質，長幼之序，親疏之比皆寓於分殊之義中。
此亦儒、墨倫理觀之基本差異。〔註28〕橫渠深得儒學宏旨，亦由此西銘義理
而顯。其不僅爲傳統仁道奠立形上之體性，更以理一分殊爲天人合一啓開論
理之依據，〔註29〕天人之意蘊於焉密合無間矣！

二、個人倫理

　　橫渠云：「人倫，道之大原也。」，〔註30〕西銘所言之仁，乃個人倫理之
基礎。其中仁孝之典範，則爲個人倫理之鵠的，而知化窮神、存心養性則爲
個人倫理達成之方。除西銘外，《經學理窟》之義理、氣質、學大原諸篇每三
致意于盡性成性之工夫。茲引其言以述：

（一）修養之方

1. 博學窮理

〔註27〕《性理大全書》卷四頁14。
〔註28〕《朱熹倫理學》頁10。其云儒家倫理思想之特質，有仁、孝、禮、差序四者。
　　　　又費孝通《鄉土中國》頁22言，中國之倫理乃差序格局之倫理觀。
〔註29〕渡邊秀方著、劉侃元譯《中國哲學史概論》，其言：「西銘把儒教倫理的大本
　　　　——『仁道』，加了理一分殊的哲理，給了學理的根據。」
〔註30〕語見《張子語錄》下。

橫渠云：

> 天資美不足爲功，惟矯惡爲善，矯情爲勤，方是爲功。人必不能便
> 無心，須使思慮，但使常游心於義理之間。立本處以易簡爲是，接
> 物處以時中爲是，易簡而天下之理得，時中則要博學素備。（《經學
> 理窟》氣質篇）

又云：

> 惟博學然後有可得以參較琢磨，學博則轉密察，鑽之彌堅，於貫處
> 轉篤，轉誠轉信。故只是要博學，學博則義愈精微，舜好問，好察
> 邇言，皆所以盡精微也。（《經學理窟》氣質篇）

多識前言往行以養其德，並考較得失，義理始得日趨圓熟。氣質日益變，成
德之功可望。若不知學，多爲己身之氣所使，所謂聖賢之德於己亦無裨益矣！

2. 虛心存誠

橫渠云：

> 修持之道，既須虛心，又須得禮，內外發明，此合內外之道也」（《經
> 學理窟》氣質篇）

又云：

> 道要平曠中求其是，虛中求出實，而又博之以文，彌堅轉誠。不得
> 文無由行得誠。……存心之始須明知天德，天德即是虛，虛上更有
> 何說也。（《經學理窟》氣質篇）

修養之工夫在虛心誠明，心能宏大無執，則能體天下之物。所謂「心大則百
物皆通，心小則百物皆病。」〔註31〕存養之工夫即此虛心誠敬而已。天地之
道，亦唯一誠而得生生不已，自強不息。欲臻聖德、參造化、舍誠莫由矣！

3. 窮神知化

橫渠云：

> 知化，則善述其事；窮神，則善繼其志。（西銘）

依朱子之釋，聖人知變化之道，則所行無非天地之事矣；通神明之德，則所
存者，無非天地之心矣！窮神知化爲成聖之功。此非常人所能，常人所知者，
知命安分也。

又云：

〔註31〕語見《經學理窟》氣質篇。求養之道，心只求是而已。若能大其心，則涵容
　　　　廣大，無入而不自得，故涵泳此心爲修養之要。

> 富貴福澤，將厚吾之生也；貧賤憂戚，庸玉女於成也。存吾順事，
> 沒吾寧也。（西銘）

人識己命、己分，則存沒皆爲順遂。貧賤富貴皆無損於成德，此乃孔子知天命，從心從欲，不踰矩之境界也。

4. 循禮持敬

橫渠云：

> 變化氣質。孟子曰：「居移氣，養移體」，況居天下之廣居者乎！居
> 仁由義，自然心和而體正。更要約時，但拂去舊日所爲，使動作皆
> 中禮，則氣質自然全好。（《經學理窟》氣質篇）

禮本天之自然，原人之情，乃聖人之成法，能持人反天地之性。而禮具儀文，人可循其節以進。所謂天德、天理盡寓其中。其義非止於矯惡從善，蓋禮非性外之物，乃人性分本具。循禮、中禮，實爲內外相合之道也。

欲循禮則須持敬，《正蒙》至當篇云：

> 敬則有立，有立則有爲。敬，是禮之權輿；不敬則禮不行。

> 君子莊敬自強，起始須拳拳服膺，出於牽勉；及至切中於禮，便可
> 優游從容，如此方是爲己之學。論語鄉黨篇說孔子形色之謹，亦是
> 敬。此皆變化氣質之道。（《經學理窟》氣質篇）

循禮持敬乃下學之工夫，合上之虛心存誠、窮神知化等涵養，則修養之功可積漸日成。

（二）人倫之典範

西銘舉仁孝之事行云：

> 惡旨酒，崇伯子之顧養；育英才，穎封人之錫類。不弛勞而底豫，
> 舜其功也；無所逃而待烹，申生其恭也。體其受而歸全者，參乎！
> 勇於從而順令者，伯奇也。

禹、舜、穎考叔、申生、曾參、伯奇等之孝思，自古傳誦於今。《詩經》言：「孝思不匱，永錫爾類。」唯此眞誠之情，而使後世子孫咸被其德。橫渠之所以標舉爲人倫典範，其義亦繫乎此。而仁孝之德乃人人當自勉者，橫渠言，雖孔子聖人，亦舍詩禮不得，是故聖賢由成學而至。而所謂參贊化育，盡性知性以知天，亦孟子光大人性之義，與橫渠所言人倫之至，內涵相合。而修爲之方橫渠似益精闢耳。

三、社會倫理

橫渠所言之社會倫理，本諸周禮封建、宗法之制。其於五倫之道，雖亦加論述，惟並無創見。西銘曾言及孝慈之德云：

> 大君者，吾父母宗子：其大臣，宗子之家相也，尊高年所以長其者，慈孤弱所以幼其幼，聖其合德，賢其秀也。凡天下疲癃殘疾惸獨鰥寡，皆吾兄弟之顛連而無告者也。

孝慈之德實爲五倫之根基，橫渠之襟懷宏潤，識萬物一體之仁，而言民吾同胞，物吾與也。博愛之行，成天下一家，中國一人之德。其倡禮教，敦民善俗，於社會教化之功至偉。而其弟子呂大鈞鄉約之制，患難相恤之法，實爲社會倫理之一大發明。然橫渠于五倫之諸義，止因襲舊說。而慈、孝、忠、信諸德之內涵，皆應因世因時而異，若流於形式而僵化，其義不惟不彰，反害德賊仁。橫渠體性之探究，知天道性命相貫，由人德以達天德。然由於定分之見，固化五倫之意。理學之理性特質終受此拘限，無能改造現世，其末流遂入蹈空枯索之境矣！〔註32〕

倫理思想乃中國思想中頗具特色者，尤其人倫成德，理想高卓，所講修養之方亦稱完備。然僵化固化之倫常，徒具形式之體，內涵不合時宜之德目，盡爲倫理文化發展之滯礙。宋、明儒無見於此，則理益高妙，禮益繁複，皆不切現世之需，徒抑制學思之發榮耳！後世致視之爲食人之禮教，豈禮教之罪乎？

第四節　禮學與政制

政制乃橫渠禮學內涵之一，所以達淑世濟人之方。宋儒論政制，咸以周禮爲本。歷來儒者對周禮之評價論述頗多，皆以其爲組織龐大，組制精密之政典。後代言政制之作，無能出其右者。故周禮之撰者與立制遺義，成爲各家爭訟之焦點。〔註33〕橫渠措意政法制度，亦不出周禮之範疇。茲述其政制

〔註32〕道學爲宋代學術之主流，然降至南宋卻生道學崇黜之問題。此實反映理學徒辯心性、忽略致用之弊。不肖之徒假道學之高名，玩物喪志、束書不觀、沽名釣譽，卒成清談而誤國。永嘉學者，經世致用之倡，誠欲挽學術蹈空枯索之頹勢也。

〔註33〕參見台大歷史研究所論文，張元撰《理學家的歷史觀》第七章理學家對歷史上政法制度的意見。論者分二派，一爲以周禮爲周公所作，或後人依周公之意編纂而成，中蘊聖人立制之意，其精神乃至公無私者。朱子與橫渠主此見。橫渠以周官可復施于宋，而朱子則兼顧時勢，言其不盡可行。另一派則湖湘

思想之基礎，政制之內涵。以明其評述周禮之深義與其他各家之異同。而周禮於宋代象徵之意義與發生之影響，亦得略知其梗概。

一、橫渠之政制思想

（一）德治為本

橫渠政制之基本論點，亦秉儒家傳統之德治思想。《正蒙》有司篇云：

> 為政不以德，人不附且勞。

又云：

> 道千乘之國，不及禮樂刑政，而云節用而愛人，使民以時，言能如
> 是則法行，不能如是則法不徒行。禮樂刑政，亦制數而已耳。

為政者失德無仁，則法徒具形式，亦無能發揮其用。人德之意義較法制之意義為重，於此橫渠與一般儒者重治人，而不重治法之說並無二致。然細尋此義，乃於君權至高至尊之時代中，不得已之論。專制之政，生死予奪繫於君王一念之間。君臣之分已然，下剋上則逆倫矣！然眼見生靈塗炭，亦唯取先王立制之義相勸。宜乎周禮之制，為橫渠及諸理學理所推尊與稱道矣！

（二）學與政合

橫渠〈答范巽之書〉曰：

> 朝廷以道學政術為二事，此正自古之可憂者。巽之謂孔孟可作，將
> 推其所得而施諸天下耶！將以其所不為而強施所天下歟。大都君相
> 以父母天下為王道，不能推父母之心於百姓，謂之王道可乎？所謂
> 父母之心，非徒見於言，必須視四海之民如己之子。設使四海之內，
> 皆為己之子，則講治之術，必不為秦漢之少恩，必不為五霸之假名。
> 巽之為朝廷言，人不足與適，政不足與閒。能使吾君愛天下之人如
> 赤子，則治德必日新，人之進者必良士。帝王之道不必改途而成，
> 學與政，不殊心而得矣！

橫渠勸巽之，以王道導其君，使君盡父母斯民之道。《近思錄》、治體〔註34〕道學者所以明理，政術所以行事，理與事合，則其用大矣！朝廷以道學為空談，乃無用之學，殊不知道學所以窮究事理之本源，若舍本原而行政法，政

學者，以為周禮乃劉歆助王莽簒漢而杜撰者，其中之制不合三代先王之道。
〔註34〕參《近思錄》卷八治體，張伯行之集解。

法徒爲權術之手段，其導民爲善之義，焉在哉？孔、孟之學即孔、孟之政，然東周之諸侯未能識孔、孟之學，宋之君王朝臣亦難曉道學之用心。學與政合，則得道，然政不與學合，自古至今皆然。若是，則帝王之道終必改途矣！橫渠政制思想頗足取，改制之義，隱然存乎其間，惜止因襲舊說，並無特創之見。

二、橫渠政制之內涵

橫渠之政制大抵本於周禮。其言：

> 周禮是的當之書，然其間必有末世添入者，如盟詛之屬必非周公之意。(《經學理窟》周禮篇)

> 學得周禮，他日有卻做得些實事。以某且必復田制，只得一邑用法。若許試其所學，則周禮田中之制皆可舉行，使相趨如骨肉，上之人保之如赤子，謀人如己，謀眾如家，則民自信。(《經學理窟》學大原上)

周禮之于橫渠，乃仁德之制，的當之書。句句皆爲聖人之意。其以爲周禮乃周公所作，其中所言之制皆可復施於宋。而湖湘學派之胡氏父子卻以周禮爲劉歆所僞作，其內容與三代先王之制相悖。〔註35〕然而意見雖紛歧，皆自所持政制理想而立論，並未考究周禮政制之實義與施行政制之客觀情勢。茲謹分述橫渠所言封建、井田、宗法、肉刑之論，孰爲迂濶，敦爲可取？當可得之。

（一）封建之義

橫渠云：

> 古者諸侯之建，繼世以立，此象賢也，雖有不賢者，象之而已。天子使吏治其國，彼不得暴其民，如舜封象是不得已。周禮建國大小必參相得。蓋皆建大國，其勢不能相下，皆小國則無紀，以小事大，莫不有法。(《經學理窟》月令統)

此言周禮即封建之制，封建意在象賢。建國大小相參，則諸國得相從以法。而聖人所以制封建者，其要爲：

〔註35〕同註1，胡宏父子由理論上駁斥《周禮》，其意在抨擊王安石之新政。並未對《周禮》之制，作客觀之考察也。

　　所以必要封建者，天下之事，分得簡則治之精，不簡則不精，故聖
　　人必以天下分之於人，則事無治者。聖人立法，必計後世子孫，使
　　周公當軸，雖攬天下之政，治之必精，後世安得如此！且爲天下者，
　　奚爲紛紛必親天下之事？今便封建，不肖者復逐之，有何害？豈有
　　以天下之勢不能正一百里之國，使諸侯得以交給以亂天下！自非朝
　　廷夷不能治，安得如此？而後世乃謂秦不封建爲得策，此不知聖人
　　之意也。(《經學理窟》周禮篇)

橫渠之意，以封建爲聖人分治天下之法，天下之事紛紛，不得一一親事之，
故分之於人，則事簡治精。此中含分權分治之義，於茲封建之君則居督導之
位。分權之治較之君主專制，立意較佳。然封建之背景及要件爲何？宋室如
何行封建之法？橫渠全未考究。僅言「必有大功德者，然後可以封建。」〔註
36〕如此政制，徒具其名，焉能予現世政治絲毫裨益？

（二）井田之制

　　北宋初，豪族兼併土地，貧富不均日趨嚴重。時之君臣咸以其乃井田制
廢，經界不政所致。故皆主改革田制，以井田之制爲鵠的。橫渠與二程皆主
復井田之制。橫渠云：

　　治天下不由井地終無由得平，周道止是均平。(《經學理窟》周禮)

程顥云：

　　天生蒸民，立之君使司牧之，必制其恒產，使之厚生。則經界不可
　　不正，井地不可不均，此爲治之大本也。(《明道文集》論十事劄子)

橫渠與大程皆以均平爲治道之大本，而井田之制則爲均平政治之始。故橫渠
又云：

　　仁政必自經界始，貧富不均，教養無法，雖欲言治，皆苟而已。世
　　之病難行者，未始不以亞奪官人之田爲辭。然茲法之行，悅之者衆，
　　苟處之有術，期以數年，不刑一人而可復，所病者特上未之行爾。(呂
　　大臨撰〈橫渠先生行狀〉)

因之橫渠以井田必可施行，其言曰：

　　井田至易行，但朝廷出一令，可以不笞一人而定。蓋人無敢據土者，
　　又須使民悅從，其多有田者，使不失其爲富。借如大臣有據土千頃

〔註36〕語見《經學理窟》周禮篇。所以必有功德者，乃取周禮封建象賢之意，無功
　　　　無德，分天下令治之，必徇私而害民，非封建教民之義也。

　　　　者，不過封與五十里之國，則已過其所有；其他隨土多少與一官，
　　　　使有租稅人不失故物。治天下之術，必自此始。今以天下之土基畫
　　　　分布，人受一方，養民之本也。(《經學理窟》周禮)

而施行井田之制，須有仁心且強明果敢之君主，及有才幹之宰相。〔註 37〕
歷代井田之制皆不得行，蓋無仁德之主也。橫渠進而言實行井田之法。其云：

　　　　井田亦無他術，但先以天下之地基布畫定，使人受一方，則自是均。
　　　　前日大有田產之家，雖以田授民，然不得如分種，如租種矣，所得
　　　　雖差少，然使之為田官以掌其民。使人既喻此意，人亦自從，雖少
　　　　不願，然悅者眾而不悅者寡矣，又安能每每恤人情如此！其始雖分
　　　　公田與之，及一、二十年，猶須別立法。始則因命為田官，自後則
　　　　是擇賢。(《經學理窟》周禮篇)

此言授民以田，其意非分種、租種。其田乃屬民自有，所得亦悉歸諸民矣！
致於命為田官，則安撫地主之策。井田之制確行之後，田官則須擇賢任之。
蓋意其必生弊端也。行井田之術，經界畫定，橫渠有更精詳之論。其云：

　　　　其術自城起，首立四隅，一方正矣，又增一表，又治一方，如是，
　　　　百里之地不日可定，何必毀民盧舍墳墓，但見表足矣！方既正，表
　　　　自無用，待軍賦與治溝洫者之田各有處所不可易，旁加損井地是也。
　　　　百里之國，為方十里者百，十里為成，成出革車一乘，是百乘也。
　　　　然開方計之，……。(《經學理窟》周禮篇)

觀上知橫渠于井田之考究，實用心良深矣！然井田之壞，非一朝一夕之勢，阡
陌之成，亦非一朝一夕也。欲復井田之制於一日之間，實乃不知實務之論。〔註
38〕然橫渠視井田之制，乃人主為民置產，使民自耕其田，各得其養之法。其義
頗足取。現代行耕者有其田之法，實亦擷自井田之制中所涵均平之義也。

（三）宗　法

　　宗法與井田乃封建之二大支柱。〔註 39〕宗法制實具家族制、世襲制、家

〔註 37〕《經學理窟》周禮篇云：「人主能行井田者，須有仁心，又更強明果敢及宰相
　　　　之有才者。唐太宗雖英明，亦不可謂之仁主：孝文雖有仁心，然所施者淺近，
　　　　但能省刑罰，薄稅斂，不慘酷而已。同篇又云：「後世不制其產，止使其力，
　　　　又反以天子之貴專利，公自公，民自民，不相為計。」一語道破專制君主之
　　　　私心。
〔註 38〕見《拙齋文集》，卷一三，頁 1，廢井田之論。
〔註 39〕胡秋原著《古代中國文化與知識分子》頁 75～86，封建之三大支柱乃井田、

長制之特性。古代封建、宗法並行，蓋於政治之統系中，以親族、宗族之義連屬。則封建之法得賴以不墜。橫渠言宗法之大用，乃為：

> 管攝天下人心，收宗族，厚風俗，使人不忘本，須明譜系世族與立宗子法。宗法不立，則人不知統系來處。古人亦鮮有不知來處者，宗子法廢，後世尚譜牒，猶有遺風。譜牒又廢，人家不知來處，無百年之家，骨肉無統，雖至親，恩亦薄。（《經學理窟》宗法篇）

宗子之法，以血親之恩，立社會倫理，意欲人不忘其本。此亦言中國禮制思想之特性乃報本返始，慎終追遠。然宗法之不存，乃因世遷時移，大家族之制已不合時宜，故自然瓦解。而家族、宗族之觀念深篤，使人但知有家，不識有國，致私勝之敝害無窮。橫渠以為世風日淡，人情澆薄，皆親恩不繫之故，而罔顧其不容於時勢之義，實乃迂闊之見。

觀橫渠倡行古制之力，據呂大臨〈橫渠先生行狀〉云：

> 方與學者議古之法，共買田一方，畫為數井，上不失公家之賦役，退以其私，正經界，分宅里，立斂法，廣儲蓄，興學校，成禮俗，救災恤患，敦本抑末，足以推先王之遺法，明當今之可行。

此言頗合周禮鄉遂之治，橫渠以不遇賢君，則自行于鄉里，敦本善俗以化關中之民。其弟子呂大鈞，秉其志，而立鄉約之制，較之宗法、井田實為確切可行者，社會倫理亦賴之而成。

橫渠政制除上之言外，更及廛征之制、肉刑、市易之法，其說見《經學理窟》。〔註40〕

方東美先生曾言，宋儒之道統乃虛妄之道統，極言道統觀念之弊害。〔註41〕

宗法、禮樂也。

〔註40〕《經學理窟》周禮篇云：「一市之博，百步之地可容萬人，四方必有屋，市官皆居之，所以平物價，收滯貨，禁爭訟，是決不可闕。故市易之政，非官專欲取利，亦所以為民。……故市易之政，止一市官之事耳，非王政之事也。」上言市政。又云：「肉刑猶可用於死刑。今之大辟之罪，且如傷舊主者死，軍人犯逃走亦死，今目以此比刖足，彼亦自幸得免死，人觀之更不敢犯。今之妄人往往輕視其死，使人刖足，亦必懼矣。此亦仁術。」肉刑實極不人道，何仁之有？廛征之制，即今之稅制。所云見周禮篇，不一一列舉。

〔註41〕方東美、〈泛論宋儒道統觀念之謬誤〉。此篇就宋儒之斥異端，而彼此互爭道統而立言。比如宋代有朱陸異同。明代又有程朱陸王之爭。較之孔子函容廣大，兼蓄諸家，以盡精微之心，宋儒之心實不足稱也。觀程頤井田之論，于現世之關切，並未透徹。而狹隘之道統觀末流，竟至束書不觀，置民族文化

其等更以爲自居正道之儒，于現世無所補救也。茲觀宋儒政制之論，於當世之務無所裨益。試舉〈二程遺書〉洛陽議論中橫渠、二程論井田之言，理學家於世務之知解亦可見一斑。其云：

> 伯淳言「井田今取民田，使貧富均，則願者眾，不願者寡。」正叔言：「亦未可言，民情怨怒。止論可不可爾。須使上下都無怨怒，方可行。」正叔言：「議法既大備，卻在所以行之之道。」子厚言：「豈敢，某止欲成書，庶有取之者。」正叔言：「不行於當時，行於後世一也。」子厚曰：「徒善不足以爲政，徒法不能以自行。須是行之之道。又雖有仁心仁聞而政不行者，不由先王之道也，須是法先王。」正叔言：「孟子於此善爲言。只極目力，焉能盡方圓平直，須是要規矩。」

程顥以爲井田可行，橫渠以爲必行。而程頤則慮當世之情勢，論其不可。橫渠與程頤皆重視行之之道，橫渠以爲當法先王，程頤亦頗贊同其言，故井田之制則爲三者認同之先王遺法也。然三人皆未考究井田如何行于當世？故而程頤言不行於當時，行於後世一也，可見當時之滯礙難行也。然而平心論之，宋行中央集權，專制之政猶過於漢、唐，理學家生於斯世，亦難超脫也。故其卓見在哲理、在內聖之學。必求於史學、政制有相應之覺識，或以此罪之，無乃太過也。

第五節　禮學與爲學之道

　　橫渠之禮，重教化、修爲之義。其教學者，以禮爲手段，以知禮成性爲鵠的，故爲學之道乃禮學之重要內涵。

　　近人研究橫渠教學理論，謂其本諸禮記、論語、孟子及其認識論、人性論。〔註42〕其教學思想頗具創新之義，足爲今之立教者所取法。然以橫渠教育思想專文立論，析爲教育目的、教育效能、教育素材、教育方法諸端而述，

于空幻之境。所謂之道統學者，於事務乃無知無能者也。橫渠雖言大其心，亦重禮制，然終難超脫其樊籬也。

〔註42〕極渠著作中發明禮記、論孟之義俯拾皆是。有關教學理論者，知至學之難易本《禮記》學記云：「知至學之難易而知其美惡。」因材施教，觀其志趣，則本之《論語》、《孟子》。

或不免過於附合今之教育理論。〔註43〕茲察考橫渠之作，《正蒙》、《經學理窟》、語錄諸篇，論學之語頗多，其義雖及於教，重不在教，而在學之事。即學者所以治學之方法、要目、層次、境界等，而讀書之方法亦寓其中。故橫渠為學之道，其學乃孔孟之學，學者所學亦在如何達成性進德之事。茲分述為學之方、學之層次、學之境界、觀書之方亦併述於為學之方中。

一、為學之方

橫渠之學，既重成德達道之義，故涵養、修持為學之要目。前第三節已論及修養之方，在虛心存養、窮神知化、博學窮理、循禮持敬四者。凡此皆重德性之涵泳、察識，茲不重述。今述為學之方，重在成學之次弟與具體之條目。即如何博學、集義，以致於窮理知命，其間工夫之講求。

（一）立　志

橫渠云：

> 「凡學，官先事，士先志」，謂有官者先教之事，未官者使正其志焉。志者，教之大倫而言也。（《正蒙》中正篇）

又云：

> 人若志趣不遠，心不在焉，雖學無成。人惰於進道，無自得達，自非成德君子必勉勉，至從心所欲不踰矩方可放下，德薄者終學不成。（《經學理窟》周禮篇）

> 學者不論天資美惡，亦不專在勤苦，但觀其趣嚮著心處如何？學者以堯舜之事須刻日月要得之，猶恐不至，有何媿而不為。此始學之良術也。（《經學理窟》學大原下）

為學首重志趣，而立志貴在遠大。蓋「志小氣輕，志小易足，易足則無由進；氣輕則虛而為盈，約而為泰，亡而為有，以未知為已知，未學為已學。」（《經學理窟》學大原下）橫渠欲人以堯、舜、孔、孟自期，蓋有為者亦若是也。

〔註43〕余書麟之《中國教育史》，吳昱昶之《張載教育思想之研究》。研究張載教學方法，應用準備原則，循序漸進，自動原則，努力原則，注重興趣，群學原理，適應個性，注重思考，問答教學，潛心玩索十原則，並引原文立論，頗為詳盡。然依吾之體察則教學過程，師與生皆為主體。而橫渠之學意主在治學、進學。乃言個人致知、窮理成德之歷程與方法。故不按現今之教育理論陳述。

人能立志爲聖賢，則成學之功過半矣！

（二）主　靜

橫渠云：

> 靜有言得大處，有小處，如「仁者靜」，大也；「靜而能慮」則小也。
>
> 始學者亦要靜以入德，至成德亦只是靜。（《經學理窟》學大原下）

又云：

> 觀書以靜爲心，但只是物不入心，然人豈能長靜，須以制其亂。（《經學理窟》義理篇）

蓋主靜而後能安，安則能慮。能專注思慮，學方有所得。始學欲念多紛雜，必靜而後能專一入德。久之而不爲物所遷，則猶能于動中取靜，學之次第已進矣。

（三）心　解

橫渠云：「學貴心悟，守舊無功。」（《經學理窟》義理篇）

又云：

> 備心解則求義自明，不必字字相校。譬之目明者，萬物紛錯於前，
>
> 不足爲害，若目昏者，雖枯木朽株，皆足爲梗。

治學若不知用心體悟，則經書文字反爲蔽障。爲學之徑途，卻爲枯木朽株所梗。反之因心悟而自創新意，如此則爲學始有進境可言。蓋人常囿於物象，未識眞知。橫渠大心篇言，大其心則能體物而不遺，明言心知之無窮，故舍心而欲治學，宜乎僅得表象耳！

（四）質　疑

橫渠云：

> 學行之乃見，至其疑處，始是實疑，於是有學在。可疑而不疑者不曾學，學者須疑。（《經學理窟》學大原下）

又云：

> 義理有疑，則濯去舊見以來新意，即便劄記，不思則還塞之矣。（《經學理窟》學大原下）

學至有疑，方用思慮，思則義理始得有所開悟。若未能質疑，則無由深入學之奧微，僅守得舊日之功爾。再者因疑而問，因答而得新之釋解。濯去舊日之惑，則學之次第得以更進一層矣。

（五）觀　書

橫渠云：

> 讀書少則無由考校得義精，蓋書以維持此心，一時放下則一時德性
> 有懈，讀書則此心常在，，不讀書則終看義理不見。書須成誦精思，
> 多在夜間或靜坐得之，不記則思不起，但通貫大原後，書亦易記。
> 所以觀書者，釋己之疑，明己之未達，每見每知所益，則學進矣。
> 於不疑處有疑，方是進矣！（《經學理窟》義理篇）

讀書乃進學之方，因經書為前人智慧所聚，德性所歸。人因博文而集義，義
理日趨圓熟深沈，方得臻神化之境。人之始生也無知，必識前言往行以畜其
德。此乃橫渠欲人博覽群書之義。然觀書亦有諸多要領，上所言有成誦、精
思、質疑三者。橫渠又云：

> 觀書必總其言而求作者之意。（《經學理窟》義理篇）

> 凡觀書不可以相類泥其義，不爾則字字相梗，當觀其文勢上下之意。
> （語錄中）

> 學者觀書，每見每知新意則學進矣！（語錄中）

> 觀書且不宜急迫了，意思則都不見，須是大體上求之。（《經學理窟》
> 義理篇）

橫渠以從容涵泳，體悟義理，為讀書之要。可見其不重記問之學，聞見之知。
為學之涵義，主在德性之知。而德性之知，其得不止讀書一途。橫渠云：

> 博大之心未明，觀書見一言大，一言小，不從博大中來，皆未識盡。
> 既聞中道，不易處且休，會歸諸經義。己未能盡天下之理，如何盡
> 天下之言？聞一句則起一重心，所以處理心煩，此是心小則百物皆
> 病也。今既聞師言此理是不易，雖掩卷守吾此心可矣。凡經義不過
> 取證明而已，故雖有不識字者，何害為善。（《經學理窟》義理篇）

心弘大則百物得體，心小則經義徒煩人心耳。人之貴在守得定，不為經義所
迷惑。故橫渠又云：

> 人之迷經者，蓋己所守未明，故常為語言可以移動。己守既定，雖
> 孔孟之言有紛錯，亦須不思而改之，復鋤去其繁，使詞簡而意備。（《經
> 學理窟》義理篇）

所謂盡信書不如無書。宋儒求經書，重在微言大義，與漢儒章句訓詁之方有

別。橫渠觀書之態度，客觀且弘潤，頗得治學之旨。宋儒疑經風行，蓋亦秉持不迷經之精神。然橫渠此心止用於四書五經，餘者皆不信也。云：

> 學者信書，且須信論語孟子。詩書無舛雜。禮雖雜出諸儒，亦若無害義處，如中庸大學出於聖門，無可疑者。禮記則是諸儒雜記，至如禮文不可不信，己之言禮未必勝如諸儒。（《經學理窟》義理篇）

至於史書、醫書、文學、道釋之書，則輕視之。云：

> 觀書且勿觀史，學理會急處，亦無暇觀也。（同上）

> 醫書雖聖人存此，亦不須大段學，不會亦不甚害事，會得不過惠及骨肉間，延得頃刻之生，決無長生之理，若窮理盡性則自會得。如文集文選之類，看得數篇無所取，便可放下，如道藏釋典，不看亦無害，既如此則無可得看，唯是有義理也。（同上）

重義理之學於焉可見。橫渠以為識前言往行以畜其德，並言學當聚眾善，會諸義理。〔註 44〕然其理囿於人倫之理，其知侷德性之知，於事理之真灼皆無睹也。因其不觀史書，而不知世務。倡行周禮之制，以為可行，更不知與世推移之變。由是橫渠之理，善之特質較真之特質為顯。理學之理性特質，因侷限於德性，至無法拓展出科學之真知也。

（六）循　禮

橫渠云：

> 修持之道，既須虛心，又須得禮，內外發明，此合內外之道也。（《經學理窟》氣質篇）

又云：

> 某所以使學者先學禮者，只為學禮則便除去了一副當世習熟纏繞。（語錄下）

> 多聞見適足以長小人之氣。「君子莊敬日強」，如則須拳拳服膺，出於牽強，至於中禮卻從容，如此方是為己之學。（《經學理窟》氣質篇）

禮乃聖人之成法，本諸天理而制定，有具體可行之儀文、節數，始學或有拘限之苦，然日久熟習，則行事必從容中禮矣。明道云：「子厚以禮教學者最善，

〔註44〕 參見《經學理窟》學大原下、氣質篇。橫渠以為多識前言往行所以畜德、集義，因是而得利用之功。

使學者先有所據守。」故知禮踐禮爲進學又一具體之次第。

（七）講　習

橫渠云：

> 學不長者無他術，惟是與朋友講治，多識前言往行以畜其德，非禮
> 勿言，非禮勿動，即是養心之術也。（《經學理窟》學大原下）

又云：

> 更須得朋友之助，一日間朋友論著，則一日間意思差別，須日日如
> 此講論，久則自覺進也。（同上）

講論之道亦進學之術，蓋「獨學而無友，孤陋而寡聞。」，義理一經論辯則每
能益精微也。

爲學重在內外交養，下學上達；其要在自變化氣質，以窺聖學堂奧。橫
渠密察爲學之工夫，於今觀之，亦頗有可取者。

二、學之層次

橫渠云：

> 三十器於禮，非強立之謂也。四十精義致用，時措而不疑。五十窮
> 理盡性，至天之命，然不可自謂之至，故曰知。六十盡人物之性，
> 聲入心通。七十與天同德，不思不勉，從容中道。（《正蒙》三十篇）

治學就個人而言，依年齡、學養而分諸多層次。故困勉爲學，即至聖孔子，
猶嘆德進何晚？蓋人生即爲一學習歷程，每一階段，每一層次皆須相繼以善
也，人得不勉乎？再者另就成聖成賢之層次立言，由學者至顏子，由顏子至
仲尼，其間仁道之涵容，亦有諸多層面。橫渠云：

> 由學者至顏子一節，由顏子至仲尼一節，是至難進也，二節猶二關，
> 然而得仲尼地位，亦少詩禮不得。（《經學理窟》義理篇）

又云：

> 仁道至大，但隨人所取如何。學者之仁如何，更進則又至聖人之仁，
> 皆可言仁，有能一日用其力於仁猶可謂之仁。（《經學理窟》學大原
> 下）

學者雖立志爲聖，然依其學力而臻不同之層次，故橫渠又云：

> 自古有多少要如仲尼者，然未有如仲尼者。顏淵學仲尼，不幸短命，

孟子志仲尼，亦不如仲尼。至如樂正子，爲信人，爲善人，其學亦
全得道之大體，方能如此。又如漆雕開言「吾斯之未能信」，亦說信
甚事，只是謂於道未信也。(《經學理窟》氣質篇)

仲尼、顏淵、孟子、樂正子、漆雕開皆志於學道者，然其又象徵成學之不同
層次也。至學之難易，於焉可識。

三、學之至境

　　橫渠所倡之學，乃成德達道之學。即今之人格教育、道德教育。其要在
自我生命之實現。橫渠云：

學者當須立人之性，仁者人也。當辨其人之所謂人，學者學所以爲人。

又《宋史》張載傳云：

與諸生講學，每告以知禮成性變化氣質之道，學必如聖人而後已。
以爲知人而不知天，求爲賢人而不求爲聖人，此秦漢以來學者大蔽
也。

依橫渠之意，求爲聖賢乃吾人所當自勉。立人之性，則爲學者之本分。其以
爲聖人乃學之至境，人人可因勉學而達之。故云：

聖人設教，便是人人可以至此。「人皆可以爲堯舜」，若是言且要設
教，在人有所不可到，則聖人之語虛設耳。(經學理窟學大原下)

蓋聖人雖達窮神知化之境，然其猶人也，非神也。止人道之極至耳。

　　橫渠著作中言聖、聖人之處頗多。茲舉其要，以明橫渠所謂成學至境，
人道之極之內涵：

聖者，至誠得天之謂。(《正蒙》太和篇)

故聖人語性與天通之極，盡於參悟之神變易而已。(同上)

聖人之動，無非至德，夫何言哉！(正蒙天道篇)

聖人有感無隱，正猶天道之神。(同上)

可欲之謂善，志仁則無惡也。誠善於心之謂信，充內形外之謂美，
塞乎天地之謂大，大能成性之謂聖。(《正蒙》中正篇)

高明不可窮，博厚不可極，則中道不可識，蓋顏子之嘆也。(同上)

大亦聖之任，雖非清和一體之偏，猶未忘於勉而大爾，若聖人，則
性與天道無所勉焉。(同上)

聚天下眾人之善者是聖人也，豈有得其一端而便勝於聖人也！（《經
學理窟》學大原下）

蓋凡天下之善，皆歸於聖人。聖具眾德，清、和、美、善、信、誠也。其樂
天踐形，〔註45〕窮神知化，極高明，盡博厚，得中道，與天地萬物爲一體，
體現仁道者也。〔註46〕而史上堪稱聖者唯孔子而已。而孔子之所以爲聖，在
於學也。故橫渠云：

「忠信如丘」，生知也：「克念作聖」，學知也。仲尼謂我非生知之者
歟？以其盡學之奧，同生知之歸，此其所以過堯舜之遠也。（語錄上）
盡學之奧，同生知之歸。觀是，知橫渠倡立人之學，所以自勉勉人也。

第六節　禮學與禮俗

橫渠所言之禮，大抵爲道德規範，乃學者修持成性必須遵循者。然禮之
初，本爲樸質原始之儀節。故禮文象徵社會習尚之特性，並不以禮轉爲倫理
意義而喪失。而禮乃宗教儀禮之原始意義，亦由自古至今之祭祀禮俗維繫而
不墜。〔註47〕故禮俗社會教化之功，誠不可忽也。橫渠重禮治教化，臨政以
敦本善俗爲先務，禮俗當爲其所特重。故于禮學之末節述橫渠禮俗之內涵，
然因其作品散佚，所言之禮俗，僅爲零星篇章，恐不足以見其全貌。茲分祭
禮、喪禮二目以述。

一、祭　禮

（一）祭祀之義

橫渠云：

祭接鬼神，合宗族，施德惠，行教化，其爲備是豫，故至時受福也。
（《經學理窟》祭祀篇）

〔註45〕樂天踐形見西銘所論。育英才，蒙以養正，亦爲聖人之功。若穎考叔者，其
行永錫爾類也。
〔註46〕聖人與天合其德，而天道廣大，萬物莫非本之而生。就本諸天地而言，萬物
爲一體。橫渠因而有「民吾同胞，物吾與也。」之論。語見西銘。西銘所示
者乃成人踐身之道，亦即爲學之至境也。
〔註47〕東京大學中國哲學研究室編之《中國思想史》頁4。加藤常賢於首章中國思想之
成立，論述禮由原始信仰而宗教儀禮而世俗儀禮，進而發展爲倫理思想。禮成人
文倫理後，其意義已宏深。然禮俗不因之而泯，其反因融入新義，而作用益廣大。

祭祀之禮，所總者博，其理甚深，今人所知者，其數猶不足，又安能達聖人致祭之義。(同上)

夫祭者必是正統相承，然後祭禮正，有所統屬。今既宗法不正，則無緣得祭祀正，故且須參酌古今順人情而爲之。(同上)

橫渠所言祭祀之義，蓋就祭祖而言。所以明報本返始、推恩之孝思。中國之重祭祀即重孝道也。人感其所自生，恩情至重，雖親死猶以祭祀續其感念德惠之心。此亦人所以爲人之特性，聖人致祭之深義在此。然古代宗法社會所行祭祀之法，與世推移，宗法既不正，則祭祀之法必參酌古今順人情而爲之也。

（二）祭禮諸儀

橫渠云：

祭祀用分至四時，正祭也，其禮，特牲行三獻之禮，朔望用一獻之禮，取時之新物，因薦以是日，無食味也。元日用一獻之禮，不特殺，有食；寒食、十月朔日皆一獻之禮。(《經學理窟》目道篇)

此言祭祀之時與祭祀所用之獻禮。今日祭祖皆忌日爲之，獻禮則致先祖之所好者，然追養之思同矣！又云：

祭以有尸也，蓋示示教：若接鬼神，則室中之事足矣！至於事尸，分明以孫行，反以子道事之，則事親之道可以喻矣！(《經學理窟》祭祀篇)

是知宋代之祭猶有尸也，今之祭已無尸矣！又云：

七廟之主聚於太祖者，此蓋有意，以其當有祧者。且祧者當易檐，故盡用出之，因而祧之，用意婉轉。古者言遷主，不見所以安置之所，若祭器祭服則有焚埋之說，木主不知置之何地。(《經學理窟》祭祀篇)

所言之主，今亦有之，藏之於櫝也。又云：

墓祭非古也。體魄則降知，氣在上故立之，主以祀之，以致其精神之極而整嚴其體魄，以極其深長之思。此古人明於鬼神之情狀，而篤於孝愛之誠實者也。(周禮說見《宋元學案補遺》卷一七)

墓祭非禮經所言，乃後世之俗。不知成于何時？今人於清明掃墓，蓋與墓祭之禮合也。

《宋史》藝文志，誌橫渠撰家祭儀一卷，今已不存。然由其治家，必使

女子之未嫁者親祭祀觀之。〔註48〕祭祀之禮爲其所特重，惜家祭不存，無由
與今考校。

二、喪　禮

　　喪葬之禮，乃人子藉以表其哀念父母之思，故持喪者主在哀情。制喪禮
則所以盡哀情，喪服所以象徵情之親疏厚薄也。橫渠言：

> 持喪敬則必哀，哀則必瘠，居喪以敬爲上。敬則一于禮也。（橫渠禮
> 記說）

以哀敬之心居喪，若舍此則喪禮止繁文褥節爾！橫渠論喪禮，其中心喪、葬
法、喪服諸端，於今觀之，猶有可取。

（一）心　喪

橫渠云：

> 師不立服，不可立也，當以情之厚薄，事之大小處之，如顏淵、閔
> 於孔子，雖斬衰三年可也，其成己之功，與君父並。其次各有深淺，
> 稱其情而已。下至曲藝莫不有師，豈可一制服。（《經學理窟》喪紀
> 篇）

《禮記》孔子閒居：「孔子曰『無聲之樂，無體之禮，無服之喪，此之謂三無。』」
所謂無服之喪則心喪也。心喪者，感懷死者之恩情也。古之師嚴道尊，師之
位與君父等，而其成己之功，則與君父同。所以不立服者，乃情有厚薄，事
有大小。人爲師服喪，可得自權處之也。心喪之用，不止於師也，橫渠又云：

> 韓退之以少孤養於嫂，故爲嫂服加等。大抵族屬之喪不可有加，若
> 爲嫂養便以有恩而加服，則是待兄之恩至薄。大抵無母，不養於嫂
> 更何處可養？若爲族屬之親有恩而加等，則待己無恩者可不服乎
> 哉？昔有士人少養於嫂，生事之如母，死自處以齊衰，或告之非先
> 王之禮，聞而遂除之，惟持心喪，遂不復應舉，人以爲得體。（《經
> 學理窟》喪紀篇）

橫渠頗稱許韓愈心喪之義。禮記孔子閒居，亦極贊無服之喪所蘊之德。其云：
「『無服之喪，內恕孔悲。』，『無服之喪，施及四國。』，『無服之喪，純德孔
明。』『無服之喪，施于孫子。』」蓋無服之喪，正顯示其人恩愛敦篤，純厚

〔註48〕見呂大臨撰〈橫渠先生行狀〉。

不已之德。今世之喪禮，儀節頗繁，不合人情；徒具形式，不符情理。心喪之德義彌足珍念也。

（二）葬　法

橫渠以爲葬地必相，深有取於正叔葬說之法，云：

> 正叔嘗爲葬說，有五相地，須使異日決不爲道路，不置城郭，不爲溝渠，不爲貴家所奪，不致耕犁所及。（《經學理窟》喪紀篇）

此言相墓地之法，不涉怪誕，頗切實可行。蓋橫渠雖主張相墓，然於世俗風水之說則大加駁斥。云：

> 葬法有風水山崗，此全無義理，不足取。南方用青囊，猶或得之，西方人用一行，尤無義理。南人試葬地，將五色帛埋於地下，經年而取觀之，則采色不變，地氣惡則色變矣。又以器貯水養小魚埋經年，以死生卜地美惡，取草木之榮枯，亦可卜地之美惡。（同上）

此言與斥山川之祀同義。〔註49〕山川地理皆自然也，附會以人之興衰、美惡之所以然。實乃泛神信仰殘存之迷信。今風水地理之說仍盛，其見識不逮千年前之橫渠也。橫渠考察天文、地理、陰陽多有如實之論，〔註50〕於此可證一斑。

（三）喪　服

橫渠云：

> 常謂喪服非爲死者，己所以致哀也，不須道敬喪服也。禮云：「齊衰不以邊坐，大功不以服勤。」，皆言主在哀也，非是爲敬喪服。（《經學理窟》喪紀篇）

制喪服之義，在致己之哀思。由喪服得示親疏薄厚之情，故主於哀，非是敬喪服。乃於除日得毀之，或散諸於貧。橫渠云：

> 毀喪服者必於除日毀，以散諸貧或諸守墓者皆可也。蓋古人不惡凶事而今人以爲嫌，留之家，人情不悅，不若散之，焚埋之又似惡喪服。

〔註49〕《經學理窟》祭祀篇云：「山川之祀，止是其如此巍然而高，淵然而深，蒸潤而足以興雲致雨，必報之，故祀之視三公諸侯，何嘗有此人像！聖人爲政必去之。」

〔註50〕《正蒙》參兩篇言天地之旋、潮汐、日月之食、虧盈之法皆頗合科學精神。參《兩宋思想評述》頁65～67所論。

而喪服必合古之禮，並全今之制。其云：

> 父在，母服三年之喪，則家有二尊，有所嫌也。處今之宜，但可服
> 齊衰，一年外可以墨衰從事，可以合古之禮，全今之制。（《經學理
> 窟》喪紀篇）

於此則應用權宜之道，制禮之初，自應合時境，然時移世易，必強合古禮，則逆人情，故聖人處權以應時宜。權宜之道不止用于禮俗，更適于人世諸般情理也。

考究禮俗要在明其倫理之義，及其社會教化之用。祭祀、喪葬、昏禮爲中國禮俗之重心，〔註51〕今之禮俗雖日益簡化，然仍不失人文之義，此乃中國社會文化所以能維繫不墜之因也。

〔註51〕何聯奎《中國禮俗研究》頁 53 言：「中國禮俗，有其社會特質和文化特質，各從其背景去觀察而反映出來，則有種種的禮俗，如婚姻禮俗、喪祭禮俗、節序禮俗、……。尤其是婚姻禮俗、喪祭禮俗、節序禮俗，則具有深入人心的倫理道德觀念。」

第四章 張載禮學之流衍

　　前章所論橫渠之禮學，凡倫理、修養、教化諸端，皆儒家人文倫理，成德入聖之本色，亦為歷代儒者所孳孳窮究之學。其義不外乎橫渠「為天地立心、為生民立命、為往聖繼絕學、為萬世開太平。」四句銘之旨。而諸儒雖力在窮盡天人，然因氣質迥異，學思亦各具一格。宋、明儒者，受橫渠之沾溉者，以朱熹、王船山二人為深。二人稱述橫渠之言頗多，其學行所顯現之苦思力踐，並特重禮制實用之精神，與橫渠頗為肖似。茲論橫渠禮學于後世之流衍，以此二家之學為主，述其生平、著作、學思。學思則承上禮學內涵，以心性、倫理、修為、禮制為目，明其體用相貫之旨。其中有以接合橫渠學旨者，特誌之。然朱熹、王船山之學皆博大精深，所承受者當不止於關學而已，況二者之學自成體系，若強謂某者必出自某，又恐牽強太過也，本章之述，要為示關學精神之不朽也。

第一節 朱熹之禮學

一、朱熹生平及著作

　　朱熹，字元晦，一字仲晦，徽州婺源人，父松，字喬年，第進士，歷官司勳吏部郎，以不附和議忤秦檜而去國，行誼為學者所師。熹生於建炎四年，時家寓福建尤溪城外毓秀峯下之鄭氏草堂，故其原非閩人也。熹幼穎悟，甫能言，父指天示之曰，「天也。」，熹問曰：「天之上何物？」父異之。就傅，授以孝經，一閱，題其上曰，「不若是，非人也！」年十八登紹興十八年進士

第。自是歷官州郡，入仕中朝，前後閱高、孝、光、寧四世，凡登第五十年，仕于外者，僅歷同安簿，知南康軍，提舉浙東常平茶鹽，知漳州、潭州，凡五任九考。及經筵纔四十日，慶元四年以年近七十，申乞致仕，五年依所請。明年卒，年七十二。

　　熹少時慨然有求道之志，年十四，其父病亟，嘗囑熹往事胡原仲，劉致中、劉彥冲三人其後又從學於李侗，並與張栻、呂祖謙等相往來。故其學既博求經傳，復遍交當世有識之士。嘗徒步數百里，從學于羅仲素先生。其為學大抵窮理以致其知，反躬以踐其實，而以居敬為主。嘗謂，聖賢道統之傳散在方冊；聖經之旨不明，而道統之傳始晦。於是，竭其精力，以研窮聖賢之經訓。所著書有：《易本義》、《啓蒙》、《蓍卦考誤》、《詩集傳》、《大學中庸章句》、《或問》、《論語孟子集註》、《太極圖通書西銘解》、《楚辭集註》、《辨証》、《韓文考異；所編次有論孟集議》、《孟子指要》、《中庸輯略》、《孝經刊誤》、《小學書》、《通鑑綱目》、《宋名臣言行錄》、《家禮》、《近思錄》、《河南程氏遺書》、《伊洛淵源錄》，皆行於世。熹沒後，朝廷以其大學、語、孟、中庸訓說，立於學官。又有儀禮經傳通解，未脫稿，亦在學官，生平為文凡一百卷，生徒問答凡八十卷，別錄十卷。〔註1〕

　　有關朱熹之傳略，黃幹之行狀，宋元學案之晦翁學案及王懋竑之朱子年譜，於其思想歷程、政治事功、時代背景皆有詳盡之陳述。然非本文之要，故從略。據〈晦翁學案〉載：

　　　　家故貧，少依父友劉子羽，寓建之崇安。後徙建陽之考亭。簞瓢屢
　　　　空，晏如也。諸生之自遠而至者，豆飯藜羹，率與之共。往往稱貸
　　　　于人以給用，而非其道義，則一介不取也。

此安貧樂道之行，與橫渠實不分軒輊。而其著作之範圍天人，與正蒙之旨亦相符合。致於編註古籍，確立道統，誠為宋明儒者之弘願也。

二、朱熹禮學之內涵

　　聖賢之道，乃宋儒所持尊，而工天之精切，則橫渠亦不逮於朱子也。然修為、教化乃以心性之論為根底，故必先究其心性之論，次以倫理之仁、義、禮、智諸端，更次以修養之工夫。而禮之社會教化功能，暨禮俗之通則，亦

〔註1〕所言生平、著作，宋史道學傳、黃幹〈朱子行狀〉《宋元學案》卷四八晦翁學案並有詳細之載。

爲朱子所持重，並述於后。

（一）心性論

朱子云：

> 伊川「性即理也。」，横渠「心統性情。」，二句顛撲不破。惟心無
> 對，「心統性情」二程卻無一句似此切。〔註2〕

由上知朱子「心」之概念，乃承横渠而來。其云「虛靈自是，心之本體。」「心
者，氣之精爽。」，〔註3〕心乃具靈明知覺，能善能惡也。且心具萬理，所有
之成德成聖之學，其工夫必於心上講求，故朱氏答張欽夫書云：

> 若聖門所謂心，則天序、天秩、天命、天討、惻隱、善惡、是非、辭
> 讓，莫不該備，而無心外之法。故孟子曰：盡其心者，知其性也；知
> 其性則知天矣。……而今之爲此道者，反謂此心之外，別有大本：爲
> 仁之外，別有盡性至命之方：竊恐非惟孤負聖賢立言垂後之意，平生
> 承師問道之心，竊恐此説流行，反爲異學所攻，重爲吾道之累。〔註4〕

朱子此言與横渠正蒙誠明篇所言相合。横渠「心能盡性。」，「心體萬物而不
遺。」，此主體之心能，亦爲朱子所秉承，正惟此主體之道德，故成德臻聖爲
人可以主觀達成之境界。而由此開展而出之格物致知、窮理盡性亦不致落空。
然朱子之心義，非謂至高之主體或萬物之源。而謂超越存在，普遍之至理，
乃爲性也。故朱子又有性情之論。云：

> 性者心之理，情者心之動〔註5〕

> 横渠説得最好。心，統性情者也。……性無不善；心所發之情，或
> 有不善。説不善非是心，亦不得。卻是心之本體本無不善：其流而
> 爲不善者，情之遷於物而然也。（同上註）

> 性者，即天理也。萬物稟而受之，無一理之不具。心者，一身之主
> 宰，意者，心之所發；情者，心之所動；志者，心之所之，比於情
> 意尤重。（同上註）

就上所言，性即天理，無有不善者。與横渠言，「性者萬物之一源，非有我之

〔註2〕　見張子後錄。《張載集》頁338、張伯行輯訂《朱子語類》頁33皆誌之。
〔註3〕　同見《朱子語類》卷五。
〔註4〕　朱子文集，卷三〇，答張欽夫。
〔註5〕　《朱子語類》卷五。

得私。」，「性於人無善。」，〔註6〕諸義相皆契。而性既無不善，而所謂之惡由何而來？朱子將其歸諸情意之發用所致。人之所以有情意之動，乃人之所以生，是理與氣之合。人性雖為相同，而稟氣卻有偏重。是以人雖同具天地之性，得以臻成堯舜之能。然人之氣質不同亦如其面。朱子以為天地之性與氣質之性之言乃起於程張，極有功於聖門。〔註7〕並以此論性，其云：

> 論天地之性，則專指理言。論氣質之性，則以理與氣雜而言之。未有此氣，已有此性。氣有不存，而性卻常在。雖其方在氣中，然氣自是氣，性自是性，亦不相雜。

朱子言氣指形而下，與橫渠言氣，具體用不二之義，自然有別。故氣質之性之內涵亦不盡相同，不可不辨也。

綜觀朱子心、性、情之論，乃言其學及工夫之落實處。心在覺理，而發用為情。此情之善不善，合理不合理，則為修為致力之所在。

（二）倫理論

前章以西銘之仁體，為橫渠倫理思想之基礎，朱子極稱西銘天下一家，中國一人之仁德，並疏解理一分殊之義。故由此可知「仁」亦為朱熹倫理之根底。其論仁云：

> 仁是根，惻隱是萌芽，親親，仁民，愛物，便是推廣到枝葉處。〔註8〕
>
> 仁字須兼義、禮、智看，方看得出。仁者，仁之本體。禮者，仁之節文；義者，仁之斷制；知者，仁之分別。猶春、夏、秋、冬皆不同，而同出於春。……體仁足以長人以仁為體，而溫厚慈愛之理，由此發出也。體，猶所謂公而以人體之之體。（同上註）

故朱子之仁乃公而無私，兼容諸德，渾然與物同體之義也，亦即所謂心之德，愛之理也。自孔子以仁道倡，諸儒咸以此為體認天道之德性，並時時充實「仁」之內涵。《朱子語類》言仁之處頗多，錢穆先生所著《朱子新學案》一一解析。其言仁之特性一為天地生物之心，一為人心之仁。故人性與天心由此一仁密合無間，人心即天心，天心即人心。人若體得仁道，則可與天合德。此亦天人合一之天道論，與孔、孟心性之主體意味，與陸象山、王陽明「心即理」

〔註6〕 見正蒙誠明篇。

〔註7〕 張伯行輯訂《朱子語類》卷之一言：「孟子未嘗說氣質之性，程子論性，所以有功於名教者以其發明氣質之性也。以氣質論，則凡言性不同者，皆冰釋矣。」

〔註8〕 張伯行輯訂《朱子語類》卷一。

之主體心性論有所不同也。〔註9〕

　　實現此仁心，亦即成德臻聖之工夫，乃必由克己復禮而至。然朱子學思之精切，亦在此工夫入路之密察，故修爲之方與聖賢氣象另闢目以述。然倫理之義，除個人倫理外，另有社會倫理，即古之五倫、五教。朱子既明理一分殊之教，於此理一之仁德外，當亦明如何分殊之義？即仁民、愛物之教化也。

　　朱子重五倫之教，列于「白鹿洞書示揭示」篇首。朱子曾論及五倫之形上根基及五倫之意義。其云：

　　　　道之在天下，其實原於天命之性，而行於君臣、父子、兄弟、朋友之間。〔註10〕

　　　　父子、兄弟爲天屬，而以人合者居其三焉：夫婦者，天屬之所由以續者也，君臣者，天屬之所賴以全者也；朋友者，天屬之所賴以正者也。是則所以綱紀人道，建立人極，不可一日而偏廢。〔註11〕

朱子視此父子有親、君臣有義、夫婦有別、長幼有序、朋友有信五倫，乃原於天道。學者必達乎此，才得所謂正全之道。〔註12〕而相應于五倫之德、孝、慈、忠、義、別，即父子之道、夫婦之道、君臣之道，朱子皆因襲舊說，無特創之見。父爲子綱、夫爲婦綱、君爲臣綱之說於宋，似無任何改異。如此者子、婦、臣皆無自主之地位，加諸君德、親德皆因制度而固化，五倫之義無乃惡夫、霸君之口實，其妨害倫理之甚，無以名之也。〔註13〕朱子重五倫之義理實較宋代諸儒爲甚，惜無相應之覺識以超脫社會、政制之樊籬。此不獨朱子爲然，乃漢代以後諸儒所同然者也。

　　（三）修為論

　　大學八條目爲格物、致知、誠意、正心、修身、齊家治國、平天下，此乃儒家內聖外王之學。橫渠言修持，止言虛心，循禮。朱子格物、致知乃本

〔註 9〕參勞思光《中國哲學史》卷三上頁40～45。

〔註10〕張伯行《編續近思錄》、卷六。

〔註11〕同前註。

〔註12〕正唯朱子將五倫附以形上之基，故合五倫之教，則盡天人之道。如此者儒家之五倫實具宗教之意義。

〔註13〕茲舉朱子忠君之說，以明此君權至上之弊害其云：「臣之事君，猶子之事父，東西南北，惟命之從，此古今不易之理也。」忠原爲一廣泛意義之觀念，朱子限於事君之上，惟命是從，則全無義理可說。君之擅權專斷，臣亦莫奈何其。參見楊慧傑、《朱熹倫理學》。

程伊川窮理之學，其立論又較伊川精闢。其言曰：

> 所謂致知在格物者，言欲致吾之知，在即物而窮其理也。蓋人心之靈，莫不有知，而天下之物，莫不有理。惟於理有未窮，故其知有不盡也。是以大學始教，必使學者即凡天下之物，莫不因其已知理而益窮之，以求至乎其極。至於用力之久，而一旦豁然貫通焉，則衆物之表裏精粗無不到，而吾心之全體大用無不明矣。此謂物格，此謂知之至也。〔註14〕

天下事，一事有一事之理，一物有一物之理，即物事而求理以貫通性命之理，通驗達用，則爲知之極致矣！致知、格物以窮理乃就外在工夫而言，必得有涵養、察識之內工夫與之相應。朱子言涵養之義曰：

> 無時不涵養，……如恐懼戒謹，是長長地做。……又如騎馬，自家常常提掇，及至遇險處，便加些提控，不成謂是大路便都不管他，任他自去之理。〔註15〕

而涵養與其致知兩者是互相發明者，不可倚輕倚重，其云：

> 存養中便有窮理工夫，窮理中便有存養工夫。窮理便是窮那存得底，存養便是養那窮得底。〔註16〕

如此之得內外交養、兩件工夫渾合爲一。事實上交養之工夫，橫渠亦嘗論及。其以虛心爲存養，以博文集義爲窮理之義。雖不若朱子之密察，然內外工夫並進，則先於朱子也。

與涵養，察識極有關者爲敬之工夫。朱子論「敬」只就未發而言。其于敬義之旨發明頗多。云：

> 敬字通貫動靜：但未發時渾然是敬之體：非是知其未發，方下敬底工夫，既發則隨事省察，而敬之用行焉；然非體素立，則其用亦無自而施也。故敬義非兩截事。必有事焉而勿正，勿忘勿助長，則此心卓然貫通動靜：敬立義行，無適而非天理之正矣。〔註17〕

又云：

> 大抵敬是徹上徹下之意。格物、致知，乃其間節次進步處耳。（同上

〔註14〕《朱熹大學章句》，格物補傳。
〔註15〕《朱子語類》卷六三。
〔註16〕《朱子語類》卷六三。
〔註17〕《朱子大全》卷四三答林擇之書。

註）

故敬乃貫內外之工夫，敬主于中而流行不止。格物致知、涵養察識少他不得。伊川以主一釋敬，不僅就存養而言，亦在應事見之。橫渠亦有持敬之說，然不曾深究敬之內涵。故朱子於敬之工夫實較其深闊精闢也。

以上所言皆本北宋學者而推言，然朱子晚年於工夫入路，另有所創，即克己之論。朱子四十三歲始提克己二字以修仁，至六十歲以後，則明言克己較持敬更積極、更深密。〔註18〕其言：

> 敬是守門戶的人，克己則是拒盜。〔註19〕

> 克己復禮，便是捉得病根，對症下藥。仲弓主敬行恕，是且涵養將
> 去，是非猶未定。〔註20〕

克己之功必與復禮合，故朱子云：

> 克己是大做工夫，復禮是事事皆落腔窠。克己便能復禮，步步皆合規
> 矩準繩，非是克己之外別有復禮工夫也。釋氏之學，只是克己，更無
> 復禮工夫，所以不中節文。吾儒克己便復禮，見得工夫精粗。〔註21〕

朱子晚年深體得此孔門傳授心法，故自覺地以此為工夫入路。而克己，循禮，使世間事物於心中著腳，實橫渠一生講治之工夫。兩者之不同，一則由內之防而發於外皆中節，一則由外之合繩以滋養內之德性也。

朱子與宋、明理學家咸以為聖人之境界，可循下學上達之工夫以進。而朱子所言之人倫典範，既具內聖之德，又備外王之功。若據上之種修為則聖境可成。朱子倫理學之大要，在為學者建立此一自始學至聖人之途，此一系統之工夫入路，其縝密精切為他家所不逮也。

（四）論禮制

朱子以為禮乃治人之大本。故其平生以考禮、議禮、修禮為志，其云：「古禮難行，後世苟有作者，必須酌古今之宜。」〔註22〕蓋古禮之繁難，今欲行禮則必須隨時權宜。故其論四子之禮云：「二程與橫渠多是古禮，溫公則大槩本儀

〔註18〕錢穆《朱子新學案》（二）論克己頗詳盡。楊慧傑《朱熹倫理學》，將朱子克己工夫之歷程，一一析論。參見頁101～102。
〔註19〕朱子語類卷九。
〔註20〕朱子語類卷一二。
〔註21〕朱子語類卷四一。
〔註22〕朱子語類卷八四。

禮而參以今之可行者。」〔註23〕其制家禮多本溫公家禮之儀。又朱子論周禮云：

> 大抵說制度之書，惟周禮、儀禮可信，禮記便不可深信、周禮畢竟
> 出於一家，謂是周公親筆做成固不可，然大綱卻是周公意思，某所
> 疑者，但恐周公立下此法，都不曾行得盡。〔註24〕

以為周禮具先王立制大公之遺意，然卻不若橫渠般力主復行周制。其云：

> 封建井田乃聖王之制，公天下之法，豈敢以為不然。但在今日恐難
> 下手，設使強做得成，亦恐意外別生弊病，反不如前，則難收拾耳。
> 〔註25〕

又朱子之治禮以社會風俗，實際應用為主，故其致力修禮書，目的在會通古禮今宜，製成一世俗禮儀，為眾人所依循以移風化俗，儀禮經傳通解即據而修成，後被立於學官。凡此考禮、論禮之言俱見于《朱子語錄》，得見朱子重禮學之一斑。

朱子賡揚關學禮教之精神，可由增損〈呂氏鄉約〉一事見之，其云：「鄉約四條本出藍田呂氏，今取其他書及附己意稍增損之以通于今，而又為月旦集會續約之禮。」〔註26〕朱子有意立鄉規，紹承關學社會倫理、社會教育之制。雖其志未就，然發明社會教化之精義，彌足為今之立教者法也。

第二節　王船山之禮學

一、船山之生平及著作

王夫之，字而農，號薑齋。先世本揚州高郵人，明永樂初，官衡州衛，遂為衡州衡陽人。晚居湘西石船山，學者因稱船山先生。生於明萬曆四十七年，少負儁才，穎悟過人，讀書十行俱下，一字不遺，七歲而畢十三經。其父修侯，少從遊伍學父，又問道鄒泗山，承東廓之傳，以真知實踐，為湖南學者。故先生可謂家學淵源。其生當衰亂之世，自年三十三即遯隱山林，勤奮著書，以致貧病而歿。卒於清康熙三十一年，年七十四。

〔註23〕《朱子語類》卷八四。
〔註24〕《朱子語類》卷八六。
〔註25〕《朱子語類》卷一○八。
〔註26〕《朱子大全》卷七四。增損呂氏鄉約及月旦集會續約之禮全文俱見，可參閱
　　　　之。

船山以文章氣節重于時，王敔〈薑齋公行述〉形容其苦修之形貌曰：

> 自潛修以來，啓竇牖，秉孤鐙，讀十三經、二十一史，及朱、張
> 遺書，玩索研究，雖飢寒交迫，生死當前而不變，迄暮年，體羸
> 多病，腕不勝硯，指不勝筆，猶時置楮墨于臥榻之旁，力疾而纂
> 註。顏于堂曰：「六經責我開生面，七尺從天乞活埋。」於四書及
> 易、詩、書、春秋，各有稗疏，悉考訂草木魚蟲，山川器服，以
> 及制度同異。……

精思力踐以成疾，猶手不離經書、筆墨，與橫渠苦心力索之情狀，如出一轍。
宜乎船山之契慕橫渠。其自銘云：

> 抱劉越石之孤忠，而命無從致；希張橫渠之正學，而力不能企；幸
> 歸于茲邱，固銜恤以永世。

平生極推崇《正蒙》一書，觀鄧顯鶴船山著述目錄曰：

> 先生生平論學，以漢儒爲門戶，以宋五子爲堂奧，而原本淵源，尤
> 在《正蒙》一書。

復考張子正蒙注自序，船山以爲張子之學，上承孔、孟之志，下救來茲之失；
窮天地之奧，達性命之原，可謂推崇備至。故其學思與橫渠之淵源至深篤也。

　　船山之著作繁富，舉凡經、史、子、集皆有論述，其精勤於茲可見。今有
船山遺書七十七種行世。其哲思散見各書，然亦自成一體系。凡天道、性命、
修爲、人文歷史、政制諸端無不畢具，精審宏富，古今儒者罕有能及之者。

二、船山禮學之內涵

　　船山著作特多，哲思亦散見各本。綜論之誠屬不易，此論文非專研其作，
故僅就有關禮學內涵者陳述，分情性論、修養論、人文禮制論以述。明船山
重禮以坊習，經世以致用之梗概。

（一）情性論

船山以氣統心、性、天理。云：

> 言心言性言理，俱必在氣上說，若無氣處，則俱無也。張子云：「由
> 氣化有道之名。」……程子言「天，理也。」……天固積氣者也。……
> 而曰天一理也，則語猶有病。……氣之化而人生焉，……就氣化之
> 成于人身，實有其當然者則曰性。……張子云：「合虛與氣，有性之

名。」虛者，理之所涵，氣者，理之所凝也。〔註27〕

由上知船山之論性乃就氣化而言，此承張子之釋性也。性者由理氣所凝成者，而船山言氣無不善，固性亦無不善也。其云：

> 人之體惟性，人之用惟才，性無有不善，爲不善者非才，故曰「人無有不善。」道則善矣，器則善矣。性者道之體，才者道之用，形者性之凝，色者才之撰也。故曰「湯武身之也。」謂即身而道在也。道惡乎察？察于天地，性惡乎著？著于形色。有形是以謂之身，形無有不善，身無有不善。〔註28〕

此乃就實有者而論。善惡乃價值論斷之名，而身形皆自然而成者，故無善惡之分。除實有論外，船山又持發展論性之成，以爲性乃日生日成者。其云：

> 夫性者，生理也，日生則日成也；則夫天命者，豈但初生之頃命哉？但初生之頃命之，是持一日而予之於一日，俾牢持終身以不失，天且有心于勞勞給與，而人之受之，一受其成形，而無可損益矣。夫天之生物，其化不息，初生之頃，非無所命也。……故天日命于人，而人日受命于天，故曰：性者生也，日生而日成之也。〔註29〕

此處之天或可解爲自然環境。人之初生，則已受命，然此性命則日日滋生，日日養成。人不可謂其既壯之性同乎少之性，然其間卻具相繼之功，故續有相繼成性之論。性初則受命于天，然人既長之後，則自取自用也。云：

> 生之初，人未有權也。不能自取而自用也，惟天所授，則皆其純粹以精者矣。天用其化以與人，則固謂之命矣。己生以後，人既有權也，能自取而自用也，自取自用，則因乎習之所貫，爲其情之所歆，於是而純疵莫擇矣。〔註30〕

人之權何由而來？船山未加探究，蓋其於心體之義，並未深論。依其性論，則一切決定於天，人之主體意志，亦屈於命之下矣！而性無不善，所謂善惡者何由耶？其云：

> 孟子曰：「若夫爲不善，非才之罪也。不善非才罪，罪將安歸耶？」集註云「乃物欲陷溺而然。」而物之可欲者，亦天地之產也，不責

〔註27〕《讀四書大全》卷十。

〔註28〕《尚書引義》卷四。

〔註29〕《尚書引義》卷三。

〔註30〕《尚書引義》卷三。人雖自取自用，然亦取用自天所命受者，故亦可云命日受而性日生。

之當人，而以咎天地自然之產，是猶合盜罪而罪主人之多藏矣。……
然則才不任罪、性尤不任罪、物欲亦不任罪。其能使為不善者，罪
不在情，而何在哉？蓋吾心之動機與物相取，物欲之足相引者與之
動機交，而情以生。然則情者，不純在外，不純在內，或往或來，
一來一往，吾之動幾與天地之動機相合而成者也。……唯其為然，
則非吾之固有，而謂之鑠，金不自鑠，火亦不自鑠。……助性以成
及物之幾而可以為善者，其功矣。〔註31〕

知幾、識機乃助性之功。而不善之罪乃在習也。故云：

後天之性亦何有不善？習與性成之謂也。先天之性，天成之；後天
之性，習成之也。（先天之性，天成之，後天之性，習成之也）。乃
習之所以成乎不善者，物也。夫物亦何不善之有哉？取物而受其蔽，
此程子之所以歸咎于氣稟也。然而不善之所自來必有所自起，則在
氣稟與物相授之交也。〔註32〕

觀此則船山之性非普遍、超越之理也。此性之層次為經驗層次，其所言之善
惡層次亦止於此也。而性之生化流行，非絕對之實有性。而性由天地所凝成，
則前已述及。由是知船山之論性實有、發展二路並進。人因稟此後天之性，
具氣稟之異，復交受於物事之間，必產生頗多阻遏、滯礙之情，生之理亦不
得暢行。故人必察情治習以養性，船山之修養論，乃由此開展而成。

（二）修養論

船山之修為論，即聖賢之工夫論。本于橫渠「性與天道合一存乎誠。」
之義，與心之用在思之義，而以中庸思誠，易之存誠為教。換言之即孟子與
宋儒盡心知性之義。《讀四書大全說》卷九云：

盡天地只是個誠，盡聖賢學問，只是思誠。

船山以為心思自足盡無窮之理。其解「思」之意云：

天與人以仁義之心，只在心裏面，唯其有仁義之心，是以心有其思
之能，不然則但解知覺運動而已。此仁義為本而生乎思也。……思
因仁義之心而有，則必親其始而不與他為應，故思則已遠乎非道，
而即知仁義之門。是天之與我以思，即與我以仁義也。此從乎成性

〔註31〕《讀四書大全說》卷十。
〔註32〕《讀四書大全說》卷八。船山之意並不以氣稟為導致不善之因，人之惡全由
　　　　後天之情習與動機而成，　無關於先天之稟賦。此說似為極端環境論者。

而言也。故思之一字,是繼善成性存存三者一條貫通稍底大用,括
仁義而統性情,致知格物,誠意正心,都在者上面用功夫,與洪範
之「睿作聖」一語,斬載該盡天道人功者同。〔註33〕

由上而知思之功用大矣。心之才盡于思,此論心思之大用則發前賢所未發。
所謂致知格物、誠意正心亦不離此一思字,能思誠則該盡天人矣,故特標為
修養之首要工夫。而船山于誠又有所論也。其云:

惟其誠,是以善,誠于天,是善于人。〔註34〕

又云:

乃誠為天之道,則道之用非天之所為功,而存乎人。于是有誠之者
焉。有是心,以載是德,故誠可存也;有是才以備斯道,故誠可發
也。誠之未著于未有是理之中,而森然有理之可恃;誠之或虧于未
盡善之中,而確然有善之不易;則命之所凝也,性之所函也,以起
人生之大用,而為事理之所依也。〔註35〕

誠者天道也,性所函也。而發其用則賴心之存、心之發。故心者能思、能誠,
能周盡萬物之理也。船山之論心,要在用上,及作為工夫之義上,與孔、孟
以心性為主體之義,有所不同也。

其次船山復重內外交養之工夫,於內心之修養有存養、省察、誠意、正
心等,至於應事接物之外在工夫,則以克己復禮、忠恕為要。試分論之:

惟存養而後可以省察,惟致中而後可以致和,用者用其體也。惟省
察而後存養不失,惟致和而後中無不致,體者用之體也。〔註36〕

船山之意以存養為本,而省察輔之,而致體用主輔合一以盡聖學之功。又云:

心之與意,動之與靜,相為體用,而無分于主輔,故曰動靜無端。
故欲正其心,必誠其意,而心苟不正,則其害亦必達于意,而無所
施其誠,凡忿懥懅恐懼好樂憂患皆意也,不能正其心,一發而即向
于邪,以成乎身之不修。故愚謂意居身心之交。……心之與意,互
相為因,互相為用,互相為功,互相為效,而可云由誠而正而修,
不可云自意而心而身,心之為功過於身者,必以意為之傳送。〔註37〕

〔註33〕《讀四書大全說》卷十中論孟子,「心之官則思。」。
〔註34〕《讀四書大全說》卷十。
〔註35〕《四書訓義》卷三。
〔註36〕《禮記章句》卷三一。
〔註37〕《讀四書大全說》卷一。

此言將誠、正、心、意之交用明示無遺，所以成性修身之功，繫乎誠正之效用。

　　然存養、省察、正心、誠意者，必有所資。故船山又言克己復禮，其意在秉禮以克己。禮爲天理之節文，寓于人欲之中，人必資于禮，修身之功，方不墮于空言。說禮者實以仁爲本也。船山于尚書引義中論之曰：

> 禮何故乎？放於義矣。義何放乎？放於仁矣。禮何放于義？從其等而宜之爲禮也。義何放於仁？準其心而安之爲義也。故禮依于仁以爲本，惟仁至矣。雖然，仁必以義爲心之則，而後仁果其仁也，仁義必以禮爲德之符，而後仁義果其仁義也，故禮復而後仁可爲也。

克己復禮于修身之工夫中，最是切要近功。前已述船山以爲不善乃由情習而生，故其特重禮，要在以禮察情、以禮節情、以禮坊習也。故云：

> 故修身者，修其言行之辟也。欲得不辟，須有一天成之矩，爲之範圍，爲之防閑，則禮是已。故曰：非禮不動，所以修身也。〔註38〕

又云：

> 坊者，治人之道：表者，修己之道。修己治人，禮而已矣。性之所由失者，習遷之也。坊習之流，則反歸於善，而情欲之變，皆合乎天理自然矣。〔註39〕

因是船山之禮非僅修己，亦用以治人，其重禮論禮與橫渠之說實無二致。人須戒慎以坊情習之流，使情性不受其污染。綜觀船山之修爲論，精闢而具體可行。依船山之論，則人可因知幾審位、察情治習之工夫，養就純美之性。

（三）人文禮制

　　船山云：「養其生理自然之文，而修飾之以成乎用者，禮也。《詩》曰，人而無禮，胡不遄死。」〔註40〕故人文之禮，乃其所以肯定人之價值。而此禮之範圍則歷史、政制、倫理、教化皆涵括也。觀其《禮記章句》綜論《禮記》之言曰：

> 禮記者，漢戴氏聖述所傳於師，備五禮之節文而爲之記也。周禮、儀禮古禮經也。戴氏所傳，不敢自附於經而爲之記，若儀禮之記，列於經後以發明之焉。孔子反魯定禮樂，引申先生之道而論定其義，

〔註38〕《讀四書大全說》卷一。
〔註39〕《禮記章句》卷三〇。
〔註40〕見俟解書中斥老莊反樸自然之說。

輯禮經之所未備而發其大義，導其微言。七十子之徒傳者異聞，而
皆有所折衷。以至周末洎漢之儒者，習先師之訓，皆有紀述。小戴
氏承眾論之後，爲纂敘而會歸之以爲此書。顯微異同之詞，雖若不
一，而於以體先聖復性以立人極之意，其不合者鮮矣。善學者通其
異以會其同，辨其顯以達其微。其於先王窮理盡性、修己治人之道，
明而行之，亦庶乎其不遠矣。

《禮記章句》之意旨亦所以窮理盡性、修己治人也。此與橫渠禮記說、儀禮
說發明禮之深義，以淑世救人，以化民成俗之精神一致。而《禮記章句》各
卷之首，皆有序論，以明該卷之大要，其中船山頗有所取於橫渠之說。茲舉
禮運一篇以明之，船山云：

……蓋惟禮有所自運，可以運天下而無不行焉。本之大故用之廣，
其理一也。故張子曰：「禮運云者，語其達也；禮器云者，語成成也，
達與成，體與用，合體與用，大人之事備矣。」〔註41〕

橫渠之學天道性命相貫，體用本末具賅。觀船山之論禮，亦兼體用而言。其
肯定人文之禮，並推極禮教，誠爲橫渠禮學又一發明也。

〔註41〕見王夫之撰《禮記章句》卷九。

參考書目

一、專　書

1. 《論語》
2. 《孟子》
3. 《周禮》
4. 《儀禮》
5. 《禮記》
6. 《橫渠易說》，張載。
7. 《禮記章句》，王夫之，大源文化服務社出版船山遺書。
8. 《讀四書大全說》，王夫之，大源文化服務社出版船山遺書。
9. 《禮記集解》，孫希旦，文史哲出版社。
10. 《讀經示要》，熊十力，洪氏出版社。
11. 《群經述要》，高師仲華，黎明文化圖書公司。
12. 《禮記今註今譯》，王師夢鷗，商務印書館。
13. 《宋史》，托托，鼎文書局。
14. 《大事記講義》，呂中，商務印書館四庫珍本二集。
15. 《東都事略》，王偁，文海書局。
16. 《皇朝名臣言行錄五集》，朱熹、李幼武，文海書局。
17. 《伊洛淵源錄》，朱熹，文海書局。
18. 《伊洛淵源錄新增續錄》，謝鐸，廣文書局。

19. 《宋元學案》，黃宗羲，河洛圖書公司。

20. 《宋元學案補遺》，王梓材、馮雲濠，世界書局。

21. 《四庫全書總目提要》，紀昀，商務印書館。

22. 《陝西志輯要》，王志沂，成文出版社。

23. 《歷代名人年譜》，吳榮光，商務印書館人人文庫。

24. 《中國思想史》，韋政通，大林出版社。

25. 《中國哲學史》，羅光，先知出版社。

26. 《中國哲學史》，馮友蘭，太平洋圖書公司。

27. 《中國哲學史》，勞思光，三民書局。

28. 《中國人性論史》，徐復觀，商務印書館。

29. 《中國倫理學史》，蔡元培，商務印書館。

30. 《中國禮教史》，周林根，省立海洋學院。

31. 《中國教育史》，陳青之，商務印書館。

32. 《中國政治思想史》，蕭公權，中華文化出版事業委員會。

33. 《中國古代社會史》，李宗侗，中華文化出版事業委員會。

34. 《中國近三百年學術史》，錢穆，商務印書館。

35. 《中國近世儒學史》，宇野哲人，中華文化出版事業委員會。

36. 《中國思想史》，加藤長賢，蔡懋堂譯，學生書局。

37. 《中國哲學史概論》，渡邊秀方，劉侃元譯，商務印書館。

38. 《張子全書》，張載，商務印書館人人文庫。

39. 《張子語錄》，張載，商務印書館四部叢刊續編。

40. 《周子全書》，周敦頤，商務印書館。

41. 《二程全書》，程顥、程頤，臺灣中華書局。

42. 《河南程氏遺書》，朱熹，商務印書館。

43. 《朱子語類》，朱熹，正中書局。

44. 《朱子大全》，朱熹，臺灣中華書局。

45. 《童蒙訓》，呂本中，商務印書館四庫珍本十集。

46. 《橫渠張子釋》，呂柟，世界書局。

47. 《周張全書》，徐必達，廣文書局。

48. 《性理大全書》，胡廣等，商務印書館四庫珍本五集。

49. 《張子正蒙注》，王夫之，世界書局。

50. 《濂洛關閩書》，張伯行，商務印書館國學基本叢書。

51. 《近思錄》，朱熹，商務印書館。

52. 《註解正蒙》，李光地，商務印書館四庫珍本九集。

53. 《正蒙初義》，王植，商務印書館四庫珍本二集。

54. 《荀子集解》，王先謙，藝文印書館。

55. 《荀子研究》，楊筠如，商務印書館。

56. 《王船山學譜》，張西堂，商務印書館。

57. 《船山學譜》，王孝魚，廣文書局。

58. 《朱子新學案》，錢穆，自印本。

59. 《朱熹倫理學》，楊慧傑，牧童出版社。

60. 《范仲淹之修養與作風》，湯承業，商務印書館。

61. 《中國歷代思想家》，商務印書館。

62. 《皇朝文鑑》，呂祖謙，商務印書館四庫叢刊正編。

63. 《范文正公全集》，范仲淹，商務印書館國學基本叢書。

64. 《唯室集》，陳長方，商務印書館四庫珍本初集。

65. 《龜山集》，楊時，商務印書館四庫珍本四集。

66. 《洛水集》，陳玭，商務印書館四庫珍本三集。

67. 《范太史集》，范祖禹，商務印書館四庫珍本初集。

68. 《性善堂稿》，度正，商務印書館四庫珍本初集。

69. 《五峯集》，胡宏，商務印書館四庫珍本初集。

70. 《斐然集》，胡寅，商務印書館四庫珍本初集。

71. 《西臺集》，畢仲游，商務印書館四庫珍本別輯。

72. 《潏水集》，李復，商務印書館四庫珍本二集。

73. 《吳都文粹集》，錢穀，商務印書館四庫珍本初集。

74. 《張橫渠文集》，張伯行，正誼堂全書。

75. 《宋詩紀事》，屬鶚，鼎文書局。

76. 《宋詩紀事補遺》，陸心源，鼎文書局。

77. 《張載集》，里仁書局。

78. 《宋學概要》，夏君虞，華世出版社。

79. 《兩宋思想述評》，陳鐘凡，華世出版社。

80. 《宋明理學概述》，錢穆，學生書局。

81. 《理學綱要》，呂思勉，華世出版社。

82. 《宋明理學》，吳康，華國出版社。

83. 《心體與性體》，牟宗三，正中書局。
84. 《中國哲學原論》，唐君毅，學生書局。
85. 《倫理學新論》，謝扶雅，商務印書館。
86. 《中國禮俗研究》，何聯奎，臺灣中華書局。
87. 《宋儒風範》，董師金裕，東大圖書公司。
88. 《鄉土中國》，費孝通。
89. 《國學發微》，劉師培，廣文書局。

二、博、碩士論文

1. 《周禮春官禮樂思想之研究》，嚴定暹，師大中文研究所碩士論文。
2. 《張載的教育思想》，吳昱昶，政大教育研究所碩士論文。
3. 《張載易學之研究》，陳正榮，師大中文研究所碩士論文。
4. 《王船山研究》，陳忠成，台大中文研究所碩士論文。
5. 《王船山的倫理學》，黃懿梅，台大哲學研究所碩士論文。
6. 《北宋四子修養方法論》，黃景進，政大中文研究所碩士論文。
7. 《理學家的歷史觀》，張元，台大歷史研究所碩士論文。

三、期　刊

1. 〈略談宋明理學與佛學之關係〉，唐君毅，哲學與文化月刊第二十三期。
2. 〈泛論宋儒道統觀念之謬誤〉，方東美，新天地復刊第一卷第二期。
3. 〈范仲淹對於宋代學術之影響〉，劉季洪，宋史研究集第一輯。
4. 〈宋代之學規和鄉約〉，劉眞，宋史研究集。
5. 〈北宋幾個大思想家的井田論〉，陶希聖撰，宋史研究集。
6. 〈論張橫渠之弘儒及反佛（上、中、下）〉，朱建民撰，鵝湖月刊第五卷第七期至第九期。
7. 〈張載的教學思想〉，黃錦鋐，孔孟月刊第十六卷第二期。
8. 〈張橫渠正蒙之研究〉，周秀齡，樹德學報第六期。
9. 〈王船山論習與性〉，陳忠成，孔孟學報第二十三期。
10. 〈王船山之人文化成論〉，曾昭旭，高雄師院學報。

《中庸》與周張二程思想之關係

李昌年　著

作者簡介

李昌年，1956 年出生於桃園，目前定居高雄，台大中國文學研究所碩士。曾任高中國文教師四年，大專院校教師二十餘年。早年曾以夏克非之名編著《大學國文精選》、《大學國文通鑑》、《大學國文葵花寶典》、《二技國文葵花寶典》等書。目前任教於國立高雄應用科技大學文化事業發展系，除講授「大學國文」、「修辭藝術」、「文學概論」等科目外，主要心力投注於「詩經」、「歷代文選」、「李杜詩」、「李商隱詩」及唐代文學專題等古典文學的研究與教學。

提　　要

　　北宋諸儒的學術之所以稱為理學，大概是由濂溪的「禮曰理」、橫渠的「義命合一存乎理」、明道的「體貼天理」與伊川之「性即理」及「理一分殊」等概念逐漸演成。而此四人所探討的性命義理等觀念，起初是由《易傳》、《中庸》而來，到二程轉而回歸《論語》、《孟子》，伊川又特別重視《大學》，而後規模始具。由濂溪的《通書》、橫渠的《正蒙》、以至《二程全集》來看，《中庸》的思想義理實已內具於周、張、二程的理論體系，成為他們的學術中不可或缺的中心思想。因此，如果沒有《中庸》誠明雙修、仁知並揚，且通天人、合內外的理論為之啟發與引導，儒學於孟子歿後，道統失墜而沈淪已久的趨勢，在面對釋道二家微妙而高明之理論的威脅下，恐難有復興之契機。相對而言，如無周、張、二程對《中庸》血脈之繼承與對《中庸》義理的推擴發揚，《中庸》一書「放之則彌六合，卷之則退藏於密」的心法實學，恐怕也難彰顯於世，更遑論成為千百年來家喻戶曉的經典。因此，朱子雖慧眼獨具，將《論語》、《孟子》、《大學》、《中庸》合為「四子書」，並為之作《章句》，以為儒學由入德之門至傳授心法之下學上達，循序漸進之經典；然周、張、二程對《中庸》之繼承與發揚，實已開其先河矣。其後儒學雖演變為程朱與陸王不同之流派，然實不出「尊德性」與「道問學」之範疇。換言之《中庸》之義理，經周、張、二程之繼承與發揮，實籠罩宋、明六百年之理學發展。即此而論，周、張、二程對《中庸》之傳承與發揚，誠可謂居功厥偉。

目次

緒　言

　　《中庸》一書之時代及作者問題，歷來已有許多學者提出仁智之見，然而，迄今仍無定論。因此本文寫作之方向，止限於《中庸》義理之探討及其與周、張、二程思想之關係，並不打算涉及此一方面之考證，蓋不論《中庸》之作者爲誰，成書年代爲何，既不能改變《中庸》爲儒家典籍之事實，亦無法抹殺《中庸》義理之存在價值。且儒學自漢季衰微後，直至有宋周、張、二程乃有中興氣象，前輩學者皆已言之矣，而北宋諸儒振興儒學之經典依據，初在《易傳》、《中庸》，繼重《論語》、《孟子》，亦爲學者共有之認識，因此由義理方面探討《中庸》與周、張、二程思想之關係，自有其嘗試之價值。

　　然則，何以獨擇《中庸》而不及他書？此則須有辨，請詳之於下。蓋自韓退之以繼承道統、發揚聖學爲己任，即已汲汲於闢佛老，尊師道，下及北宋諸儒，莫不如此。儒學式微，聖道不彰，固有種種成因，然佛老盛行當爲最直接而不可忽視之理由。程子嘗慨然云：「昨日之會大率談禪，使人情思不樂，歸而悵恨者久之。此說天下已成風，其何能救！古亦有釋氏，盛時尚只是崇設像教，其害至小。今日之風，便先言性命道德，先驅了智者，才愈高明，則陷溺愈深。……然據今日，便有數孟子，亦無如之何。」（《二程遺書》卷二上）可見彼時禪宗之流行，頗類於孟子時「天下之言，不歸楊，則歸墨」（《孟子・滕文公下》）之盛況，故北宋諸儒欲重振儒學，自須以排佛闢老爲先務，有如孟子之以距楊墨爲急務。程子此處所以只及禪宗而不及其他教派者，殆因禪宗於其時已成聲勢最大之一支，故直以禪爲佛；又未及老莊者，蓋宋儒所斥者，尤在於佛。一來因爲佛之爲害大，並人倫教化一切而廢之；老之爲害較小，只是枯槁山林而已。二來由於宋儒立說所依據之《易傳》，其思路亦偶有與老莊相似者，故宋儒於老莊思想尚能有某種程度之欣賞：「莊生

形容道體之語，儘有好處。老氏『谷神不死』一章最佳。」（《二程遺書》卷三，注伊川語）因此，宋儒於著書講學時亦偶爾借用道家詞語以闡發儒家義理。且由前引文字亦可得知：佛家所以能深得人心，主要在其所持之理論頗有高明之處，故伊川作〈明道先生行狀〉，載明道之言曰：「道之不明，異端害之也。昔之害近而易知，今之害深而難辨。昔之惑人也，乘其迷暗；今之入人也，因其高明。……天下之學，非淺陋固滯，則必入於此。自道之不明也，邪誕妖異之說競起，塗生民之耳目，溺天下於汙濁，雖高才明智，膠於見聞，醉生夢死，不自覺也。是皆正路之蓁蕪，聖門之蔽塞，闢之而後可以入道。」（《伊川文集》卷十一）因此，面對能迷惑才智之士、擁有高妙精深之說之異端，儒者欲重振儒學，自須有一套通貫天人性命之說與之相抗，乃能稍挽頹勢，進而吸引人心，於是《中庸》所涵之通天人、合內外、誠明並重、仁知雙修的下學上達之教，就成為儒者最重要的寶典。《易傳》之宇宙論及形上義理，固有其勝義，然乏下學上達之工夫指引。《論語》雖有人生日用之親切指點，然性與天道，孔門高弟，未嘗與聞。《孟子》固然議論縱橫，已有心性理論，然其所重，仍在於道德之實踐。因此，《中庸》所具備之理論架構——既有天人合一之接引，復有內聖外王之推擴，更具下學上達之途徑——即益顯其廣大精微，兼而有之的特色。是以宋儒即以《中庸》之血脈為主，實之以《易傳》、《論》、《孟》之骨肉，復以或圓徹，或篤誠之生命智慧貫注其中，並以「為天地立心，為生民立命，為往聖繼絕學，為萬世開太平」之弘毅與執著，為之推擴與發揚，終於中興再造，重振儒學。即此而言，《中庸》實為北宋理學之靈魂所在。以上所述，乃就重振儒學之歷史使命而言。

如針對儒學復興後，更進一步之發展與演進之跡而言，《中庸》之關鍵地位，尚有更進於此者。濂溪之學首重「無極而太極」之體用不二義，雖通之以《中庸》之誠以言性命之理，然仍偏於發揮《易傳》之天道觀。橫渠之學主要表現於《正蒙》一書，雖然他的中心概念猶在「氣」，但他對《中庸》的發揮已經比濂溪具體而詳密，故既有「窮理盡性至命」的體悟，也有變化氣質的工夫。換言之，故橫渠已有由《易傳》的天道觀，轉而重視《中庸》的篤實工夫的傾向。明道是以徹上徹下之誠敬言「識仁」與「體貼天理」，已然褪下《易傳》之色彩，而以《中庸》合天人、通上下之誠以立圓頓之教。伊川則進而著重「慎獨」之教，而有「主敬窮理」之雙修工夫。儘管由於受到明道的啟發而有「體用一源」、「顯微無間」的體認和「性即理」的創見，但

是伊川又比橫渠、明道更能契會《中庸》「自明而誠」的路徑，因此特別注重工夫之平實有序，因此轉而傾向結合《論》、《孟》與《大學》立說。

　　以上所述，爲周、張、二程思想中心轉移之軌跡，這種演進轉移，是由宇宙論與形上學，步步下貫爲天道觀、本性論與人生日用之親切指引的過程，也是由《易傳》而《中庸》而《論》、《孟》而《大學》的回歸歷程。其中，給予宋儒最大之啓發，進而導引宋儒學術演進的大趨勢的，就是「君子尊德性而道問學」這一句話；而通貫於周、張、二程思想之中，同爲四家義理所重視的，則是「誠敬」與「愼獨」的觀念。凡此，皆可見《中庸》對北宋理學發展之歷，具有決定性之導引與樞紐地位。

　　因此，筆者獨擇《中庸》一書，作爲探討北宋理學發展之橋樑。率爾操觚，必多疏漏；管窺之見，不敢自珍。敬祈賢達君子，有以教我，實深幸之。

第一章 《中庸》思想之特色

　　《中庸》一書所提出的觀念，雖然由於篇章編次的問題，看似未能相互連貫，其實「其書始言一理，中散爲萬事，末復合爲一理。」（《二程遺書》卷十四）也就是由天道下貫爲人性的觀點談論「盡性」，再由聖人能盡性，進而「與天地參」的觀點談論天人合一，同時由「道不遠人」的觀點認定聖人「盡性踐誠」所表現出的「達道達德」，其實內具於吾人本性之中而強調修道之重要，並且進而指點工夫的途徑。因此，我們可以說，《中庸》一書的總綱在「天命之謂性，率性之謂道，修道之謂教」這三句話，而以中心思想「誠」貫通天人合一，成己成物的天道、人道而建立正面的教化理論。

　　朱子曾說《中庸》首章是「楊氏（龜山）所謂一篇之體要」（朱子《中庸章句》第一章識語）。因此，以下各節打算就首章三句綱要之言，與各章中的理論相互參證，來展現《中庸》思想的特色。

第一節　貫通天道性命之誠

　　《中庸》二十六章云：「天地之道，可一言而盡也。其爲物不貳，則其生物不測。」朱子《章句》以爲此處之「一言而盡，不過曰『誠』而已。」所謂「爲物不貳」，是說：「誠」是唯一的，與物無對之最高本體。所謂「生物不測」是說：此一本體化生萬物，不見其跡，無可測度。所以，此二語即分別表示了「誠」的本體義與能生義。〈繫辭傳〉云：「天地之大德曰生。」（《易・繫下傳》第一章）而《中庸》二十六章云：「至誠無息。不息則久，久則徵，徵則悠遠，悠遠則博厚，博厚則高明。……天地之道，可一言而盡也，其爲物不貳，則其生物不測。天地之道，博也，厚也，高也，明也，悠也，久也。……詩云：『維天之

命，於穆不已。』蓋曰天之所以爲天也。『於乎不顯，文王之德之純。』蓋曰文王之所以爲文也。純亦不已。」顯然《中庸》是以「無息」之「誠」扣合天地之道而著重其「生物不測」之意，故於章末復引《詩經・周頌》「維天之命」篇的文句來遙應章首的「至誠無息」。可見朱子以「誠」爲天地之道，正是根據二十六章描述天道化生萬物的文句而下判斷，也和《易傳》以「生」爲天地大德的意涵相合。因此，《中庸》二十六章之「誠」就以兼涵能生義的本體，挺立於二十五章中：「誠者，物之始終，不誠無物。」這裡所謂「物之始終」，是說「誠」是萬物始生之本體，也是使萬物生而又生，相續不已，終究能成就萬物的神用。因此，「物之始終」一語，含有《易傳》「繼善成性」之義，是指整個化生的過程，由本體不已的「始生」到「終成」，無非此「誠體」至誠無息之「自生自成」（二十五章云：「誠者，自成也；而道，自道也」），並且在自生自成的同時，不斷地生而又生，相續不已，於是萬物因而得以終成其生（二十五章又云：「誠者，非自成己而已也，所以成物也」）。

　　由於天地「至誠無息」，故而能夠「於穆不已」地化生萬物，因此誠體除自身有生生不已地呈顯實現之動向外（誠者，自成也），還在本能地實踐自體之過程中不斷地生成變化，以至於化育萬物。這也是二十五章以「誠」兼涵「成己，仁也；成物，知也」的旨趣所在。《中庸》之所以未提出陰陽二氣的觀念來作爲天地化生萬物的媒介，實際上是因爲《中庸》思想的重心並不在宇宙論，而是在「人文化成」的儒家傳統精神上，因此只須建立「天道之誠」爲化生本體的觀念，來說明「天命之謂性」的意義，同時預認人稟受於天之本性爲善，就可以進而肯定道之可修與教之可成。

　　《中庸》以「誠」爲天之道，一方面是指「誠」是天地萬物的本體，一方面又強調它具有生生不已的神用，其中已經暗藏了天人合一之道所以可能的根據，因爲，《中庸》首章就提出「天命之謂性」，表示天所賦予人的本性就是此「生生不已」、能夠成己成物的「誠」，因此當人稟受天命而生時，就已內具此「誠」於「天性」之中，而此「天性」則是合成己之「仁」與成物之「知」爲一體的靈明本性。因此，二十五章把天道之誠貫注到人性之中說：「誠者，非自成己而已也，所以成物也。成己，仁也；成物，知也。性之德也，合外內之道也，故時措之宜也。」換言之，人只要能以靈明之知「反身而誠」，當下體認本性中含有此「天地之道」，就可以認知此「道」確實是「不可須臾離也」地下貫於人性之中，我們只須率循眞誠的本性，就能「盡己之

性」，而後「盡人之性」與「盡物之性」，進而能化育宇宙萬物，上通天德，達到天人合一的境界。《易‧繫辭上傳》云：「一陰一陽之謂道，繼之者善也，成之者性也。」又云：「形而上者謂之道，形而下者謂之器。」〈乾文言〉云：「乾道變化，各正性命。」這是以陰陽之生生變化闡述道之體用，「體」即在陰陽變化之「用」中，體用原即不二。就由於道體本涵生生之用，所以能以「所生」繼承此生生不已之「善」，而後化成萬物之性（而所謂「道」，即在萬物「成性」之處見）。《中庸》裡天道誠體之下貫爲人性也是如此，人也是在稟受天地生生不已之命時，繼承此能生生不已之善而爲性，所以本性也就含有生生不已之「誠體」，與實踐誠體而「自成」之「神用」，進而在自成的過程中「成物」。

因此，「誠」表現在天道與人性上都含有兩層意義：既是體，也是用；是體用不二，用依於體而有，體依於用而見。這是《中庸》言「誠」的特色所在，已經超乎《大學》「誠意」之誠只重在修身工夫的意義之上，進而拓展出天道下貫於人性之中的領域，並且與《易傳》的天道思想相發明，指出天人合一之道的切己可行。所以，以誠來看「天命之謂性」這一句話，確實已經合乎孔子在「仁遠乎哉？我欲仁斯仁至矣」這句話裡所未指明的「善性內具」的觀點，也可以使孟子的性善思想有了先天而形上的理論根據，從而使「人皆有之」的心性之善的判斷不致成爲空泛的揣測。因此，就天道觀而言，「誠」無疑是最重要的思想基礎。

第二節　性善觀點之預認

《中庸》首章云：「天命之謂性，率性之謂道，修道之謂教。道也者，不可須臾離也，可離非道也。」首句是在說明人性稟於天之所命，次句與四、五、六句即是指出率循本性而行所表現出的人倫日用間應當遵依的標準，其實是根源於人性的自然要求，而非外在的道德約束（第十三章云：「道不遠人，人之爲道而遠人，不可以爲道。」亦是此意），這也是強調善性內具與善道自成的意思，因此二十五章說：「誠者，自成也；而道，自道也。」朱子解釋說：「『誠』，以心言，本也；『道』，以理言，用也。」其實，《中庸》此處並未明言「心」，亦未指出「理」。從上節「天道下貫而爲人性之誠」的了解來看這句話，《中庸》的意思只是說明誠性源於天而內具，善道本於誠性之自然發用

於外而自成，也就是「道不遠人」與「道也者，不可須臾離也」之意。朱子在《中庸章句》首章之後說：「首明道之本原出於天，其實體備於己而不可離。」才是它的諦解。人倫日用間所當遵依的一切道德規範，無非人性所內具之「誠」在具體實踐自身時（誠者，自成也）所自然流露於外者，所以說：「道者，自道也。」也就是說，道是「誠體」自然呈顯而出的。由於「天命之謂性」，所以此「道」雖根源於人所內具之「誠」，實則是出於天，而此「道」之本體——「誠」卻是內具於人而不可離者。

　　肯定了「道之本原出於天，其實體備於己而不可離」之後，可以進而推論：人能夠本著「自成」之性充足地實踐於外而自作價值判斷。因此，《中庸》提出「率性之謂道」，強調聖人只是將此具足於人的誠性，真實無妄地呈顯於外，就可以建立人之所以為人的正面價值肯定。〔註1〕這時，「性善」的意義

〔註1〕《中庸》二十二章云：「唯天下至誠，為能盡其性；能盡其性，則能盡人之性；能盡人之性，則能盡物之性；能盡物之性，則可以贊天地之化育；可以贊天地之化育，則可以與天地參矣。」這是說只有能達到「至誠」之境的聖人，才可以盡己、人、物之性而與天地參。三十二章也認為「唯天下至誠，為能經綸天下之大經，立天下之大本，知天地之化育。」可見也是從「聰明聖知達天德者」的聖人談「至誠」的。二十章又云：「誠者，不勉而中，不思而得，從容中道，聖人也。」可見，首章所謂的「率性之謂道」，並不是指一般人率循此性即能成為天下之大本達道，而是須達至誠境界的聖人才能由「不思而得，不勉而中」的行為中率循此性，進而盡己、人、物之性，而在使得「萬物並育而不相害」（三十章）的情況下，訂定「並行而不相悖」的道，成為天下的大本達道，而為人人所當依循者。也就由於一般人未達至誠的聖境，所以才有修道的必要。二十章云：「誠之者，擇善而固執之者也。」就是說明一般人必須是經由「學而知之，困而知之」的明善工夫來了解聖人之道，進而固執地「或利而行之，或勉強而行之」從事篤行的工夫來踐履。所以，《中庸》云「天命之謂性」，雖是代表人人生而有此靈明善性，卻因聖人是天生的「聰明睿知」（三十一章），能夠「先得我心之所同然者」（《孟子・告子上》），所以能夠先知先覺地明善誠善，也能從容自然地率性盡性。可見「率性之謂道」是指聖人而言的，「修道之謂教」才是指一般人而言的。反過來說，為天下國家的九經、人倫關係的五達道，如果不是由兼攝三達德之至誠的聖人來經綸、來訂立，一般人（甚至匹夫匹婦之愚）怎能訂立？如此繁複的偉大功業，自然得經由聖人率性盡誠而後完成，所以「凡有血氣者，莫不尊親」（三十一章），進而稱頌聖人可以上達天德而曰「配天」（同上）。因此，我們可以斷定：《中庸》之「道」是聖人率性盡誠而後訂立的人倫教化，一般人只能經由這個人倫教化以「拳拳服膺而弗失之」（八章）的誠敬來「修」持，才能達到「自明誠，謂之教」的明誠境界，而後才能達到「致中和，天地位焉，萬物育焉」（首章）的聖境，而通向天人合一之途。

也就因此而明朗地呈顯於外了。《中庸》雖未明言「性善」二字，但是以「率性」二字來看，我們實在極有理由推斷《中庸》是有「性善」的認知的。這種推斷可以從兩方面反證而出：一是性不能指無善惡之分；二是性不能是邪惡的。因為首先，倘若性無善惡之分，則一切屬於本性發露於外所成的行為，都只是自然而非「當然」。如果一切行為都只是自然而無「當然」可言，則《中庸》首章何以又言「發而皆中節謂之和」？當行為只是自然表現時，就沒有所謂中節與不中節的辨別，更不能使用描述圓滿和諧之善境的「和」字加以肯定了。其次，如果行為都只是自然，也就沒有「修道」的必要，因為所謂「修」，就代表著某種正面的肯定，也就是先有預認的善境作為可修與當修之境，才會勉人以「修道之謂教」。倘若沒有預認之善，則所謂「修」就變得缺乏目標而無意義了。因此，就《中庸》強調「修道之謂教」來說，《中庸》所論之性，實不能只是出於自然之天而無性善性惡之分。再者，倘若性是邪惡的，那麼由「天」所主宰的萬物生成變化之歷程，就是惡的呈顯，一切宇宙生生之現象也就全無存在的意義，則所謂「性之德也，合外內之道也」、「誠者，物之始終，不誠無物」與三十二章所云「肫肫其仁，淵淵其淵，浩浩其天」等描述天道與天德之語，全變成不可解了。再就率性與盡性來說，如果本性是邪惡的，則此惡性又怎能率循而盡之？又怎能經由聖人的率性盡誠而建立為人倫教化所當依循的價值標準？簡單地說，如果性是邪惡的，則《中庸》盡性立誠之教就成為不可能而毫無意義了。所以，《中庸》的基本立場必然是預認性善，然後才由此預認的觀點為基礎來談「率性之道」與「修道之教」，而提出盡性立誠的境界與工夫理論。

第三節　致中和與率性、盡性之聖境

　　《中庸》預認性善已如上述，那麼所謂「率性之謂道」似乎可以認定：凡人經由率性自然所表現的行為，都可以成為所有人立身處世之道，也就是說一切行為都應該是「發而皆中節」的，根本沒有不善的可能。可是如此一來，《中庸》所強調的「修道之謂教」的修養工夫，似乎就變得沒有必要了。〔註2〕

_____

〔註 2〕　參見前註可知，「修道之謂教」是重在對一般人而言的。一般人必須修道才能成聖成賢，而有上通天德的可能，這暗示出《中庸》並不排除人的行為仍有

其實，這正是《中庸》內部理論結構上所未及之處。但是，「未及」並不代表疏漏或錯誤，因爲它還不至於和《中庸》由正面肯定盡性立誠之教相矛盾。因爲就《中庸》而言，只須肯定善性原自於天而內具於人，且此善性之誠又能有自成之呈顯，就表示人類的行爲可以有依於善性之誠而如理中節的可能，既然如此，那麼正面的「盡性」之教就可以成立。事實上，《中庸》無須解釋人的行爲何以未能如理中節，也就是無須解釋違反中節原則的惡行何以可能，仍然可以針對善性內具而勉人可以盡性，可以修道，因爲，雖然人的行爲實際上有不中節之惡，但卻不足以否定人的行爲可以有如理中節之善，只要認定人能如理中節，則盡性修道之教就可以獲得肯定。

儘管《中庸》未曾解釋不中節何以可能，這只能說是《中庸》談「性」的理論未達詳密完善，卻不能有「率性」與「修道」是互相矛盾的說法。因爲率性與修道之所以可能，都是建立在「性善」的基礎上，仍是屬於同一理論根源的展開，並無歧異的可能。因此，《中庸》雖未提出「性善預認的觀點中，行爲之惡何以可能」的解釋，但是，我們卻可以從「發而皆中節謂之和」一語見出端倪。

《中庸》首章說：「喜怒哀樂之未發，謂之中；發而皆中節，謂之和。中也者，天下之大本也；和也者，天下之達道也。」此處以「未發」與「發」言「中」與「和」，雖未明言「性」與「情」之分別，其實所指涉的對象就是性情。所謂「情」，是性之已發而見於外者，像喜怒哀樂就屬於「情」的範疇而非「性」，這是性情之辨的通義。〔註3〕值得注意的是：這裡特別從「已發」處談「和」的境界，就是針對「性」之發露而爲「情」而言，換言之，「中節」

不中節的可能。由於人的行爲會有不中節的可能，所以孔子會說：「知者過之，愚者不及也。」「賢者過之，不肖者不及也。」（並見四章）《中庸》雖然沒有明言人何以會有不中節之惡，但是對於不中節之不善卻是肯定的，因此，「修道之謂教」一語也在這個基礎上，對一般人而言是有意義而且必要了。

〔註3〕《禮記・樂記》云：「人生而靜，天之性也；感於物而動，性之欲也。物至知知，然後好惡形焉。好惡無節於內，知誘於外，不能反躬，天理滅矣。」顯然認爲「性」或「心」感物而動，發而爲情。又云：「凡音者，生人心者也。情動於中，故形於聲；聲成文，謂之音。是故治世之音安以樂，其政和；亂世之音怨以怒，其政乖；亡國之音哀以思，其民困。」更是明顯地以「情」爲「心」之所發，而所謂「情」則是指哀思怨怒安樂而言。這和《中庸》不言「心」而言「性」，不言「情」而言「喜怒哀樂」的說法，是有時代上的某些關聯的——《中庸》本來就是《禮記》中的一篇。可見由「已發」及「未發」分別「性」與「情」，是《禮記》成書時代的通義。

與「不中節」其實必須落實在誠性之發露於外處判斷，而不是由涵具於內的
「誠性」判斷。行爲之善與不善，全視是否中節而分：中節爲和、爲善；不
中節即違和而不善。換句話說，所謂善或不善，不是指受之於天的「性」，而
是指表現於外的「情」。《禮記‧樂記》說：「人生而靜，天之性也；感於物而
動，性之欲也。」〈樂記〉中所謂的「動」和「靜」，其實是指「心」而言，
因此文中又明言：「凡音之起，由人心生也。人心之動，物使之然也。感於物
而動，故形於聲。」〈樂記〉所說的「感」和「動」，顯然是指「心」的有所
感和有所動，而非指「性」，這和《中庸》由已發處言「情」的觀點相當類似。
《中庸》明顯地是在預認性善的基礎上，才提出「中節之和」作爲行爲善與
不善的判斷依據。

　　此處仍有一個問題：如果性善是被肯定的，則何以由誠性所發露於外之
情，以及由情所形成之行爲會有不中節的可能？《中庸》一書並未加以說明。
但是，如前所述，《中庸》的理論本就無須由此方面立說。其實，在這方面未
能詳備處的遺憾，正是後儒加以闡揚發揮的地方，於是逐漸導引出宋儒天地
之性與氣質之性的理論（請參見論說橫渠與二程部分）。

　　《中庸》並未提出「心」的概念，所以，「發與未發」，應即是指「性」
之發露與否。就《中庸》本文而言，似乎是「性」本身能有「發與未發」之
分別，因爲「性」的本體是「誠」，誠「」是能「自成」地呈顯於外的，它本
來就含有「能動」之義。「性」能發露於外而爲「情」，「情」就是指引行爲的
依據，因此善惡問題可以在「行爲之中不中節」上判定，也可以在「情之中
不中節」上判定，卻不在稟自天命的「性」上判斷。以這種方法來劃分善與
不善，雖然可以使性善之肯定受到保護，卻難免使人疑惑：性既是善，何以
由性所發露之情與行爲卻有不善之可能？宋儒就是針對這個問題提出「理氣
善惡」之辨，把不善歸之於人的氣質不能無所偏異，並且提出「心統性情」
之說，〔註4〕來解決情何以不得其正、行爲何以可能爲惡的問題。

〔註4〕「心統性情」一語見於《張子語錄‧後錄下》及〈性理拾遺〉中。朱子對橫
　　　渠此言備極贊賞：「伊川『性即理也』，橫渠『心統性情』，二句顛撲不破。惟
　　　心無對，『心統性情』，二程卻無一句似此切。」又云：「性對情言，心對性情
　　　言。今如此是性，動處是情，主宰是心。橫渠云『心統性情者也』，此語極佳。
　　　大抵心與性情，似一而二，似二而一，此處最當體認。」又云：「性、情、心
　　　惟孟子、橫渠說得好。仁是性，惻隱是情，須從心上發出來。」甚至還說：「橫
　　　渠此句乃不易之論，孟子說心許多，皆未有似此語端的，仔細看便見其他諸
　　　子等書，皆無依稀似此。」可謂推崇備至。除了《正蒙》有〈大心篇〉特別

　　不過，此處尚須明辨出：《中庸》所云之「性」，即此能「發」之本體；所謂之「情」，即此「性」之發用。所謂中節之「和」與不中節之不善，必須針對「性之發用」而言，而不能致疑於本體之不善，則性善之預認仍是肯定不移的。因此，粗淺地說，在「性善預認的觀點中，行爲之惡何以可能」的解釋是：「情」與「行爲」有「不中節」之可能，因而造成行爲之惡。這種解釋雖然不足以說明「何以」情可以「不中節」，卻已將「情」之可能爲不善與「性善」之糾結劃開，從而可以確定「修道」之必要。

　　由於《中庸》表現出人有修道之必要，也承認行爲有不中節之可能，所以也暗示了凡人之行爲即使各循其「性」，〔註 5〕仍有不善之可能。因爲一般人所謂循「性」，其實很可能只是個人私意之所爲，未必有普遍性，如果各人皆以己意爲之，難免各是其是而各非其非，也就容易使價值標準混淆而引起困惑與紛爭，無法建立一個客觀而普遍的標準，作爲人倫日用所可依循的達道，所以中節與不中節的判定，就必須依循聖人之教化了。正由於《中庸》特別強調聖人能以其聰明聖智通達天德，使得萬物並育而不相害，達到致中和，育萬物，位天地的天人合一之境，因此也預認聖人表現於外的行爲，全部都是「發而中節」的善道，他們可以經由本身的「踐誠」和「盡性」來建立「達道」與「達德」，作爲一切人倫日用依循的標準，這個標準是可以「徵諸庶民、考諸三王而不繆，建諸天地而不悖，質諸鬼神而無疑」的，甚至可以通行古今，「百世以俟聖人而不惑。」（二十九章）換言之，聖人所立的「達道」、「達德」，就是所謂「節」，也就是一切合乎禮儀教化的人倫標準。

　　職是之故，《中庸》特別標舉出聖人作爲一般人立身處世與人倫日用之際的最高典範。二十七章說：「大哉聖人之道，洋洋乎發育萬物，峻極於天。優優大哉，禮儀三百，威儀三千，待其人而後行。」就指出一切禮儀教化的標準，都必須經由聖人率循本性之善而發用於外來建立，並非由一般人各自訂定。因此《中庸》在下文又說：「苟不至德，至道不凝焉。」由於聖人能夠至誠無息地充足實現本性之善（也就是能善盡其性），因此，《中庸》又說：「自誠明，謂之性」，意謂由於聖人能夠本其至誠之性中「成己成物」之仁智，不

提出心來討論外，其餘論心的工夫，在《張載集》中記載極多，此可參見於
第三章論橫渠時引文。

〔註 5〕由於凡人的行爲難免由於有形氣之偏、情欲之私，因此未能眞正將稟自天命
的純善之性如理呈現，所以，此處之「性」即非單純指天命於人而內具於人
之「誠性」，而往往只是一爲形氣所累的氣質之性與爲習氣所染的情欲之性。

斷地循性而盡之，一方面實現本性之善，一方面也建立人倫之極致。事實上，人倫極致的達道達德，也只不過是盡性之後如理中節的必然結果罷了，因此，《中庸》又說：「誠則明矣」。

簡單地說，由於一般人的行為往往未能如理中節，故有不善；聖人能充分發揮誠性之仁與智，擁有至德而能成就至道，所以能訂立人倫之極致——「節」。因此，稟受於天的善性雖然是人人具足，卻唯有聖人能至誠無息地善盡其性，這和孟子所謂「聖人先得我心之所同然者」、「非獨賢者有是心，人皆有之，賢者能勿喪耳」的觀念相吻合。《中庸》所描述的聖境，只不過把本性「誠體」中的「仁」與「知」加以充足實現，就可以「經綸天下之大經，立天下之大本，知天地之化育」，由盡己之性，進而達到「盡人之性；能盡人之性，則能盡物之性；能盡物之性，則可以贊天地之化育；可以贊天地之化育，則可以與天地參矣」（二十二章）的境界，並無虛無縹緲或空泛難行的毛病。

《中庸》所謂「天命之謂性」，本來應該表示萬物之性與人類之性同本於天命，不過，由於《中庸》重在談論人類的修道（也唯有人能有修道之可能），故而把「物性」暫置不論。〔註6〕針對人性而言，一般人與聖人並無二致，只

〔註 6〕《二程集》卷二上云：「『天命之謂性，率性之謂道』者，天降是於下，萬物流形，各正性命者，是所謂性也。循其性而不失，是所謂道也。此亦通人物而言。循性者，馬則為馬之性，又不做牛底性；牛則為牛之性，又不為馬底性。此所謂率性也。……『修道之謂教』，此則專在人事。以失其本性，故修而求復之，則入於學。」可見程子認為《中庸》所謂之「率性之謂道」，是通人物而言的。所以朱子在《中庸章句》中說：「天以陰陽五行化生萬物，氣以成形，而理亦賦焉。猶命令也。於是人物之生，因各得其所賦之理，以為健順五常之德，所謂性也。率，循也；道，猶路也。人物各循其性之自然，則其日用事物之間，莫不各有當行之路，是則所謂道也。」可見朱子也是通人物而言率性的。性通人物而言，本是言性之通義，所以橫渠也強調「性者萬物之一源，非有我之得私也」（《正蒙・誠明》）。但是，此處有一極為重要的概念，卻為程朱所忽略，而為橫渠所注意的，那就是「天命之謂性」固然是通人物而言，「率性之謂道」卻必須落在聖人境界之上說才能圓融無礙。因為人與物雖皆有天命之善性，卻也有形氣之偏所成的氣質之性或情欲之性，倘若人與物可以不經修道之工夫即各循其氣質情欲之偏私而能成就朱子所謂「日用事物之間，各有當行之路」的「道」；那麼，人世間各為其己的紛爭戰亂皆成為當修之「道」，天地間禽獸互相殘害以為其生之道也是當修之「道」，那就難免是一場物競天擇，適者生存，不適者淘汰的浩劫了，甚至率獸食人的慘事也難以避免。因此，「率性之謂道」必須指聖人「仁知合一」之性的全然朗現而言，決不能含混地以為一切人與物皆可以不經變化氣質之工夫，即能率「性」自然而成就達道達德，如此才能避免這種理論上的矛盾。所以，《中庸》認為「唯天下之至誠」的聖人「為能盡

不過聖人能夠盡性而誠，因此聖人之率性而成的行為模式，就成為一般人所應依循的達道了。所以，《中庸》首章的「率性之謂道」，其實是指聖人的境界，一般人卻是必須通過「修道之謂教」的工夫，才能「自明誠」。也就是說一般人必須由「致曲」而達「曲能有誠」的境界，才能通達聖人之境。因此，我們可以斷言：《中庸》的率性與盡性，其實是偏重在聖人立說，但也並不偏廢一般人成聖成賢之道。《中庸》特別再首章提出一篇的總綱：「天命之謂性，率性之謂道，修道之謂教」，顯然是由天道下貫談聖境，由聖境而立人道，因此天人合一的典範是聖境，聖人之所以為聖，則在盡性踐誠而已。就首章的這三句綱領而言，「修道之謂教」是最重要的階段，因此《中庸》全書就側重在發揮修道的工夫。盡性之聖境的提出，目的在於確立一個人道的價值標準，從而導引出修養工夫的方向。聖境的提出與天人合一的期待，雖然是《中庸》的特色，但是《中庸》的精神所在，卻是指點一個人倫日用間親切可行的修養途徑，因此《中庸》又說：「君子尊德性而道問學，致廣大而盡精微，極高明而道中庸。」這告訴我們：在極高明之天道與聖境之後，仍須落實在「行遠必自邇，登高必自卑」的庸德之行與庸言之謹上。

其性」而後能盡人物之性，橫渠以「惟大人為能盡其道，是以立必俱立，知必周知，愛必兼愛，成不獨成」（《正蒙‧誠明》）談盡性，都是強調聖人才能真正率循本性而成為人倫日用所當遵依的達道。

一般人物由於受形氣之偏所限，因此不能未經修養工夫即達成率性之聖境，其為形氣所限之行為也就不能成為「達道」。即此而論，橫渠似乎較程朱對《中庸》有更深刻之體會。由於橫渠論性兼及氣而言，故可以有「聖人盡天地之善性而為達道，一般人只為氣質之性所限而無法訂立達道」之二分，除以此補充《中庸》未盡之義外，亦進而肯定變化氣質之必要（詳見第三章）。

因此，《中庸》之性雖可以是人與物同得於天之性，但是，「率性之謂道」一事卻必得落在聖人的境界上說。所以，船山注（《正蒙‧誠明》）說：「『天命之謂性』，為人言而物在其中，則謂統人物而言之可也。」又說：「『率性之謂道』，則專乎人而不兼乎物矣。物不可謂無性，而不可謂有道；道者，人物之辨，所謂人之所以異於禽獸者也。……虎狼噬人以飼其子，而謂盡父子之道，亦率虎狼之性乃得其道而可哉？」這才是比較通達無礙的見解。明乎此，也才能了解孟子道性善，所重在人性，所以說「盡心可以知性」。《中庸》論性統人與物而言，「率性之謂道」卻只就聖人而言，認為聖人可以盡人與物性。至於一般人，則必須先「明善」才能「誠身」，故須下學而上達；須「致曲」才能「有誠」，故須擇善而固執。這樣的觀念，開啟了橫渠兼人與物言性，卻又強調「自明誠」的工夫，建立了由窮理而盡性以至於命的「窮理之教」，二程也因此提出「格物致知」之說，主張在事事物物上窮致其理。可見，《中庸》側重人之修道而擱置窮「物性」之理，正開啟宋儒「窮理之明」與「盡性之誠」兩路並進的工夫。

第四節　擇善固執、曲能有誠與仁知並重、誠明對揚之工夫

　　《中庸》除了以「中節」與否分辨行為善惡之外，還說：「喜怒哀樂之未發，謂之中；發而皆中節，謂之和。中也者，天下之大本也；和也者，天下之達道也。」就天道論而言，所謂「中」，是天道化生萬物的本體，因此說「中也者，天下之大本也」。落實到人性論來說，「中」是指稟受自天命的人性本體，「和」則是指本性發用時的和諧境界。「中」言性之體，「和」言性之用。性之發用為情，聖人之情表現為行為時無不中節，所以稱之為「和」，可以成為天下人共同遵守的「達道」。可見《中庸》首章所提出的「中」，既是天道化育萬物的本體，也是聖人境界的至誠，更是人性可以向善的「誠體」；「和」則既是天道化育萬物的神用，也是聖人率性盡性的至德，更是一般人修養工夫所應依循的達道達德。

　　《中庸》之「誠」除了言天道時有本體義、能動義，與言聖人時有境界義（至誠）之外，在修養的途徑上也含有工夫之義。所以《中庸》說：「誠者，天之道也；誠之者，人之道也。」（二十章）「誠則明矣，明則誠矣。」（二十一章）這說明了人如果能經由「誠之」的工夫而達於成功，依然可以通達聖境，因此，「誠」也就含有工夫義。這也可以補充說明聖人之性與聖境和凡人之性與凡人修養至極的「有誠」境界，其實是相通的。因此，聖人雖是「生而知之，安而行之」，可以「不勉而中，不思而得」地「從容中道」；而凡人不論其才質是「學而知之，或困而學之」，卻也可以「或利而行之，或勉強而行之」，只要能以「曲能有誠」的踏實工夫，不斷地修養聖人之教，也能有「及其成功一也」的成就，因此《中庸》第二十章明言：「誠之者，擇善而固執之者也。……果能此道矣，雖愚必明，雖柔必強。」就是這個意思。「擇善」所擇之「善」，就是指聖人率性而成的「達道」和「達德」而言。這也可以看出《中庸》雖然承認人之才質有明愚、強柔之別，但卻強調才質之偏異，可以經由「誠之」的修養工夫而改變。不過這種觀念只是略一提及，透露出性與才質分途立說的微光而已，終究必須到宋儒的性氣分立之說，才使變化氣質的理論達到完備的地步而大放異彩。

　　「擇善」必先「明善」，因此《中庸》在重「修道之教」時，提出明善的工夫在於「博學之，審問之，慎思之，明辨之，篤行之」（二十章）的入手途徑。《中庸》雖未曾明言「心」，其實已經暗指人之擇善與明善，都必須經由「心知」之明作「學問思辨」的工夫，即使在篤行時，也必須隨時以「心

知」之明來觀照自身，才能知道所行是否偏差，此心是否真誠。一般人都須要以聖人的教化作為明善的對象，明善而後能擇善；明與擇，實際上就是由「學」啓發「心知」，由「心知」印證本性有此善，也就是反身而誠，確實體悟有此善性，而後才能擁有由學而知的快樂，才能勇於進道，此時內具於人的「誠性」，才能至誠息地發用，不斷地以學啓發「心知」，以「心知」證驗性善，如此循環不息，才能在不知不覺之中，逐漸變化才質。才質之偏漸去，則「心知」見理愈明，而後會有欲罷不能之樂；「心知」見理愈明，則誠善之性就愈發用於外，而逐漸拉近聖人的境界。

這種強調「心知」之明的重要的理論，其實也正是《中庸》思想中「仁知對揚」、「誠明並重」的特色，因此《中庸》除了強調「成己，仁也」之外，也提出「成物，知也」，而說仁與知是「性之德也」。《中庸》再二十章前段又說：「故君子不可以不修身，思修身不可以不事親，思事親不可以不知人，思知人不可以不知天。」這裡提出「知人」與「知天」，可見《中庸》並不偏廢學與知的工夫，反而相當重視學與知的理論。因為擇善固執雖是不可劃分的整體，卻必須先明辨何者是聖人立教之善，何者是不中節之不善，而後才能擇其善而固執之；否則，善若不明，執守如何能固？踐行如何能篤？因此，《中庸》除了仁知對舉而合言性德外，尤其親切地指點出「學問思辨行」的程序，並且說「君子尊德性而道問學」，這種知行並重，內外雙修的精神，啓發了橫渠「窮理盡性」的觀念和程子「涵養須用敬，進學在致知」的主張。至於知的對象，其實指天地萬物，並不限於德性之範疇而已。所以《中庸》十二章說：「君子之道費而隱，夫婦之愚，可以與知焉；及其至也，雖聖人亦有所不知焉。」真可以說是小至蟲魚木石之名，大至天地之所以生，萬物之所以成，無不屬於知的範疇。因此，治理天下國家的九經，確立人倫日用的五達道，篤行五達道的三達德，無不涵攝其中。這是《中庸》在擇善方面學知並重之教。

至於固執，《中庸》強調「曲能有誠」才能有「形著明動變化」之功，而能通達聖人至誠之境。固執的工夫重在能守，守之本在誠，所以第八章說：「回之為人也，擇乎中庸，得一善則拳拳服膺而弗失之矣。」顏回所以為孔門弟子德行之首，全在他能固執、能守而已；而一般人之所以不能為「復聖」，也只因「不能期月守」，雖知擇乎中庸，卻是「遵道而行，半塗而廢」（十一章），因此就不能固執服膺而勿失，當然也就無法達到「形著明動變化」的境界而上通聖人了。因此，就修道的工夫而言，除了重「知」之外，還特別重視「誠」的工夫。

　　《中庸》提出修養的工夫是仁知並重，「仁」是成己之德，「知」是成物之德。仁與知除了是「性之德」而可發展爲「智仁勇」三達德外，還有一層重要的意義：它是合外內之道，是成己成物之道，並且根本在「誠」，因此《中庸》修道之教即全重在「誠明」之發揮。「誠」雖然是一般人內具之性，可是或由於才質之偏，或由於心知不能明乎善，未必都能自覺地充足實現，因此一般人在誠性的呈顯發露上，有中節與不中節之差異，也因而未必都能盡其誠性。由於有這個缺憾，所以《中庸》所提的仁知並重的工夫，也就注重「誠明」對揚的概念。

　　《中庸》二十一章說：「自誠明，謂之性；自明誠，謂之教。誠則明矣，明則誠矣。」所謂「自明誠」，就是二十章所謂「誠之者」的進境。「誠之」的第一步工夫是以本心靈明的知覺來明瞭聖人之道，這是「學」的工夫（包括「學問思辨」四者而言），所以說「好學近乎知」，因爲好學「足以破愚」（朱子《章句》語）。第二步工夫是在明白聖人之道後必須篤實踐履，這是「行」的工夫，所以說「力行近乎仁」，因爲力行「足以忘私」（同上），也就是說力行是依於聖人之教而行，可以遠離不中節之不善。有了「學」和「行」的工夫，就可以進而「反求諸身」，從而明白昔日所言所行之非，肇因於未能充分盡善踐「誠」而可羞，並且深切認知：今日之我的本然善性與聖人實無二致，故而可以堅定執守聖人之道而勇於進取，故曰「知恥近乎勇」，這是第三步工夫。換言之，「誠之者」必須從「好學、力行、知恥」三方面著手，以「純亦不已」的誠心，由推致一偏之曲作起，明善擇善而固執，知恥忘私而勇進，然後可以合聖人之教（外）與本性之誠（內）爲一，經由修道的工夫，進而率己之性、盡人之性，更進而盡萬物之性而化育萬物，上通聖境與天德。

　　因此，就「修道之謂教」而言，強調由明而誠的重要，這個「誠」字就含有工夫之義。

第五節　慎獨之誠與時中

　　根據前文所述，可以把《中庸》一書的體系略述如下：

　　《中庸》一書是以「天命之謂性，率性之謂道，修道之謂教」三句話來展現天道觀、人性觀與工夫論。天道的本體在「誠」，人性的本原是「誠」，工夫的重心也就落在「明誠」上。因此，「誠」爲貫通全書思想的核心，是天

人合一的關鍵，內聖外王的樞紐和下學上達的不二法門。以「誠」言天道，有本體義與能生義；以「誠」言聖人，有德性義與境界義；以「誠」言人性，則又重在工夫義。由聖人能夠做到「率性中節」與「至誠敦化」，來預認性善的觀點，並由「已發」、「未發」分言性情，指出善惡之判是在已發之「情」上，而不在未發之「性」上。以「中和之教」回應「天命之謂性，率性之謂道」而言大本達道。由常人能經由「學問思辨」的歷程而明善，進而由「擇善固執」與「曲能有誠」的努力，指點自明而誠的下學上達之路，同時兼及人有強柔愚明的才質之偏。聖人上通天德，故而可以不勉而中，不思而得地率性合道，從而建立經綸天下的「九經」與人倫極致的「五達道」；常人則須「修道」乃能成德，故而重在以「教」明「誠」，才能下學上達。

此外，《中庸》之「慎獨」與「時中」二義，在日後周、張、二程之思想義理中，也有深刻之發揮，故一併述之於下：

「慎獨」的觀念，僅見於《中庸》首章：「道也者，不可須臾離也，可離非道也。是故君子戒慎乎其所不睹，恐懼乎其所不聞；莫見乎隱，莫顯乎微，故君子慎其獨也。」朱子以為：「獨者，人所不知而己所獨知之地也。言幽暗之中，細微之事，跡雖未形，而幾則已動；人雖不知，而己獨知之，……是以君子既常戒懼，而於此尤加謹焉，所以遏人欲於將萌，而不使其潛滋暗長於隱微之中，以至離道之遠也。」朱子由「跡雖未形，而幾則已動」處言「慎獨」，其實已經觸及「心」的問題：正由於心念隱微難見，因此在「已發」而未形時特別必須「慎獨」反省，必須戒惕恐懼。換言之，所謂心念之動，其實就是心性發用為「情」，「情」雖尚未形諸於外，卻已動於其中，已經產生「中節」與否的問題了。倘若此心念之「幾」〔註7〕不得其正，則表現於外的行為也就不能中節而偏離正道了。

此處所謂的「慎獨」，在《大學》之中也有相應的說明：「所謂誠其意者，毋自欺也。如惡惡臭，如好好色。此之謂自謙，故君子必慎其獨也。」（《大學‧傳六章‧釋誠意》）《大學》的誠意是結合「正心」而說的，所以下文又說：「此謂誠於中，形於外。」也是由「心」上立說。

因此，《中庸》的慎獨之教，應該是要在心念的反省處下工夫。這個慎獨

〔註7〕「幾」是根據〈繫辭傳〉「幾者，動之微，吉之先見者也」一語而來。此外，「君子見幾而作，不俟終日」的「幾」，也同是指「動而未形，有無之間」（濂溪語）的徵兆之意。

之教，傳到宋儒，就成了濂溪的「誠無爲，幾善惡」，〔註8〕明顯是由心念之「幾」上判別善惡，因爲心念之「幾」已經產生「中節」與否的分別了，倘若不中節而又形之於外，自然會發展爲偏差的行爲了。因此濂溪在《通書》中又說：「寂然不動者，誠也；感而遂通者，神也；動而未形、有無之間者，幾也。……幾微，故幽。誠神幾，曰聖人。」〔註9〕寂然不動之「誠」，是濂溪所謂的「心體」，也是「性體」，則「幾」就是心念之動，只不過還「未形」而介於「有無之間」罷了。濂溪遂由此發展出「愼動」〔註10〕之教，而導引出聖人主靜立人極之說。〔註11〕可見濂溪繼承了「愼獨」的觀念而建立自己的工夫理論。

「愼獨」的觀念在橫渠《《正蒙》‧神化篇》中也有所發揮：「鬼神常不死，故誠不可揜；人有是心，在隱微必乘間而見。故君子雖處幽獨，防亦不懈。」可見他也是結合「心」而言愼獨，因此他又說：「見幾，則義明。」「見義，則神其幾矣。」「幾者，象見而未形也。」〔註12〕可見橫渠的「愼獨」觀念是由《易傳》之「幾」和《中庸》之「誠」來立論，因此橫渠的思想體系，是在宇宙論和天道觀中論氣，從而及於鬼神，並發展出「知幾」的觀念；然後再下及人性論、工夫論中的愼獨之「防」。可見《中庸》「愼獨」一語雖然簡短，卻融入宋儒的思想之中，並結合《易傳》的「幾」來討論善惡的判別。朱子也說：「凡事莫非心之所爲，雖放僻邪侈，亦是心之所爲也。善惡但如反覆手耳，翻一轉，便是惡，止安頓不著，也便是不善。」〔註13〕強調辨別「心幾」善惡的重要，並且贊歎地說：「周子說個『幾』字，儘有警發人處，近則公私邪正，遠則廢興存亡，只於此處看破，便斡轉了。此是日用事爲，親切工夫，精粗隱顯，一時穿透。堯舜所謂『惟精惟一』，孔子所謂『克己復禮』，便是此事。」〔註14〕

〔註8〕 見《通書》第三章，標名「誠幾德」。
〔註9〕 見《通書》第四章，標名「聖」。
〔註10〕 見《通書》第五章，標名「愼動」。動，可以分爲「正動」和「邪動」。所謂「正動」，就是指「動而無動，靜而無靜，神也」（《通書》十六章），表示心思不妄動，則不爲邪暗所塞，如此一來，「動」亦等於「無動」。而「靜」時並非全然沒有一物在心，「靜」只是正動之理俱涵心中，所以說「靜而無靜」。詳見下章論濂溪思想中。
〔註11〕 見〈太極圖說〉。
〔註12〕 引文並見於《正蒙‧神化篇》。橫渠《易說‧繫辭下》並發揮此意。可見橫渠的愼獨觀念是結合《易傳》與《中庸》而成的。
〔註13〕 引文見《朱子語類》卷十三。
〔註14〕 引文見《性理精義》卷一，頁14，〈集說〉中。

　　因此，《中庸》雖未明言「心」，連帶也使「愼獨」觀念不能大加發揮，卻已指點後學往「心」上開拓理論，因此才有周、張、程、朱對於「心」的體認，甚至下及明末劉蕺山，也特別標舉出「獨」字來談心性的本體，而後才有黃梨洲晚年講學宗旨全以發揮蕺山「愼獨」遺教爲主。〔註15〕可見「愼獨」的觀念，對宋明儒學的確有著深遠的影響。

　　「時中」的觀念在《中庸》一書中，也只在第二章中略一提及：「仲尼曰：君子中庸，小人反中庸。君子之中庸也，君子而時中。小人之中庸也（此句王肅本作『小人之反中庸也』），小人而無忌憚也。」此處所謂「時中」，應是指言行舉止，視聽動作都能隨時之所宜，發而皆中節旳意思。孟子對「時」字的體認較深，所以分別聖人爲「清、任、和、時」四大類，並舉伯夷、伊尹、柳下惠和孔子作爲相應的代表人物。其中，孟子認爲孔子是集前三聖之大成者，〔註16〕可見孔子所表現出「可以速則速，可以久則久；可以處則處，可以以仕則仕」（同上）的因時制宜，正是「時中」的最好典範。此外孟子又有「今有同室之人鬥者，救之，雖被髮纓冠而救之，可也。鄉鄰有鬥者，被髮纓冠而往救之，則惑也。雖閉戶可也」的教示，〔註17〕說明身分關係不同，處事的態度也應有異；這是權衡親疏遠近的「時中」。至於陳臻問「受與不受」之惑，孟子答以在宋有遠行，在薛有戒心，故受；在齊則未有處，所以不受。〔註18〕更是由名義上言「時中」。最有名的當是「嫂溺援之以手」的辯論，更表現出「守經」與「從權」兩不相礙，援與不援，全看時、事、地、人而定。可見「時中」的「時」，並非單指時間之「時」，凡是人倫關係的親疏遠近、事物上的名正言順、所處地位的高下卑尊〔註19〕都須考慮在內，然後深則厲，淺則揭，才能無往而不自得。所以，孟子又說：「執中無

〔註15〕《南雷文約》卷四、〈先師蕺山先生文集序〉云：「先師之學在愼獨。」又《明儒學案》卷六十二「蕺山學案」案語云：「先師之愼獨，非性體分明，愼是愼個恁麼？」其下〈傳記〉又云：「先生之學以愼獨爲宗……愼之工夫，只在主宰上覺有主，是曰『意』。離意根一步，便是妄，便非獨矣。」可見「愼獨」確是蕺山學說中心。其餘資料頗豐，可見學案所載「語錄」，此處不能一一列引。

〔註16〕《孟子・萬章下》首章所云即此。

〔註17〕見《孟子・離婁下》。

〔註18〕文意見《孟子・公孫丑下》。

〔註19〕此爲分辨「義內」的問題時，提出「庸敬在兄，斯須之敬在鄉人」的「時中」觀念，也可視爲因時、因地、因事、因人而有各自不同的「中節」標準。詳見《孟子・告子上》。

權，猶執一也。」顯然是以「權」的觀念解釋「時中」的眞義在於因時、因事、因人、因地，甚至因物而制宜，絕不能墨守成規，執一賊道。〔註20〕

《中庸》對「時中」的觀念雖未詳盡發揮，但在《孟子》中卻有相應的見解，可見在子思一派的思想中，「時中」無疑是一個相當重要的觀念。這個觀念的理論意義，到了宋儒手中，又有一層新的體認，尤其是橫渠的〈神化篇〉，除了把「時」引入宇宙論及形上學中來闡述「象」、「氣」之外，〔註21〕又說：「天之化也運諸氣，人之化也順夫時；非氣非時，則化之名何有！化之實何施！」（同上）以及「順變化，達時中」（同上），凡此皆可見「時中」的觀念已經由道德意義通往宇宙形上的領域了。

「時中」觀念在下文涉及橫渠之學時，將有比較詳盡的討論，此處暫時略過。所應說明的是：「時中」觀念的提出，使得「中節不中節」的判斷依據，由聖人訂立的人倫教化的外在規定或客觀條文的約束，轉而變爲內在靈明本心的自覺判斷或主觀意志的超越提升，使得中節與否不再呆板不變，而趨向於活潑圓融了。這對《中庸》判別善與不善的標準來說，無疑是一個由外而內、由客觀而主觀的提示，也可以見出「心」的觀念在《中庸》一書中，其實已經呼之欲出了。

以下各章節將逐次分論周、張、二程思想體系，指出其中與《中庸》有關的重要理論，希望能進而闡明《中庸》的「明誠」、「盡性」對他們的啓發與影響。

〔註20〕《孟子·盡心上》云：「楊子取爲我，拔一毛而利天下不爲也。墨子兼愛，摩頂放踵利天下爲之。子莫執中，執中爲近之。執中無權，猶執一也。所惡執一者，爲其賊道也。舉一而廢百也。」

〔註21〕《正蒙·神化》云：「然則象若非氣，指何爲象？時若非象，指何爲時？」這是把「時」結合「象」而言「氣」的例子。

第二章　濂溪對《中庸》思想之繼承與發揚

　　最能表現濂溪思想的，應是〈太極圖說〉與《通書》。朱子以爲二者之間關係極爲密切，並且認爲〈太極圖說〉的重要性還在《通書》之上。〔註1〕事實上，〈太極圖說〉主要是先畫出宇宙論的輪廓，然後指出聖人訂立人極之教，這是屬於《易傳》一路的思想；而《通書》則分四十章，由內聖而外王，由人生到宇宙，討論的範圍較大，且主題較爲接近《中庸》的思想。因此，本章擬以《通書》爲主要依據，來析論《中庸》思想與濂溪思想的關聯，並以〈太極圖說〉的宇宙論作爲輔證資料。

第一節　發揮體用不二之無極而太極

　　《通書》中有不少地方談「寂感」、「動靜」、「通塞」等相對的觀念。就形上學的意義而言，實與〈太極圖說〉之「無極而太極」〔註2〕及「太極本無

〔註 1〕朱熹〈周子太極通書後序〉：「先生之學，其妙具於太極一圖，《通書》之言，亦皆此圖之蘊。而程先生兄弟語及性命之際，亦未嘗不因其說。觀《通書》之〈誠〉、〈動靜〉、〈理性命〉等章，及《程氏書》〈李仲通銘〉、〈程邵公誌〉、〈顏子好學論〉等篇，則可見矣。潘清逸誌先生之墓，敘所著書，特以作〈太極圖〉稱首，然則此圖當爲先生書首無疑也。然先生既以授二程，因復書後，得者見其如此，遂誤以圖爲書之卒章，不復釐正，使先生立象盡意之微指，闇而不明；而驟讀《通書》者，亦復不知有所總攝，此則諸本之失也。……。」（《朱文公文集》，卷七十五）此處顯然有一個重要的問題必須辨明：朱子把〈太極圖〉和〈太極圖說〉混爲一談了。其實，〈太極圖〉或淵源於道教，而不必爲濂溪自作，故謂濂溪之學，「具妙於太極一圖」云云，似有未安。其次，發〈太極圖〉蘊奧的，應該是〈太極圖說〉，而非《通書》，這是很明顯的，因爲《通書》的觀念以誠爲主，而〈圖說〉的觀念以「無極而太極」爲主，後者才用以闡發〈太極圖〉的學說。所以，朱子的話所代表的事實應該是：〈太極圖說〉是周子最重要的思想代表，它用以闡發〈太極圖〉的蘊奧。

〔註 2〕陸子美曾遺書朱子以討論〈太極圖說〉（見《象山集》卷二〈與朱元晦書〉），

極」重視體用不二觀念之處，有密不可分的關係。因此本章即先引「無極而太極」之說，以證成《通書》首章「大哉易也，性命之源」的觀念：

> 無極而太極。太極動而生陽，動極而靜，靜而生陰；靜極復動，一動一靜，互爲其根。分陰分陽，兩儀立焉。陽變陰合，而生水火木金土；五氣順布，四時行焉。五行，一陰陽也；陰陽，一太極也；太極，本無極也。五行之生也，各一其性。無極之眞，二五之精，妙合而凝；乾道成男，坤道成女。二氣交成，化生萬物；萬物生生，而變化無窮焉。惟人也，得其秀而最靈；形既生矣，神發知矣，五性感動而善惡分，萬事出矣。聖人定之以中正仁義（自註：聖人之道，仁義中正而已矣），而主靜（自註：無欲故靜），立人極焉。故聖人與天地合其德，日月合其明，四時合其序，鬼神合其吉凶。君子脩之吉，小人悖之凶。故曰立天之道曰陰與陽，立地之道曰柔與剛，立人之道曰仁與義；又曰原始反終，故知死生之說。大哉易也，斯其至矣。（〈太極圖說〉）

雖然濂溪的思想受有某種程度的道家影響，其所著之〈太極圖〉，據某些學者指述，也是淵源於道教，但是，必須指出的是：濂溪的某些用語儘管帶有道家色彩，但是整個思想方向卻是儒家人文化成的精神，而非道家超離世界的面貌。這可以從他強調聖人之道，「仁義中正而已矣」（《通書》第六章〈道〉）以及強調「志伊尹之所志，學顏子之所學」（《通書》第十章〈志學〉）等處看出：濂溪指示我們所志所學的顯然是儒家的人物，而非道家的「至人」、「神人」、或

認爲〈圖說〉不當於太極之上，更說「無極」，否則即與《通書》「五殊二實，二本則一」之說不合，並進而懷疑〈太極圖說〉必非周子所作，否則即是未成學時所作，才會有相互矛盾的現象。陸子靜則以「『無極』二字，出於《老子》『知其雄』章，吾聖人之書所無有也。《老子》首章言『無，名天地之始；有，名萬物之母』，而卒同。此老氏宗旨也。『無極爲太極』，即是此旨」、「《易》有太極，聖人言有，今乃言無，何也？」「〈繫辭〉言神無方矣，豈可言無神？言《易》無體矣，豈可言無易？老氏以『無』爲天地之始，以『有』爲萬物之母，以常無觀妙，以常有觀竅，直將無字搭在上面，正是老氏之學」等觀念與朱子反覆論辯。而朱子則謂：「伏羲作〈易〉，自一畫以下，文王演〈易〉，自『乾元』以下，皆未嘗言『太極』也，而孔子言之。孔子贊〈易〉自『太極』以下，未嘗言『無極』也，而周子言之。夫先聖後聖，豈不同條而共貫哉？」（《朱文公文集》卷卅六〈答陸子靜〉）可見朱子以「無極而太極」一語不失儒家聖學本色，陸氏兄弟以爲得自老子思想。朱陸異同之論，甚至上引古訓互爲辯爭，其言極多，因非本論文討論重心所在，故不一一具引。

「眞人」。此外，二程也曾言及當年從學於濂溪時，濂溪指點他們最多的是：「每令尋顏子、仲尼樂處，所樂何事。」（《遺書》卷二上）因此，《二程集》中也記載不少二程談論孔顏氣象的話，並進而指點門人學顏子之學，樂顏子之樂須先讀《論語》，〔註3〕甚至伊川十八歲時游太學，也以〈顏子所好何學論〉見賞於胡安定；可見濂溪令二程仔細體會孔顏之樂，對二程實有深遠影響（案：《通書》中也有專章討論顏子之樂），可見濂溪的基本態度應仍是儒家精神。以這個觀點來看「無極而太極」一語，也許可以有另外的領會。

　　《易傳》所謂「易有太極，是生兩儀」，並未在「太極」之上別標「無極」，所以，濂溪「無極而太極」一語就更容易使人誤會以爲是道家「有生於無」思想的移植。事實上，「太極」一語應是濂溪思想中化生萬物的最高本體，在太極之上，並沒有另一個爲化生出太極的更高本體曰「無極」。朱子說：「原『極』之所以得名，蓋指樞極之義，聖人謂之太極者，所以指夫天地萬物之根也。」（《文集》卷四十五〈答楊子直〉）可見「太極」二字已是指化生天地萬物的最後根源或最高本體了。而「極」字，本指屋之正中至高處，可以引申爲原始或樞極之意，所以《朱子語類》卷九十四又云：「太極者，如屋之有

〔註3〕　《遺書》卷五云：「仲尼、元氣也；顏子，春生也，孟子，并秋殺盡見。仲尼，無所不包；顏子示『不違如愚』之學於後世，有自然之和氣，不言而化者也；孟子則露其才，蓋亦時然而已。仲尼，天地也；顏子，和風慶雲也；孟子，泰山巖巖之氣象也。觀其言，皆可以見之矣。仲尼無迹，顏子微有迹，孟子其迹著。」又云：「孟子有功於道，爲萬世之師，其才雄，只見雄才便是不及孔子處。人須當學顏子，便入聖人氣象。」卷六則云：「顏子所言不及孔子，『無伐善，無施勞』，是他顏子性分上事。孔子言『安之，信之，懷之』，是天理上事。」明道謂：「某自再見周茂叔後，吟風弄月以歸，有『吾與點也』之意。」（《遺書》卷三，〈二先生語〉三）「與點」一事見於《論語》，是孔子所贊許的生活情趣，切不可與道家之逍遙超離者混爲一談。卷十二云：「孔子『與點』，蓋與聖人之志同，便是堯舜氣象也。」這是以「氣象」言，可見程門極重觀人氣象。明道曰：「孟子才高，學之無可依據。學者當學顏子入聖人爲近，有用力處。」（《遺書》卷二上）卷十一又云：「顏子不動聲氣，孟子則動聲氣。」「人須學顏子、有顏子之德，則孟子之事功自有。」卷十五又記載：「顏孟之於聖人，其知之深淺同，只是顏子尤溫淳淵懿，於道得之更淵粹，近聖人氣象。」卷六云：「顏子簞瓢，非樂也，忘也。」是指顏子樂以忘憂。卷十二載明道語云：「顏子在陋巷，人不堪其憂，回也不改其樂。簞瓢陋巷非可樂，蓋自有其樂耳。『其』字堪玩味，自有深意。」卷十八云：「學者先須談《論》、《孟》。窮得《論》、《孟》，自有個要約處。」卷二十二上云：「但將聖人言語玩味久，則自有所得，當深求於《論語》……若能於《論》、《孟》中深求玩味，將來必養成甚生氣質。」

極，天之有極，到這裏更沒去處。」以這個有「原始、樞極或根源」意義的「極」字來看濂溪的「無極」，可知濂溪之意當是說太極是一切萬物最高的本體，別無另一根源可尋，也別無另一根源存在。因此，「無極而太極」之意當理解為：「別無另一根源，且自為萬物的本體者，就是太極。」此處的「極」字應如朱子所說為「根源」義，而不能以「無極太極」皆似莊老用語，也就將此「極」視為「至極無窮」的意思。明乎此，則濂溪在〈太極圖說〉中所談的宇宙化生輪廓應是：「一個兼含有動、靜之性的本體名之為『太極』，其中動、靜二性是無先無後，循環不已，互為根源的。就由於此太極能動能靜，因而有陰陽二氣之實，然後由此二氣之變化融合而生成水火木金土……。」這是以陰陽二氣為化生萬物的實體所作的一番描述，可以說是承自《易傳》「一陰一陽之謂道」而來；而濂溪所說的「無極而太極……分陰分陽，兩儀立焉」一段，更是用來解釋陰陽本體的。

因此，〈圖說〉又說：「五行，一陰陽也；陰陽，一太極也。太極，本無極也。」意謂：五行其實只是陰陽的作用，陰陽與五行本即不可分、不必分；陰陽只是太極的作用，太極與陰陽也不可分、不必分。而在陰陽之外，根本也無須另尋本體，而且也別無可以離開陰陽而獨立存在的「太極」可言，故曰「太極本無極」。因為陰陽二氣即是體，也即是用，只為了分說方便，以及語言上的難免偏失，容易說此遺彼，說彼又遺此，所以才不得不採體用分說的觀點，先指體而言太極，又指用而言陰陽動靜，因而有太極與陰陽之別。但是，體不可捨用而獨存，如把體用分離，則體本無體，而用亦非用。因此，《通書》第二十二章〈理性命〉又說：「二氣五行，化生萬物，五殊二實，二本則一；是萬為一，一實萬分。」可見萬物之所以成，是由於二氣五行；二氣五行之所以分，是由於「一」；而所謂「一」，即指太極，這和日後伊川「理一分殊」之意相似（詳第四章）。濂溪之意實指萬物雖分而為萬殊，其實只是同一太極所凝，所以命之為「太極」；而又怕人誤解在二氣五行之先可以別尋未凝未化之境，所以又說「太極本無極」，表示未嘗有一先於二氣五行而存在的「太極」，二氣五行之凝化即是太極本體。由此可知：濂溪為了要使「萬物一體」之意明朗，所以先採用「體用分說」的方式言「一實萬分」，然後再以「體用不離」的方式言「是萬為一」。因此，體即是用，用依於體，體不離用；陰陽五行之凝化即是太極，太極也只是陰陽五行之凝化而已。這正如《易傳》所云：「形而上者謂之道，形而下者謂之器」一樣，「道」

與「器」止就形上形下分，其實是一而非二。不可於道外別尋器，亦不可於器外別尋道。道即在器中，器即道之所形。同樣地，「一陰一陽之謂道」，陰陽與道也不可分作兩事看，不可在陽變陰合之外別尋所謂道（太極），因爲所以能陽變陰合者，即是道（太極）。「道」與「器」，或「道」與「陰陽」、「太極」與「陰陽」均不可分，既不可謂先有陰陽之道才有陰陽，也不可謂先有陰陽乃有陰陽之道。

因此，由「無極而太極」到「太極本無極」整段文字所表現的理論，其實並非道家「有生於無」的移植，而是濂溪用以破除「用外尋體，體外尋用」的迷誤，而導入「萬物一體」與「萬物同源」的正途時，所先後採用的「體用分說」與「體用不二」的述說方式而已。明乎此，則濂溪〈太極圖說〉的最高觀念應是「太極」而非「無極」，所以〈圖說〉最後將全篇的精神又歸結於「大哉易也，斯其至矣」，正點出〈圖說〉的觀念來自於《易傳》，而非來自於道家「有生於無」之論。

至於〈圖說〉中另有「無極之眞，二五之精，妙合而凝」之說，意謂：萬物生生，無非太極之化凝。「無極之眞」與「二五之精」，其實均指太極而言。前文曾謂「太極即陰陽五行之凝化」，因此，萬物生生即是陰陽五行之妙合而凝成。「無極之眞」意指雖然本無陰陽五行外之太極，但五殊二「實」，無非實有於天地之間者，故名之曰「眞」。「二五之精」的「精」，則意謂《通書》所謂「五殊二實，二本則一；是萬爲一，一實萬分」的「一」，也是指太極而言。因此，這三句話所代表的理論意義，可以說是：萬物所以生生而爲萬殊，皆出於同一根源——太極之所凝。〔註4〕

因此，濂溪在〈太極圖說〉前段極爲用心地以「體用不二」與「萬物一體」這兩大觀念，建立其天道觀、性善論與「天人合一」的理論根據。因爲天命之善所以能下貫於人性而又內具於人性之中，使得人人皆有此善性，的確可以用「體用不二」與「萬物一體」這兩個概念，作爲形上的依據，從而使人善性內具的肯定更爲圓滿。《中庸》只言「天命之謂性」，卻缺乏有關善性內具的進一步肯定與說明，濂溪即由〈太極圖說〉與《通書》首章二處分言，使《中庸》所未明言者，得到一個適當的補充，此可詳之於下文。

〔註4〕此處意見除參考〈太極圖〉朱子註文外，並參考戴景賢學長之碩士論文「北宋周張二程思想之分析」第二章第二節。該論文後收於《台大文史叢刊》之五十三號。

第二節　匯通《易傳》《中庸》之天道觀

　　《通書》第一章云：「大哉乾元，萬物資始，誠之源也。乾道變化，各正性命，誠斯立焉，純粹至善者也。故曰：一陰一陽之謂道，繼之者善也，成之者性也。元亨，誠之通；利貞，誠之復。大哉易也，性命之源乎！」結尾時用「大哉易也，性命之源乎」的句法，與〈太極圖說〉極為相似；可見〈圖說〉與《通書》首章主要的重心所在都是談《易》，只是〈圖說〉純粹是由《易傳》入手，表明「萬物一源」、「體用不二」之意，《通書》則已將「性命之源」的「易」過渡到「誠」來立言，顯然已是《中庸》思想為主了。濂溪以「乾元」為誠之源，可以很明白地看出：是以《中庸》的中心思想「誠」來談《易》理而建立天道觀。「乾元」是萬物化生的根源，也是「誠（能動）」的根源，可見在萬物始生之時，「誠（能動）」即具體而真實地表現在化生的過程上。《中庸》上說「至誠無息」，又說「天地之道，可一言而盡也，其為物不貳，則其生物也不測」（二十六章），朱子以為此「不貳」即是至精至一，能生物不測之「誠」，可見「誠」即是萬物得以生而又生，生生不息的動力，因此，《通書》所謂「乾道變化，各正性命，誠斯立焉」，「乾道」與「誠（能動）」，實無二致。正由於有此真實存在而又能積極表現的「誠」在化生的過程中流行不已，萬物才得以由「始生」而「又生」，再由「又生」繼此「始生」而成其性。濂溪將《中庸》之「誠」與《易傳》之「繼善成性」結合在一起，而言萬物「各正性命」，其實就是指萬物資「乾元」以生時，由於乾道之變化不已（也就是至誠無息地化生萬物），乃能更繼此「生而又生，生生不已」之「善」（也就是本體義的「誠」）而各成其能生、已生、又生之性，且各得其性命之正。這種「繼善成性」的歷程正可以充實《中庸》所謂「天命之謂性，率性之謂道」的涵意，表示生而又生，生生不已之「誠」或「天道」，能下貫而內在於萬物之中，成為萬物之本性〔註5〕。對人而言，由於人有稟自於天之「能要求自我相繼實踐本性」之誠，故能有成己的傾向，而成己的傾向表現於外，就是「率性」，因此「率性」即是表現內具之誠，即是人之道。就天或乾元而言，天命或乾道（也就是「誠」），也有「能要求相繼實踐自身」的動力，所以不斷生生變化以呈顯自身而化生萬物，因此「誠」又是天之道。如此，率性就是人能盡其本性之誠所表現而出的「人之所以為人」之道，正是《中庸》

〔註5〕有關天道下貫而為人性內具之「誠」，請參見第一章第一節所論。

所謂：「誠之者，人之道也。」而《中庸》又說：「誠者，天之道也。」正是乾道化生萬物的生生不息、繼善成性，以完全呈顯自己之道。可見不僅濂溪的天道觀依於《中庸》「誠」的中心思想而立，就天命之純善下貫而爲人性者而言，亦是如此。

　　因此，濂溪承襲《中庸》「誠是合天人，通上下」的思路來貫串自己的天道觀與人性論。只是濂溪將《中庸》之「天」易名爲「乾元」以表示「根原」與「始生之體」之意，將「天命」易爲「乾道變化」以見生生不已、變化不測之意；將「性」易爲「繼善成性」以表萬物同得而同繼此性之意，並進而突顯出《中庸》之「誠」而言「誠斯立焉」，以表現出誠之流行無所不在，無物不有，來說明誠不只是天之道，不僅是天（乾元）化生萬物之歷程，更是內具於萬物之「眞實而又能具體實現的」的本性。此外，濂溪又以「元亨」、「利貞」爲「誠之通」與「誠之復」，更見出此「誠」實有流行不已、變動不居之性。「元亨，誠之通」者，是說乾元必能亨通自己於外，「利貞，誠之復」是說當乾元表現誠道於外時，更能進而順利成就萬物，而貞定此乾元之誠的表現。此正是「乾元之誠」在流行變化之中復歸於完成自己、建立自己之特性。因此，「乾元之誠」，即能在化生萬物「而表現其眞實存在」的過程中，一方面使萬物得此誠性而內具，而貞定，而各正性命，繼善成性；一方面此萬物各正性命之處，亦即見出「乾元之誠」完成自身的繼善成性的要求。就在「通」與「復」中，更可體認出此「誠」正是能通能復能生成萬物之本體。就在「通」與「復」中，更可體認出此「誠」即又是能通能復能生成萬物之本體。此「本體」實即是《通書》之「乾元」，即是化生萬物之「天」矣。如此，則展現出「誠」不僅爲能生之動力，也是天之本體；天即以此能生之動力而化生萬物，並以此萬物之生而見天之至「誠」無息；更由此萬物之生而使得「誠」由天道而下貫爲萬物內具的眞實之性。萬物得此天道之誠而生而成，也正是《中庸》「誠者，物之始終，不誠無物」一語的涵義。

　　由此可見濂溪以「誠」論天道，並由「誠斯立」及「性命之源」兼及人性，正與《中庸》以「誠」徹上下、合天人，通內外，而將成己成物一以貫之的思想先後輝映。並且，《通書》首章實是對《中庸》「天命之謂性」一語作了深刻而精到的訓釋與闡揚，更說明了濂溪以誠論天道觀，實是受了《中庸》的影響。

第三節　誠與性善之發揮

　　《中庸》僅有性善之預認，濂溪卻由誠而言性命之源是「純粹至善者也。」正是濂溪繼承《中庸》「天命之謂性」的觀念後，更進而肯定性善以發揮《中庸》所不及者。就「天命之謂性」而言：以性源自於天命的概念，實已預認天命爲善，因爲儒家之聖人本即有敬天思想，甚至亦有「上律天時，下襲水土」〔註6〕的法天、順天觀念，只是不由感應方面言天人合一而已。考察《中庸》對天之描述，及對聖人盡性境界之期許與贊歎，可知天地之道是「博厚、高明、悠久無疆」，聖人則「溥博淵泉而時出之」、「肫肫其仁」、「凡有血氣者，莫不尊親，故曰配天」、「能盡人之性、盡物之性、盡物之性、參贊天地之化育」等，均以描述善德之語稱之，可見《中庸》雖未明言性善，實則已經處處指點而呼之欲出了。而濂溪則於《通書》首章言天道之誠與性命之源時，明白提出「純粹至善者也」，這代表天命於人之善性是肯定的，此善性即是誠，而此誠在萬物「各正性命」時即已內具於人之中。可見「誠」字不僅爲濂溪天道觀的重要思想，也成爲濂溪對人性爲善之肯定的重要根據，如此，則使人向上提升、向外推擴的內聖外王之道，有了必要的內在依據。《中庸》首章針對常人而言的「修道之謂教」，也才因爲有此肯定而變得可能。

　　前章也曾言及《中庸》未曾明確指示「在性善預認的觀點中，行爲之惡何以可能」的解答，濂溪對此有進一步的分析。《通書》第七章〈師〉云：

　　　　或問曰：曷爲天下善？曰：師。曰：何謂也？曰：性者，剛柔善惡，中而已矣。不達，曰剛善爲義、爲直、爲嚴毅、爲幹固；（剛）惡爲猛、爲隘、爲強梁。柔善爲慈、爲順、爲巽；（柔）惡爲懦弱、爲無斷、爲邪佞。惟中也者，和也，中節也，天下之達道也，聖人之事也。故聖人立教，俾人自易其惡，自至其中而止矣。故先覺覺後覺，闇者求於明而師道立矣。師道立則善人多，善人多則朝廷正而天下治矣。

第二十二章〈理性命〉亦云：

　　　　厥彰厥微，匪靈弗瑩。剛善、剛惡，柔亦如之；中焉止矣。二氣五行化生萬物，五殊二實，二本則一。是萬爲一，一實萬分；萬一各正，小大有定。

合此兩章而觀，即可見出「剛善、剛惡」與「柔善、柔惡」是二組平行並列

<hr>

〔註6〕《中庸》章句三十章語。

的詞語，而「中」則是獨標於外，不與「剛柔善惡」並列。剛柔善惡顯然是指才質，而「中」則既不指性，亦不指心，而是作動詞「中節」之義（詳下文）。

　　首先須澄清的是有關「中」字的問題。濂溪以「剛柔善惡中」言性，似乎將人性分爲五種：剛善、剛惡、柔善、柔惡、中。於是使人聯想〈圖說〉中所云「五性感動而善惡分」，以爲人性即有五種。事實上，〈圖說〉所謂之五性，是接在「惟人也，得其秀而最靈，形既生矣，神發知矣」之後而言的，是指人既生而有形之後，所禀自於二氣五行之才質不能無分別，於是，就有形之生而言，人即有才質之偏，可見濂溪此處所言之「性」是有才質之義的，這和橫渠後來在《正蒙》中特別將性分爲天地之性與氣質之性而說「形而後有氣質之性」是一樣的意義。五性感動既然是在「形既生矣，神發知矣」之後而有，則此「五性」即屬橫渠所言的「氣質之性」，只是濂溪並未如橫渠以縝密的苦思而作清楚的劃分，但是濂溪此處言「五性」實是指氣質之偏全不齊，則是很明顯的。〈圖說〉中又云：「五行之生也，各一其性。」則謂水火木金土五行凝化萬物，萬物即各涵此五行之性；並進而言此「五性」與外物交感而後善惡分，萬事出：可見此五性是指才質之殊異而言。

　　然而《通書》所謂之性則不然。《通書》兩章皆未提及五性，可見濂溪並未將「剛柔善惡」與「中而已矣」合併而認爲性分五類；這是極可注意的第一點。因此，第七章〈師〉所云之剛柔善惡之殊異，即是〈圖說〉中代表才質殊異之「五性」，而「剛柔善惡，中而已矣」則明是將中與剛柔善惡分言而不並列，「中」爲「中節」之義而非形容詞語，這是極須注意的第二點。基於這兩點認識，進一步分析濂溪之意，可知：「性者，剛柔善惡，中而已矣。」意謂《通書》首章「純粹至善」之性，可以使剛柔善惡等才質之殊異，皆能在已發時如理中節。「中」只是如理中節之義，而非不剛不柔、不善不惡之中。試觀下文所謂「惟中也者，和也，中節也，天下之達道也，聖人之事也」，可知：濂溪明是將《中庸》首章所云「喜怒哀樂之未發，謂之中；發而皆中節，謂之和。中也者，天下之大本也；和也者，天下之達道也」之「中」與「和」混而爲一，而以「中節之和」來釋「中」。因此，我們在回顧濂溪於《通書》首章所肯定的「純粹至善」之性後，可以明白：所謂「性者，剛柔善惡，中而已矣」，其實是在承認人有才質之偏外，仍認定才質之偏皆可以在經過聖人教化啓發之後有「自易其惡」而如理中節的可能。就由於剛柔善惡皆能發而

中節，所以，此處之所謂「性」，實是稟自於天命而內具於人的「純粹至善」的誠性。簡言之，「性者，剛柔善惡，中而已矣」之意即是說明純粹至善之性（橫渠所謂「天地之性」）是能使才質之偏（橫渠所謂「氣質之性」）發而皆中節的。

因此，第七章〈師〉的理論，一方面肯定人有純粹至善之「性」，另一方面，也將人的才質分爲「剛善、剛惡、柔善、柔惡」四大類，說明人也有才質之殊異。〈理性命〉章所云亦然。並且，才質之偏有可化之理，只要能誠此善性，即可自易才質的「惡」而達行爲之中節。故云：「聖人立教，俾人自易其惡，自至其中而已矣。」可見濂溪的意思：既非人性有五，各主善惡；更非謂人得之於純粹至善之天命者即有剛性、柔性、善性、惡性與中性五種本性之區別。濂溪言性兼含純粹至善的誠性（這是《中庸》「天命之謂性」的發揚）與生而既有且偏全不齊的才質（這是近於橫渠明言「氣質之性」的思路），亦即此而可見。

這代表濂溪認爲「惡之所以可能」，主要由於形生既成之後呈顯誠性的能力（才質）本已有別，所以表現於事、於行爲上才產生善惡之辨。同樣的見解也見於〈太極圖說〉中：「形既生矣，神發知矣，五性感動而善惡分。」也是由於人有不同的呈顯善性的能力，所以會有行爲善惡之分。此處以才質之偏爲「惡」的可能根源，這是偏向於先天方面立論，所以置於本節言性之中來討論。除此之外，行爲之惡的另一個後天的成因，則是由於「邪動，辱也」，這是屬於後節言心的部分，此處暫置不論。

第四節 變化氣質觀念之萌發

《中庸》對於氣質可以變化的肯定，表現於「修道之謂教」，以及「人一能之，己百之，人十能之，己千之」的擇善固執地學習，所以有「雖愚必明，雖柔必強」的斷言。濂溪的肯定則是表現在「聖人立教，俾人自易其惡，自至其中而已矣」一語上。首句和〈圖說〉中所謂：「聖人定之以中正仁義，而主靜，立人極焉」是可以相通的，正遙應《中庸》首章三句，表示聖人盡性而定立人人可以依循的達道，正是一般人藉以「修道」的依據。而「俾人自易其惡」一語，正是《中庸》所謂「君子以人治人，改而止」（十三章）之意，由此肯定一般人雖有形氣之偏而限制了呈顯善性能力的發揮，但是不論形氣

如何偏異，皆可以依循聖人之教化而變化偏異的氣質，然後可以去惡顯善。「自至其中」則又表示行為之惡既已去除，則人即可當下體認天命之善性實即內具於人，未嘗有何偏異——這是反身而誠可以樂莫大焉的——，所以濂溪教人要往自己內心靈明之處體認本有此具足的善性。

此處較易引起誤會的是「自易其惡」之「惡」，似乎代表生而即有的惡性。事實上，此「惡」並不指人稟自純粹至善的天命而內具的誠性中本有不善之性，仍只是指形氣上的偏異在未能率性盡誠前，所表現於行為上的不善而言。可見濂溪言善惡一如《中庸》，不在本性上談，而在行為上談，因此〈圖說〉云：「五性感動而善惡分，萬事出矣。」也是就「已發」之後的情及行為上來談善惡的，這正是對《中庸》在「已發」處分善與不善觀念的進一步發揮。稍後的橫渠則更進一步明白地提出變化氣質之說。

第五節　誠與天人合一之感通，及與未發已發之關聯

〈太極圖說〉結尾說：「故聖人與天地合其德，日月合其明，四時合其序，鬼神合其吉凶。」這是濂溪對聖德的描述，雖本之於《易傳》，卻用來承接《中庸》以誠言天人合一的思路。所以，《通書》第二章名為「誠下」，就以「聖，誠而已矣」立說，可見濂溪的天人合一觀念，仍是本於《中庸》立誠之教而來的。天人合一之所以可能，根據即在「體用不二」與「萬物一源」。天道天命是其「體」，誠善之人性是其「用」。天命是純粹至善，所以人性也純粹至善，體即是用，用即是體。天道性命是通一無二的，因此，天道是乾道變化而不已的誠，聖人即內具此誠，外顯此善，凡人皆有此誠善之性，天人合一才有可能。

《通書》第二章〈誠下〉云：

> 聖，誠而已矣。誠，五常之本，百行之源也。靜無而動有，至正而明達也。五常百行，非誠，非也。邪暗，塞也。故誠則無事矣。至易而行難，果而確，無難焉。故曰：一日克己復禮，天下歸仁焉。

首句言聖人只是率性盡誠而已。次句以誠為五常之本，百行之源，意同於《中庸》五達道、三達德之本在誠。值得注意的是「靜無而動有」以下數句。「靜無」是指誠性涵攝於中，未發於外之前是無形跡可求的；「動有」則指已發而形於外時有形可見之意。未發無形而無所偏倚，此時能動與順動之

理實已涵攝其中，所以是「至正」；待其已發，則能如理順動而無不通達地顯明此誠性，所以說「明達」。因此，誠性未發無形則至正，誠性已發而動則明達，這仍是《中庸》以「中和」言誠性已發未發的思路，只是濂溪從有無立論，容易使人誤解襲自道家罷了。由於靜時能順動之理具足（能發而中節之理），動時則無所偏倚而不妄動乖戾，因此濂溪說「誠則無事矣」，意謂聖人能本著誠性內涵的自然實理來立身處世，自然至正明達而無不中節。朱子註曰：「誠則眾理自然，無一不備，不待思勉而從容中道。」可見這仍是《中庸》的思路，只是用語有異，遂使人誤認為是道家的思想。〔註7〕

我們知道儒家思想在經歷了漢代陰陽五行之說盛行和魏晉玄學之風興起後，必然或多或少受有各派不同學說的影響。如果我們執著於此後儒者使用的詞語摻雜著他家的觀念用語，就以為這些儒者的思想不純粹而加以排斥，可能就無法相應地契入他們的思想體系。這不僅是忽略了學術通變分合的必然趨勢而故步自封，抱殘守缺，也將使往聖先賢的學說只能陳陳相因，毫無推擴發揚的餘地。因此，我們對宋儒學說中引用的詞語不妨放寬標準來了解，只要他所論說的中心思想是儒家內聖外王之學，所展現的精神面貌是儒家仁知並揚的成己成物之道，對世界有人文化成的投注與關愛，對世人有先憂後樂的悲憫情懷，都應該得到我們的認同與欽佩。至於使用的詞語，孔子說「達而已矣」，又何須執著言詮而失其本真？

本著這個概念，我們可以發覺，濂溪思想中有關「有無」、「動靜」的說法，其實都只是借用道家詞語來表示「體用不二」的觀念，並進而建立儒家的心性論。而心性論的重點仍是環繞著《中庸》立誠之教。

《通書》第三章〈誠幾德〉云：

　　誠無為，幾善惡。德：愛曰仁，宜曰義，理曰禮、通曰知，守曰信。
　　性焉安焉之謂聖，復焉執焉之謂賢，發微不可見，充周不可窮之謂神。

〔註7〕勞思光先生《中國哲學史》卷三及韋政通先生《中國思想史》下冊均以「有無」觀念原自於道家來談濂溪此處思想，以為仍是受道家影響者。其實濂溪之「誠無為」或「誠則無事矣」或「主靜立人極」之說，雖貌似老莊，實則不然，《通書》三十一章云：「君子乾乾不息於誠，然必懲忿窒欲，遷善改過而後至。」可以明顯看出，所謂「乾乾不息於誠」，當然不是老莊的「主靜」；「懲忿窒慾，遷善改過」，亦非老莊之無為。「誠則無事矣」應如朱子所注較為圓通。《通書》第四章所謂「誠無為」，仍是此意，只是「無為」應出自代表儒家思想的〈繫辭傳〉「易無思也，無為也」，仍是《中庸》所謂「上天之載，無聲無臭」之意，更可上承孔子「天何言哉，四時行焉，萬物生焉」的旨意。

第四章〈聖〉云：

> 寂然不動著，誠也；感而遂通者，神也；動而未形，有無之間者，
> 幾也。誠精故明，神應故妙，幾微故幽。誠神幾，曰聖人。

所謂「誠無爲」仍同於「誠則無事矣」，是落在德行上說，而不指天道之誠。因此能本此誠性而率循安行者稱爲聖，能夠藉修養工夫擇善固執而逐漸實踐本然善性的稱爲賢，這仍然是《中庸》「自誠明之謂性，自明誠之謂教」，以及「生知安行」之聖、「擇善曲誠」之賢的意思。濂溪在第四章中以「誠神幾」說聖人，並以「聖」字名篇，已經透露出這個訊息。他以「寂然不動」言「誠」，以「感而遂通」言「明」，其實仍是《中庸》「自誠明」之意。這段話也可以說是根據〈繫辭傳〉「易無思也，無爲也。寂然不動，感而遂通天下之故；非天下之至神，其孰能與於此」，以及《中庸》未發已發的觀念而來。既以寂然不動言誠，則仍是指性體未發時靜無而至正，因此已發之後就能無所不感而明理通達，這是聖人自誠而明的神用。此處可以見出濂溪揉合著《中庸》誠明的觀念和未發已發的思路談聖人的誠體神用，只是以《易傳》的句法加以描述而已。

嚴格說來，《中庸》之「未發已發」與濂溪之「寂感」、「動靜」倘若專指性情而言，似乎略有不妥。因爲所謂「寂感」、「動靜」、「明暗」、「通塞」及「未發」、「已發」等詞語，仍以描述「心」爲合宜。蓋性本內具於人，元無稍減，而言情之發與未發，或性之「寂感」、「動靜」，仍以主宰之「心」爲當。《中庸》對心與性並未分別，宋儒則或多或少已有意識。因此，濂溪提出「幾」的概念，已是指向心念發動之處而言；《通書》三十二章明言心曰：「本必端，端本，誠心而已矣。」橫渠則除了也有「幾」的觀念外，還在《正蒙・大心》中特別強調心知的意義，[註8] 只是橫渠曾爲「定性未能不動，猶累於外物」所困而寫信給明道，明道〈定性書〉中所回答者，似乎仍將心與性混淆不清。[註9] 伊川則

[註8]　《正蒙・大心篇》云：「由象徇心，徇象喪心。知象者心。存象之心，亦象而已，謂之心，可乎？」可見已將知覺作用歸之於心。又云：「大其心，則能體天下之物；物有未體，則心爲有外。世人之心，止於聞見之狹；聖人盡性，不以見聞梏其心，其視天下，無一物非我。……見聞之知，乃物交而知，非德性所知；德性所知，不萌於見聞。」以聞見之知或德性之知及物交而知來闡述，則所指者皆心也。

[註9]　〈定性書〉原題爲「答橫渠張子厚先生書」，見《河南程氏文集》卷二，明道先生文。雖名爲「定性」，其實所論內容皆指心而言。所以黃勉齋曰：「定『性』字當作定『心』看。」此外，勞思光先生《中國哲學史》卷三亦言之甚詳。

稍有分別而謂「在人爲性，主於身爲心」，〔註10〕並且在〈與呂大臨論中書〉中以未發已發言心。〔註11〕此亦可見《中庸》所遺留下來「未發已發」指心或指性的問題，對周、張、二程實有深遠的影響。

第六節　幾與誠心、愼動、無欲等工夫

　　濂溪的工夫理論，主要建立在心上，而心之所發爲善爲惡，則全在「幾」上見，故本節即從「幾」入手。《通書》第四章〈聖〉云：

　　　寂然不動著，誠也；感而遂通者，神也；動而未形，有無之間者，

　　　幾也。誠精故明，神應故妙，幾微故幽。誠神幾，曰聖人。

　　濂溪所謂「幾」乃是「動而未形，有無之間者」。此處之「動」，實即指「發」而言，正確的意旨是言心而非言性，此已論之於前文。所以，心念初動之時，尚未形之於外而成爲視聽言動之前者，即是「幾」。換句話說，濂溪談善惡問題，已經擺開漢儒以來論性的窠臼，超越了性善、性惡、善惡混、性三品等只從性上立說的表象或名詞之爭，轉而從人的心理過程中複雜的意識（或心理初源）來探討，使我們對善惡的判斷從行爲上的辨別，更深入而貼切地轉向幽隱微妙的內心世界中。這不能不說是一個偉大的創舉，而推究它的根源，可以說正是《中庸》從「未發已發」處言性情的觀念，所帶給濂溪的深切啓發。由於它發微幽隱而難見，所以說「幾微故幽」；由於善惡不從「誠善之性上」判斷，故而對於行爲之惡的形成初源即須深切注意，因此說「幾善惡」。朱子說：「善惡但如反覆手，翻一轉，便是惡，止安頓不著，便是不善。」可說是對濂溪「幾善惡」一語最恰當的註釋，此外，朱子又說：「周子說個幾字，儘有警發人處；近則公私邪正，遠則廢興存亡，只於此處看破了，便幹轉了。……堯舜所謂惟精惟一，孔子所謂克己復禮，便出此事。」（見首章註12、13）可見心念初動之處即可分爲正念邪念，正念爲和，邪念則妄，

〔註10〕《河南程氏遺書》卷十八：「在天爲命，在義爲理，在人爲性，主於身爲心，其實一也。心本善，發於思慮，則有善有不善。若既發，則可謂之情，不可謂之心。」則是以「心」與「情」論未發已發。同卷中亦載與蘇季明問答之語，亦多以心、情言未發已發。

〔註11〕見《伊川文集》卷五〈與呂大臨論中書〉。伊川嘗言：「凡言心者，皆指已發而言。」故而呂大臨遺書討論，認爲心自有未發時昭昭具在之心體，已發者乃心之用；若以心皆屬已發，恐有未當。程子復書討論時亦自承其語未當，謂心固有寂然不動之時。此亦可見所謂動靜、寂感諸語，仍以指心而言較妥。

所以《通書》第五章名曰「慎動」：

> 動而正曰道，用而和曰德。匪仁、匪義、匪禮、匪智、匪信，悉邪
> 也。邪動，辱也；甚焉，害也，故君子慎動。

善惡之辨除了可在行為表現的結果上判斷外，也可從行為表現的原因上——心理意識——見出端倪，所以說心幾可以分別善惡（幾善惡）。但是心念之正固然是善因，卻未必能結善果，這除了表現心念的才質先天上有差異之外，還由於不能依循聖人所定的「仁義禮知信」五德，所以才有不能中節之惡。因此濂溪於此強調除了心念須動而得正之外，還須「用而和」乃能稱之為德。這是濂溪發揮《中庸》的「中和」之意，將「中節」與「不中節」之辨，從喜怒哀樂的「情」加以推擴到行為表現上，所以特別提出「用而和曰德」。因此，此處所謂「用」，當是以心為「體」，以心念之動為「用」，更進而以心念（已發而未形）為「體」，而以形之於外者為「用」。也就是說：濂溪有以情為「體」而以行為表現為「用」的傾向。不過，這只是偶一出現的觀念而已，不必執著於此而認為和首節所強調的「體用不二」觀念相抵觸。

然而濂溪終究重在心念之動處下工夫，因此說「君子慎動」，這代表《中庸》的「慎獨」之教在濂溪思想體系中佔有相當重要的地位，也代表《中庸》裡呼之欲出的「心」，已經具體呈顯於濂溪思想中了。因此，《通書》三十二章〈家人睽復無妄〉云：

> 治天下有本，身之謂也；治天下有則，家之謂也。本必端，端本，
> 誠心而已矣。則必善，善則和親而已矣。……是治天下觀於家。治
> 家觀於身而已矣，身端心誠之謂也。誠心，復其不善之動而已矣。
> 不善之動，妄也；妄復則无妄矣，无妄則誠矣。

已經明白指出「誠心」之教了。由於人心有妄動而生之邪念，故而有賊德害身之行為，想避免這種行為之惡，就必然要推本溯源，由心念之動處下手。然此心念之動，實幽微難明，故特須著重《中庸》「慎獨」之教，濂溪名之曰「慎動」。然而心念之動時，將如何知其為正為邪？濂溪在《通書》第六章〈道〉中提出一個標準：「聖人之道，中正仁義而已矣。」並以「仁義禮知信」五德為輔，而主之以誠心。凡心幾之動，皆須本於誠心，而以「仁義禮知信」五德為反省之依據：合於五德者為正，違於五德者為邪。這是濂溪以誠言心之教，也正是《中庸》以「誠之」的擇善固執來修道之教。以「心」明此五德，即是明善擇善之謂；以「誠」執守五德，即是致曲固執之謂。

〈太極圖說〉云：「聖人定之以中正仁義，而主靜，立人極焉。」濂溪以無欲言靜，雖似道家語言，其實仍可以儒家思想視之。所謂「靜」，其實並非全然死寂或空無一物之謂，而是《通書》十六章〈動靜〉所言「動而無動，靜而無靜」之意。雖然濂溪言宇宙論時說：「無極而太極；太極動而生陽，動極而靜，靜而生陰；一動一靜，互爲其根」，似乎是以宇宙之初爲動者，實則不然。濂溪明言「無極」即謂宇宙別無根源，未有所始之意，〔註12〕宇宙即太極，太極即動靜相生之體，既不以動爲先、爲始；亦不以靜爲後、爲終。然人生與「心」則不可謂無所始終，蓋人生必有所始之源，人心亦有未動之時，則姑可名之曰「靜」，是以聖人或即此定立無欲之靜以爲人極。然此處特須注意者：主靜之「人極」並不在生命形氣之初生處言靜，而在德性修養之心念之幾處立言，因此濂溪以「無欲」釋靜，實有深意。

準此，「動而無動，靜而無靜」即須以心而言。心之未動時，心念雖尚未發露於外，而中正仁義之性未嘗不在，靈明知覺未嘗寂滅，因此心雖未發未感，實已涵動靜之理及中正仁義無所偏倚之性，如此之「靜」亦如動，故曰「靜而無靜」，即表明心靜之時並非空無一物之死寂。而當心念動時能一出於誠，則能動正而用和，無所偏倚，如此之「動」亦不失仁義中正之性，不失靈明本心作主，則亦不妄動、不盲動而無邪曲偏私之欲，故情之發露於外（心之所動者）亦如靜時如理不偏，此動亦如靜而已，故曰「動而無動」。靜非死寂，動不盲動，即是無欲。無欲並非全無食色之欲，只是不偏不私，能取用合宜，發皆中節而已。因此，二十章〈聖學〉云：「聖可學乎？曰可。曰有要乎？曰有。請問焉。曰：『一』爲要。一者，無欲也。無欲，則靜虛動直。靜虛則明，明則通；動直則公，公則溥。明通公溥，庶矣乎。」靜虛動直仍是誠心無欲則可以「動而無動，靜而無靜」之意，所以能有明通公溥的神用。

因此，就工夫而論，濂溪重在「愼動」與「無欲」，愼動須以「誠心」復其妄而使其無妄，合乎《中庸》的愼獨之意。無欲則仍須歸於誠心之「動而無動，靜而無靜」而後才能明通公溥，因此仍不離以誠言心之義。

除前文所述外，濂溪仍有其他散見於《通書》的觀念。第九章〈思〉云：「無思，本也；思通，用也。幾動於彼，誠動於此。無思而無不通爲聖人。」所謂「本用」，是指寂然不動的「誠體」與感而遂通的「神用」，和第四章〈聖〉之意相通。「幾動於彼」指心之感物，「誠動於此」指性之呈顯，與「無思而

〔註12〕參見本章首節。

無不通為聖人」連言，則意謂：聖人本此誠性之神用，即可心動而誠顯，不思而得，不勉而中，從容中道而無不通達。下文所謂「不思則不能通微，不睿則不能無不通」等，則是指一般人未能如聖人之「自誠明」，故須重「思」，亦即重反省，使心能動正而用和，仍是以誠心慎動之意。能以誠心思其所動，則久而可達聖功，仍是《中庸》「自明誠」與「慎獨」之義的引申。此外，濂溪亦云：「志伊尹之所志，學顏子之所學。」則為指點二程親切玩味聖人氣象之說。末章有「時中」之語，然未發揮。其餘觀念與本文之關係較遠，故從略。〔註13〕

綜上所述，可知濂溪之天道觀、人性論、工夫論及心體之體認，皆環繞著《中庸》立誠之意而發揮，可以說，《中庸》之誠，實已內貫於濂溪思想之中，並成為其思想核心與命脈所在。就宋儒而言，濂溪對《中庸》義理的闡揚，實有開啟風氣之功。而後仍有二程對誠敬慎獨之推擴發揮，此請述之於第四章。

〔註13〕濂溪的工夫理論除了最重要的「慎動」、「無欲」皆本之於「誠心」外，還有如下的幾個觀念：「廓之配天地」（第六章〈道〉），這是《孟子》擴充四端之意；「純心」（第十二章〈治〉），這是以誠立說；「孳孳不息」（第十四章〈務實〉）、「乾乾不息於誠」（第三十一章〈乾損益動〉），這也是以誠而言；「懲忿窒欲、改過遷善」（同上），出於〈損卦・象辭〉，後為朱子白鹿洞書院學規中所揭示之教則。凡此種種，其實都本之於「誠」；它們的精神面貌實已散見前文之中，故不再詳論。

第三章　橫渠對《中庸》思想之繼承與發揚

　　《宋史》張子本傳云：「張載，字子厚，長安人。……與諸生講學，告以知禮成性、變化氣質之道，學必如聖人而後已。以爲知人而不知天，求爲賢人而不求爲聖人，此秦漢以來學者大蔽也。故其學尊禮貴德、樂天安命；以易爲宗，以《中庸》爲體，以孔孟爲法；黜怪妄、辨鬼神。」〔註1〕這段話已將橫渠一生學說之重心——以《中庸》與《易傳》匯通而言天道人道，以《論》、《孟》指點涵養修持篤實踐履之日用工夫——扼要地舉出。

　　由於《中庸》二十章曾云：「君子不可以不修身，思修身不可以不事親，思事親不可以不知人，思知人不可以不知天。」原本就在人倫日用的修身事親之上預留了「思知人不可以不知天」的餘地，因此，宋儒繼承《中庸》以誠言天道人道的系統，特別著力於匯通《中庸》與《易傳》，以重建儒家長久以來受陰陽五行說和道家「有生於無」理論影響的天道觀。橫渠《正蒙·誠明》說：「義命合一，存乎理；仁知合一，存乎聖。動靜合一，存乎神；陰陽合一，存乎道。性與天道合一，存乎誠。」《正蒙·太和》也說：「由太虛有天之名，由氣化有道之名，合虛與氣有性之名，合性與知覺有心之名。」可以看出由天道而及於性命、心性的脈絡，同時又清楚地主張以誠結合天道性命，可見天道與性命的關聯相當密切，〔註2〕因此，爲了避免淪入前引張載本傳所謂「知人而不知天」的流弊，本章討論橫渠思想與《中庸》之關係，即

〔註1〕《宋史》，卷四百二十七，〈列傳〉第一百八十六〈道學一〉。

〔註2〕唐君毅先生於《中國哲學原論·原教篇》第四章中亦謂〈太和〉章言天道之後，歸於言聖人之人道；又云〈參兩〉篇雖言天象，然正所以見性命之理。可見就《正蒙》一書之結構而言，天道與人道之關聯實密不可分。

由天道觀入手。

　　橫渠之天道觀主要見於《正蒙・太和》中。〔註3〕其中最主要之觀念爲：「太和」、「太虛」、「氣」及「有無混一之常」等。〔註4〕因此本章於討論天道觀時，即始於橫渠之天道本體——「太虛」。

第一節　太虛、太和、有無混一之常與通一無二

　　《正蒙・太和》云：

> 太虛無形，氣之本體；其聚其散，變化之客形爾。至靜無感，性之淵源；有識有知，物交之客感爾。客感客形與無感無形，唯盡性者一之。

此處橫渠提出「太虛」作爲天道之本體，而以「氣」言天道能聚能散以化生萬物之神用。用「無形」以說明太虛，是表示天道本體是一超乎形象之外，不能以有形與無形加以指稱者，因此既言「無形」，又名之以「虛」。由於太虛超乎有形無形之上，故能不受有形無形之限制，永恒地爲一無可名狀之存有本體，故橫渠即姑且名之爲「有無混一之常」。「有無混一」，指其超乎有形無形之外，而又兼涵二者於一；「常」，指其不因聚散、形不形而改變其本體，且亦恒常貞定地兼攝此陰陽相感相生之神用，因此就展現「本體實即一生化不已之歷程」而名之曰「常」。

〔註3〕有關天道觀之文字，亦見於《正蒙・乾稱》下：「太虛者，氣之體。氣有陰陽。屈伸相感之無窮，故神之應也無窮；其聚無數，故神之應也無數。雖無窮，其實湛然；雖無數，其實一而已。陰陽之氣，散則萬殊，人莫知其一也；合則混然，人不見其殊也。形聚爲物，形潰反原。反原者，其遊魂爲變與！所謂變者，對聚散、存亡爲文，非如螢雀之化，指前後身而爲説也。」「凡可狀，皆有也；凡有，皆象也；凡象，皆氣也。氣之性本虛而神，則神與性乃氣所固有，此鬼神所以『體物而不遺』也。」觀其文意實與《正蒙》之〈太和〉、〈參兩〉二篇之言天道者無異，顯然《正蒙》首篇乃總論天道者，詳備而全；末篇〈乾稱〉下則如唐君毅先生所云「總攝其言天道人道之理者」，蓋統攝《正蒙》全書大意於一篇之內。語雖精切，終不似首篇之全，故言天道觀仍以《正蒙・太和》爲要。

〔註4〕「有無混一之常」見於《正蒙・太和》，乃橫渠斥老氏「有生於無」之迷妄，謂其不識此「常」。其有關之上文如下：「知虛空即氣，則有無、隱顯、神化、性命、通一無二；顧聚散、出入、形不形。能推本所從來，則深於《易》者也。若謂虛能生氣，則虛無窮、氣有限，體用殊絕，入老氏有生於無、自然之論；不識所謂有無混一之常。」此爲橫渠以《易傳》思想強調體用合一之論。

橫渠說：「氣聚，則離明得施而有形；不聚，則離明不得施而無形；方其聚也，安得不謂之客？方其散也，安得遽謂之無？」〔註5〕因此，所謂有形無形只是氣之聚散所表現的暫時形象而已，以其暫而無常，故稱之爲「客形」，〔註6〕意謂不論氣聚而有形或散而無形，終必又將由有而無，由無還有，變動不居。由於相對於超乎形象之上的「有無混一之常」或「太虛」，而稱之爲「客形」。因此橫渠又說：「氣之爲物，散入無形」、「聚而有象」，〔註7〕並說：「太虛不能無氣，氣不能不聚而爲萬物，萬物不能不散而爲太虛。循是出入，是皆不得已而然也。」〔註8〕意謂太虛本體原即涵有氣化之神用，氣化之神用原即能聚而有象而爲人目之所接，亦可散入無形而爲人離明之無所施。然有形無形只是氣之聚散所暫時呈現之形象，仍屬「有無混一之常」循環不已之神用。因此橫渠又說：「聚亦吾體，散亦吾體，知死之不亡者，可與言性矣。」〔註9〕正由於生與死只是客形聚散的變化，而非本體氣化之神用有絲毫增損，因此，死雖歸於塵土而散入太虛，只能說無形跡可尋，卻不能說存有的本體消滅；生則聚而有象可見，只可因目之所接言有形，卻非本體之增加。由此可見，「太虛」是混有、無爲一而不以形象分者，唯其不以形象分，故可不落入形象聚散之變化中而表現爲一恆常貞定之本體；於此，太虛即「常」。

與「有無混一之常」的概念可以相通而爲橫渠另一用語者爲「通一無二」（見下文引）。

橫渠以太虛言體，而以氣化言用，是爲了立說方便才分言體用；其實體用於橫渠而言，本即合一而無須分別。此可於上述「有無混一」之概念略見端倪，亦可於前文中所引《正蒙・誠明》所云諸「合一」之一段文字得到啓示，更可於橫渠言「通一無二」處加以肯定。橫渠於《正蒙・太和》中又云：

> 知虛空即氣，則有無、隱顯、神化、性命，通一無二；顧聚散、出
> 入、形不形，能推本所從來，則深於《易》者也。

此即可見不論是聚而有形、散而無形、出而顯、或入而隱，其實均是此通一無二、循環不已之客形爾。此客形與本體實亦通一不二，相合而不分。故橫渠又云：「氣之聚散於太虛，猶冰凝釋於水；知太虛即氣，則無『無』。」（同

〔註5〕　《正蒙・太和》語，「離明」指吾人可以見物之目光。見王夫之《張子正蒙注》。
〔註6〕　船山以爲聚者暫聚，非必常爲之主，故謂之客。見《張子正蒙注》。
〔註7〕　《正蒙・太和》語。
〔註8〕　同前。
〔註9〕　同前。

前）水凝爲冰如氣聚而有形，冰釋復爲水而無冰之形，然卻不減其存有；此正如有形散而復入於太虛而無形，然存有者依舊存有，不曾因此而寂滅消滅，因此說「太虛即氣」。可見橫渠以太虛言氣之本體，以有無聚散出入言氣之神用變化所呈之客形，然則本體（太虛）即客形（氣化），本體與客形當是一而非二明矣。

此外，橫渠又云：「兩不立，則一不可見。一不可見，則兩之用息。兩體者，虛實也、動靜也、聚散也、清濁也，其究一也。」（同前）亦是「通一無二」與「有無混一之常」的體用合一之意。蓋宇宙萬物乃獨陽不生，獨陰不成，必一陰一陽相續循環不已而後能生生變化，因此必立此「涵清濁虛實之性與動靜聚散之理」的陰陽二氣，以言氣化之道，而後乃能見宇宙本體生化不測、通行於一之神用。倘此「爲物不貳」（《中庸》語）而與物無對之「太虛」本體（即「一」）無陰陽不測之神用，則萬物之生生變化，亦將無以循環不已；而陰陽二氣也只不過是靜而無動，無造化神用的死氣而已。《正蒙・參兩》又說：「一物兩體，氣也；一故神（自註：兩在故不測），兩故化（自註：推行於一）。此天之所以參也。」也是由陰陽二氣之化生萬物見「太虛」本體之神用；並由太虛本體之涵陰陽二氣而見其生化之不測。是皆與濂溪於《通書》所云「五殊二實，二本則一；是萬爲一，一實萬分」之體用不二之旨相互發明者。此外，橫渠又於《正蒙・大易》云：「一物兩體，其太極之謂與！」可見橫渠之「太虛」、「有無混一」之常、「一物兩體」諸觀念，實皆與濂溪以「五行，一陰陽也；陰陽，一太極也」言體用不二〔註10〕之意旨相同。因此，對濂溪之「太極」而言，體用不二；就橫渠之「太虛」等觀念而言，體用合一。〔註11〕宇宙生成變化未曾止息，既可以濂溪之「陽變陰合」而言其生生不已，亦可以橫渠之陰陽氣化、聚散有無而言神妙不測，變化無窮。然而唯一恒常不變者只有此生生不息、神化不測之歷程將互古常新而又悠久無疆地流行變化。此歷程即是「太虛」本體，亦即是氣化神用；體即是用，用即是體，故曰：「動靜合一，存乎神；陰陽合一，存乎道。」又說：「由氣化，有道之名。」則此道即爲氣化不測之神用，此道即氣化不已之本體；原是通一無二者。

〔註10〕見前章首節所論。

〔註11〕濂溪雖有體用不二之意，然其用語仍可分別其意指形上、形下。橫渠則以「氣」兼指形上形下，其用語顯示並無形上形下之分。且橫渠重言「有無混一之常」與「通一不二」的「合一」意，故別於濂溪之體用不二而名之爲「體用合一」。

　　至於「太和」一詞，乃是就陰陽氣化之聚散變化「雖攻取百塗，然其爲理也順而不妄」（《正蒙‧太和》）所表現之不妄而言「和」，故以「和」形容「太虛」。由於氣化之理順不妄，即指氣化有氣化之道，故指氣化而言曰「太和所謂道」、「由氣化有道之名」，可見「太虛」重在言本體之超越形象、通一無二義；「太和」重在言氣化之道順而不妄。以「通一不二」之觀念而言，「太和」與「太虛」是一而非二矣。

　　綜上所述，可知橫渠於天道觀中所欲強調之重點實爲有無、動靜、虛實、清濁之「通一無二」，與體用合一之觀念。此於反觀「性與天道合一，存乎誠」一語，即可得到啓示：此「通一無二」之天道觀，實即橫渠言天人合一之形上根據；若無此天人本即合一之形上理論根據，則天人合一亦終將不可能。橫渠「通一無二」之形上理論，在其思想體系中隨其性命觀、心性論、及工夫論處處展現，亦使其所重之「窮理盡性以至於命」與「窮神知化」成爲可能。故不能不略述於本節。至於橫渠言氣之種種特色，將見之於下節。

第二節　兼形上形下、涵動靜寂感之氣

　　上節曾提及橫渠天道觀中極爲重要的觀念「通一爲二」，由於他重視「通」與「一」，因此所謂善惡之辨、天理人欲之說、天地之性與氣質之性、聞見之知與德性之知等觀念，並非各成一組必然對峙、永無轉圜餘地的觀念。換言之，唯其有匯通於一的可能，變化氣質之說乃能成立，天理人欲也不是分別主宰善惡而內具於人的「二本」了。再者，唯有經由體用合一的「通一無二」，才能進而使《中庸》「天命之謂性」一語得以肯定：天命下貫於人之善即內具於人而爲善性，且此善性與天命之善通一無二，而後率性之道、與修道之教才有成功的可能。如此，則《中庸》所謂之盡性與誠明之教才能經由率性與修道之通一無二，進而使人逐漸彰明本性之誠善而上體天命、上契天道，更進而達到通天人、合內外、徹上下之聖境。橫渠本此而云天道性命通一無二在於誠，則是將此「通一無二」之觀念，正式接引上《中庸》的思路，使《易傳》之「寂然不動，感而遂通天下之故」者，在濂溪以誠賦予新風貌之外，〔註12〕又一次得到新的生命。「氣」正是橫渠給予濂溪之寂感之誠注入的新生命，也是性命天道合一之直接媒介──性命天道合一的可能根據在「誠之感通」，而感通的具

─────────────

〔註12〕見前章第五節所論。濂溪乃藉《易傳》之言與《中庸》之誠言心。

體表現則非憑藉「氣」化不爲功。

橫渠強調「氣」的第一概念爲「動而不息」：

> 氣塊然太虛，升降飛揚，未嘗止息，《易》所謂「絪縕」，莊生所謂
> 「生物以息相吹」、「野馬」者與！〔註13〕

這表示宇宙本體是一充滿浮沈升降而未嘗止息的氣化狀態，此氣化依循順而不妄之理而於宇宙全體中「浮沈升降、動靜相感」，於是產生屈伸施受之陽變陰合；《易經》稱此氣化狀態爲「絪縕」，莊生稱此狀態爲「野馬」，橫渠則名之爲「太和」。由此可知，氣之第一概念實有「動而不息」之義。宇宙本體無非此氣化之充盈，並非以不動之「靜」爲本體，則較然易見。

橫渠所賦予氣之第二概念爲「能感」。前已提及「動靜相感之性」，即由於氣有能感之特色，故能於氣化流行不止的浮沈升降中，隨處隨時與外物相遇相感而有絪縕相盪、勝負屈伸的發始，並進而有種種聚散變化的客形呈顯而出。故曰：「氣本之虛則湛本無形，感而生則聚而有象。」「天大無外，其爲感者，絪縕二端而已。」又曰：「物之所以相感者，利用出入，莫知其鄉。」（以上俱見《正蒙・太和》）均強調能感之義。

橫渠所賦予氣之第三概念爲「神」。橫渠云：「散殊而可象爲氣，清通而不可象爲神。」〔註14〕此以「清通不可象」與「散殊可象」分說神與氣，然就橫渠「通一無二」之邏輯言之，此神字當亦可通「清濁、通塞」而爲言。故橫渠又云：「太虛爲清，清則無礙，無礙故神；反清爲濁，濁則礙，礙則形。」〔註15〕氣之未聚而有形則清極神通，蓋不爲形象所局限，故能變化出入，莫

〔註13〕宇宙本體爲超於形象之外者，其實亦不當以動靜言宇宙之「始」，蓋本體涵有「動靜相感之性」，本是動靜一時俱有者，並非宇宙有其始點：先靜而後有動，亦非先動而後靜或動時無靜，靜時無動者，而是動靜相涵而互爲其根者。此處不取「靜」爲描述宇宙氣化之本體，乃因橫渠明以「游氣紛擾」、「野馬」、「絪縕」等有動態義之詞語爲言，就其氣化本體而論，則以「動而不息」者稱之爲妥。然此所謂「動」即涵有陰陽二氣浮沈升降、動靜相感之義於其中，非只有單純之「動」義。

〔註14〕《正蒙・太和》語。

〔註15〕「太虛爲清」一語頗受後人爭議，以爲不該以「清」、「虛」言本體；蓋本體應爲「無對」之「一」者；而清、虛俱爲「有對」。如《二程遺書》卷十一，明道即謂：「形而上者謂之道，形而下者謂之器。若如或者以清、虛、一、大爲天道，則乃以器言，非道也。」此處未言「或者」爲橫渠。然《程氏粹言》卷第一〈論道篇〉則明言：「子曰：子厚以『清』、『虛』、『一』、『大』名天道，是以器言，非形而上者。」《朱子語類》卷九十九亦有同樣意見：「渠初云『清』、『虛』、『一』、

知其鄉而又清通神妙；然氣本涵浮沈升降之理，故亦可由浮而上揚之清轉為沈而下降之濁；濁與實皆為「有形」之後或有限制之後者，清與虛則指無形，未有限制之時。故清通濁礙無非氣絪縕變化之神用。《正蒙・太和》云：「鬼神者，二氣之良能也。」「天道不窮，寒暑也；眾動不窮，屈伸也。鬼神之實，不越二端而已矣。」可見氣即涵有一屈一伸，循環不窮之義，如寒暑之不已。故《正蒙・神化》又云：「鬼神，往來屈伸之義。」無非表示往來屈伸、浮沈升降均只是始終循環的氣化之道，故《正蒙・天道》曰：「上天之載，有感必通。」凡此種種，皆表示氣有清、通、神之特色。然皆可在橫渠「有無混一之常」及「通一無二」的概念下，相互易名，並兼指與之相對的概念：濁、礙、鬼。

橫渠所賦予氣之第四概念為氣兼形上形下：

> 所謂氣也者，非待其鬱蒸凝聚，接於目而後知之。苟健順、動止、
> 浩然、湛然之得言，皆可名之象爾。然則象若非氣，指何為象？時
> 若非象，指何為時？（《正蒙・神化》）

這是以象為氣，偏指形下；《正蒙・太和》云：「散殊而可象為氣，清通而不可象為神。」此以可象指氣，指形下而言。《正蒙・乾稱》下云：「凡可狀，皆有也；凡有，皆象也；凡象，皆氣也。」亦指形下言氣。然《正蒙・神化》則明言：「神，天德；化，天道。德，其體；化，其用。一於氣而已。」是以神化言氣之體用，則氣兼形上形下明矣。又謂：「氣有陰陽，推行有漸為化；合一不測為神。」亦以氣兼神化體用而言。因此橫渠賦予氣之第四概念，亦是最重要之概念為「體用合一，兼形上形下而言」。

此處只須回顧前所引諸文，可知就橫渠之天道觀而言，「氣」實為天道之本體；除「虛空即氣」外更有「太虛即氣」之認定可為明證：太虛與氣是一而非二。則與太虛同指本體之「太和」亦只是一氣之充盈而已。因此，就氣之可為天道本體而超乎形象之上言，則名為「太虛」，並云「由太虛有天之名」，意謂天之本體為「太虛」；就氣之可依順而不妄之理而運行有道言，名為「太和」，並云「由氣化有道之名」，意謂「太和」為氣化之道的本體。

『大』，為伊川詰難，乃云清兼濁，虛兼實，一兼二，大兼小。渠本要說形而上，反成形而下，最是於此處不分明。」然若以橫渠所言「通一無二」「有無混一之常」而觀「太虛為清……」一段：則橫渠實是分言氣化聚散、形不形爾，謂太虛涵此清濁之氣性，並非專以清指本體而言。蓋橫渠以宇宙存有為屬無形、無限者，故曰虛而清；有形之後則為形所拘限則濁而礙。

實則太虛即氣，氣即太和，乃通一無二者；只為立說釋名方便，故分言體用耳。再由橫渠所使用以描述本體神用之詞語（如：形不形、聚散、出入、動靜、浮沈、升降、屈伸、往來、浩湛、清濁、通礙等）而觀，皆明是描述「氣」之神化的詞語。由此可知，「太虛」與「太和」固指天道本體，然皆為描述「氣」之本體的詞語。天道之本體觀念，於橫渠而言，實是以「氣」為重心所在。

綜上所述，可知「氣」之觀念，實兼指形上、形下；而其神用，則包括清濁、感知、通礙、動靜、浮沈、屈伸、虛實……諸義。

氣既兼形上形下之體用義，即為宇宙天道化育生生之所從出，於是橫渠即本此有關氣之概念而言天道生生不測、循環不已之流行變化，再由「合虛與氣有性之名，合性與知覺有心之名」推演而出天地之性與氣質之性、德性之知與聞見之知、虛心與成心等和氣的特性有關的重要理論。並本其「有無混一之常」之體用合一觀念而建立工夫理論，進而達成天人合德之聖境。

《中庸》二十章云「思知人不可以不知天」，橫渠亦云：「思知人不可以不知天，盡其性然後能至於命。」（《正蒙·誠明》）故橫渠之天道觀雖重言「氣」，似乎與《中庸》思想無涉，反與《易傳》思想較為相契。其實，橫渠以氣言天道性命合一之誠，在精神上正是與《中庸》一脈相承者。由橫渠所云「性與天道合一，存乎誠」，「合虛與氣，有性之名」，即可見橫渠是以天道觀之「氣」作為《中庸》「天命之謂性」之「天命」的實體，以及「性」的實質內涵；一方面作為「天命之謂性」的補充與闡揚，一方面作為「性命」的形上依據。可見在「氣」之串聯下，天道和性命正是通一無二，不可分離者。

《正蒙·參兩》云：

> 若陰陽之氣，則循環迭至，聚散相盪，升降相求，絪縕相揉；蓋相兼相制，欲一之而不能。此其所以屈伸無方，運行不息，莫或使之；不曰性命之理，謂之何哉！

前半段描述天道，後段急轉直下，肯定天道即性命之理，可見天道性命正是本來合一者。而橫渠正是本其精思縝密之天道觀作為形上之依據而建立其性命觀，通過《中庸》之「誠明」工夫以達成「窮理盡性以至於命」之聖境，並進而展現其天人合一、上下貫通、內外無間之宗旨。由此可知，橫渠之氣化觀念實是植基於《中庸》天人合一之思想要求上，進而建立之形上哲學；實不能以其本於《易傳》之陰陽觀念而即略過不論，故述之如上。

第三節　以氣言天、命與《中庸》之比較

《中庸》云「天命之謂性」，「天」是指「無聲無臭」能生物不測之本體。「命」是天以「於穆不已」之誠來「成己成物」之歷程。「性」則是人於此天命之歷程中所稟受之理。

（一）關於「天」

橫渠云：「由太虛有天之名，由氣化有道之名，合虛與氣有性之名。」且又云：「『日月得天』，得自然之理也，非蒼蒼之形也。」〔註16〕前文曾指出太虛即氣，氣即太虛，且氣有生化不已之道，可見橫渠之「天」和《中庸》之「天」均指超乎形象之上而又能生物不測之本體。橫渠云：「氣有陰陽，推行有漸為化，合一不測為神。」「神，天德；化，天道；德，其體；道，其用；一於氣而已。」〔註17〕可見二者皆是以生物不測之本體為天，只是橫渠加入了氣及陰陽等觀念，而使得天之涵義更為豐富，而天生物不測之本體，亦因「氣」與「陰陽」二觀念之提出，而顯得生氣盎然。此即橫渠對《中庸》之「天」之承接與補充。

（二）關於「命」

橫渠云：「天所不能已者謂命。」〔註18〕又云：「天所以長久不已之道，乃所謂誠。」「誠有是物，則有始有終；偽實不有，何終始之有！故曰：不誠無物。」〔註19〕「至誠，天性也；不息，天命也。」〔註20〕亦是以「不已，無息」之至誠言天命之成己成物。此外，橫渠對此不已之命又加入了循環不已的氣化觀念：「太虛不能無氣，氣不能不聚而為萬物，萬物不能不散而為太虛，循是出入，是皆不得已而然也。」（《正蒙・太和》）於是此生物之歷程便不僅是《中庸》一往不復之無息與悠久，而是循環出入、能聚能散、往返相生、屈伸相成而又順理不妄者；於是使得循環相生、繼善成性之義突顯而出。宇宙本體在生物之歷程上永恆貞定不變之義亦因「有無混一之常」之提出而明確，現象（客形）雖然萬殊，且有聚散生死之變異，然本體卻元無增損，不因物生形聚而稍增本體

〔註16〕《正蒙・參兩》云：「日月得天，得自然之理也，非蒼蒼之形也。」可見並非指吾人目所接之有形之天，與《中庸》「無聲無臭」之天並無二致。

〔註17〕《正蒙・神化》語。

〔註18〕《正蒙・誠明》語。

〔註19〕同前。

〔註20〕《正蒙・乾稱下》語。

之能生；亦不因物死形散而稍減本體之能生。此爲橫渠匯通《中庸》與《易傳》之思想後，使《中庸》天命之誠且不息之義更爲圓融，且使天命之歷程更爲具體的貢獻。

　　明白了橫渠對《中庸》之「天命」一詞所作之承述與補充之後，可以進而討論對「性」之闡揚。此見於下節。

第四節　天　地

　　天所性者，通極於道，氣之昏明不足以蔽之。天所命者，通氣於性，遇之吉凶不足以戕之。不免乎蔽之戕之者，未之學也。性通乎氣之外，命行乎氣之內；氣無內外，假有形而言爾。〔註21〕

　　由於橫渠以氣言天，以氣化言天命，故進而以氣言性。意謂人稟氣化之道（天命）而爲性，故亦有氣之一切特質：能涵動靜、屈伸、清濁、通礙等種種特質而爲人性。針對清通神妙，能感能體萬物者（橫渠云：「體萬物之謂性」）稱爲天地之性，〔註22〕此指人物同有之善性，故橫渠又云：「性於人無不善。」「性者，萬物之一源，非有我之得私也。」（《正蒙·誠明》）然而亦有由濁礙之氣聚而爲感通有限之形軀之性者，橫渠名之爲「氣質之性」，〔註23〕故橫渠云：「形而後有氣質之性。」〔註24〕橫渠之意以爲天地之性雖依於氣而有，然卻超於氣外而無時不在，故可以不受形軀氣質之性所限，故云「性通乎氣之外」，又云「氣之昏明不足以蔽之」。就人而言，稟自天之善性（天地之性）即使因人有口腹鼻舌等嗜欲〔註25〕之要求，以及「剛柔、緩急、有才與不才」〔註26〕之偏

〔註21〕《正蒙·誠明》語。
〔註22〕同上。橫渠云：「形而後有氣質之性，善反之，則天地之性存焉。故氣質之性，君子有弗性者焉。」這是橫渠分言天地之性與氣質之性最重要的論斷。然此只是以概念區分，天地之性與氣質之性，就實際爲人之性而論，是一而非二。此見於第十一節部分。
〔註23〕同前。
〔註24〕《正蒙·太和》云：「太虛爲清，清則無礙，無礙故神；反清爲濁，濁則礙，礙則形。」可見性分天地之性與氣質之性，在橫渠以氣爲主之思想體系中，本是一以貫之，圓通無礙的。
〔註25〕《正蒙·誠明》云：「攻取，氣之欲。口腹於飲食，鼻舌於臭味，皆攻取之性。」
〔註26〕《正蒙·誠明》云：「人之剛柔、緩急、有才與不才，氣之偏也。」此是指個性或性情之偏。

和「上智下愚」之不齊，〔註27〕與習性之相遠〔註28〕等因素而有行爲之不善，天賦之善性實未嘗稍減；此即橫渠對《中庸》所謂「天命之謂性」的善性觀點所作正面的肯定，在此肯定之下，「率性之謂道」乃能不僅限於描述聖人之作爲而已，亦進而表明人能率循天命之善性而行，皆可發而中節，合於聖人教化之道。

　　然而人除有天地之性外，亦有氣質之性。氣質之性既是「形而後有」，可見它包括形軀裡耳目口鼻之官能、昏明賢愚之才智、剛柔緩急之性情、飲食聲色之欲望等。此處必須特別注意的是：氣質之性並非全然不善者。因爲氣本即涵有種種相對之性（已如前述），種種相對之性本即可以浮沈升降、動靜相感而屈伸不已；因此濁者有清之理，礙者有通之理。即此而論，氣質之性即涵有能通而如理，亦涵有可濁而窒礙之兩端，不可即指氣質之性而爲惡；因此橫渠云：「性於人無不善，繫其善反不善反而已。」「天本參和不偏；養其氣，反之本而不偏，則盡性而天矣。」〔註29〕此即表示：如能經由養氣等變化氣質之工夫，即可使之反本不偏；人之一切作爲，亦可以不爲嗜欲形軀所累，「不以小害大，末喪本」；〔註30〕甚且可以有「盡性」而合於天命之善者。因此，橫渠之氣質之性即涵有能通能礙，亦即能助能違二義。因其能違而礙，故人之天地之性雖有本然之善，而經由氣質之不齊所表現之行爲難免產生實然之惡，因此有反本修道之必要，橫渠於此提出「變化氣質」之說；〔註31〕因其能助能通，故人之行爲雖有實然之惡，卻可以經由變化氣質之種種工夫而呈顯本然之善，因此修道亦成爲可能。

　　就「天地之性」與「氣質之性」而言，橫渠二分之法至少對《中庸》有了以下幾點補充：

　　（一）對「天命之謂性」而言，肯定了性善的觀點。

　　（二）對「率性之謂道」而言，肯定了人皆可以率循本性之善（天地之性）而合於聖人教化之道。

〔註27〕《正蒙・誠明》云：「上智下愚、習與性相遠既甚而不可變者也。」此是指才智之不齊與習染之不同。

〔註28〕同前註。

〔註29〕同前註。

〔註30〕《正蒙・誠明》云：「知德者屬厭而已，不以嗜欲累其心，不以小害大、末喪本焉爾。」

〔註31〕〈經學理窟・義理〉云：「爲學大益，在自能變化氣質，不爾，卒無所發明，不得見聖人之奧。故學者先須變化氣質。」此屬工夫理論，將述之於下文。

　　（三）對「修道之謂教」而言，提出了氣質之性作爲補充，消弭了「性
　　　　善則無須修道」與「性不善則修道如何可能」的雙重矛盾。並以
　　　　「變化氣質」當下肯定道之必修與道之可修。
　　（四）對「行爲之何以有不善」而言，以氣質之偏及習染嗜欲之蔽立說。
　　因此，橫渠兼氣言性，分天地、氣質二性與變化氣質之說，對《中庸》
理論實已透顯出補充的作用。

第五節　窮理盡性對《中庸》誠明盡性之發揮

　　《中庸》以聖人作爲天人合一的典範，並以至誠盡性描述聖德聖境，橫渠
則結合《孟子》與《易傳》就「窮神知化」上通天德、〔註32〕與天地同流者言
聖德。此外，橫渠進而言「窮理盡性至命」（《易經・說卦》），則又比《孟子》
「盡心知性知天」與「存心養性事天」，〔註33〕在指點功夫途徑方面更爲親切，
並以「窮理盡性」遙契《中庸》「君子尊德性而道問學」的誠明並重之教。

　　前文曾言及氣有能感能通之神用。即此而言，橫渠云：「感者，性之神；性
者，感之體。」明是強調感通爲性之神用。〔註34〕橫渠並自註云：「在天在人，
其究一也。」可見天人合一的基礎正在於性之能感。橫渠於此又云：「惟屈伸動
靜終始之能，一也；故所以妙萬物而謂之神，通萬物而謂之道，體萬物而謂之
性。」〔註35〕意謂感而且通者，正是性之神用；人物之所以可以通一無二，無
有內外人我之別，正由於皆有此能相互感通之性，故橫渠云：「性者，萬物之一
源，非有我之得私也。惟大人能盡其道，是故立必俱立，知必周知，愛必兼愛，
成不獨成。」〔註36〕此即是《中庸》所謂至誠盡性之聖人可以進而盡人、盡物
之性之根源所在，亦爲《中庸》成己成物、內外無間思想所必須建立的理論，
因此橫渠又說：「以萬物本一，故一能合異；以其能合異，故謂之感，若非有異，

〔註32〕《孟子・盡心上》云：「夫君子所過者化，所存者神。上下與天地同流，豈
　　　　曰小補之哉！」《易・繫辭下》云：「窮神知化，德之盛也。」橫渠則云：「天
　　　　之化也，運諸氣；人之化也，順夫時。……《中庸》曰：至誠爲能化。《孟
　　　　子》曰：大而化之。皆以其德合陰陽，與天地同流，而無不通也。」（《正
　　　　蒙・神化》篇）。
〔註33〕《孟子・盡心上》之語。
〔註34〕《正蒙・參兩》語。
〔註35〕同前註。
〔註36〕《正蒙・誠明》語。

則無合。」﹝註37﹞此亦正是濂溪於《通書》所謂「是萬爲一，一實萬分」之意，可見強調能感之性爲萬物之同源於天者，正所以補充「天命之謂性」之所未及，並進而爲「盡己、盡人、盡物之性」所必要之理論根據，亦爲周張之所共識。因此，橫渠進而云：「天地生萬物，所受雖不同，皆無須臾之不感，所謂性即天道也。」﹝註38﹞正是強調性不僅以其能感之神用通內外人我，更可上通天道而達天人合一。所以橫渠即於感通之基礎上說：

> 盡其性，能盡人物之性；至於命者，亦能至人物之命。莫不性諸道，命諸天。我體物未嘗遺，物體我知其不遺也。至於命，然後能成己成物，不失其道。」﹝註39﹞

可見《中庸》「成己成物」之內聖外王之道，正必須植根於物我同源、能感能通之性之理論上。《中庸》盡性之教，在橫渠思想中實有更爲縝密精闢之發揮，橫渠並於此同源感通之基礎上發展出爲程朱所盛讚之〈西銘〉，以闡揚天地萬物一體之仁，﹝註40﹞更進一步提出「爲天地立心，爲生民立道，爲去聖繼絕學，爲萬世開太平」（〈近思錄拾遺〉）振古鑠今之雄偉言論。

　　橫渠盡性之教直承《中庸》已如上述；然則橫渠之意以爲當如何盡性？透過這個問題的答案，可以明白見出橫渠吸收「誠明」精義談盡性窮理工夫，正是得自《中庸》之神髓。

　　橫渠嘗言「性與天道合一，存乎誠」，此爲直承《中庸》天人合一之道在誠之論斷。由於盡性之聖人能窮天地之神化，進而參贊天地之化育，故而盡性至誠爲天人合一之途徑。橫渠於《正蒙·中正》云：「感而通，誠也。」《正蒙·乾稱下》云：「至誠，天性也；不息，天命也。人能至誠，則性盡而神可窮矣；不息，則命行而化可知矣。」可見盡性、窮神、知化，無非本之於誠。因此云「君子誠之爲貴」（《正蒙·誠明》）。此外，橫渠又云：「自明誠，由窮

﹝註37﹞《正蒙·乾稱下》語。
﹝註38﹞同前註。
﹝註39﹞《正蒙·誠明》語。
﹝註40﹞《河南程氏文集》卷九，（伊川）〈答楊時論西銘書〉：「〈西銘〉之爲書，推理以存義，擴前聖所未發，與《孟子》性善養氣之論同功。」《遺書》卷二上云：「〈訂頑〉之言極純無雜，秦漢以來學者所未到。」又云：「伯淳言：〈西銘〉，某得此意，只是須得佗子厚有如此筆力，佗人無緣作得。孟子以後，未有人及此。得此文字，省多少言語。且教他人讀書，要之，仁孝之理備於此，須史而不於此，則便不仁不孝也。」（案：後條注明爲明道語，前條則未注明爲二先生中何人所說。）

理而盡性也；自誠明，由盡性而窮理也。」（《正蒙‧誠明》）正是以誠明觀念談盡性窮理之聖境與工夫，因此又云：「所謂誠明者，性與天道，不見乎小大之別也。」（同上）

然而聖人固可以存誠盡性，不勉而中；凡人不免須由窮理乃能盡性，因此橫渠亦肯定《中庸》之「致曲」說：

> 致曲不貳，則德有定體；體象誠定，則文節著見；一曲致文，則餘善兼照；明能兼照，則必將徙義；誠能徙義，則德自通變；能通其變，則圓神無滯。〔註41〕

這正是《中庸》「曲能有誠」則形、著、明、動、變、化以達至誠能化的進一步申釋。可見《中庸》誠明之教給予橫渠言「窮理盡性至命」不少直接之啓示，然後橫渠之工夫理論亦由此而展開，走向《中庸》「君子尊德性而道問學」的誠明並重之路。《正蒙‧中正》云：「不尊德性則學問從而不道，不致廣大則精微無所立其誠，不極高明，則擇乎《中庸》，失其時措之宜矣。」雖似以尊德性爲重，實則二者未嘗偏廢。

就「窮理盡性」與《中庸》之關聯而言，至少可注意以下兩點：

（一）窮理指自明而誠之致曲工夫，此爲對「修道之謂教」之補充；且窮理之內容亦包括「窮神知化」的性命之理，可證「窮理」與盡性之聖德有關，同時也是「思知人不可以不知天」一語的發揮。此外還包括人倫日用一切事物之理（散見《正蒙》〈中正〉、〈至當〉以下各篇），則是承自《中庸》「學問思辨行」之重知之教，指向「道問學」一路。亦由於橫渠重窮理一語，因此伊川後來有性即理之論斷，並結合《大學》而言格物窮理之教與「進學在致知」之指點。

（二）盡性以誠言感，是「自誠明」之一路。由於以誠言感通，故而爲《中庸》自盡性至與天地參一段文字之工夫描述，建立內在而必要之理論根據，亦使得「率性之謂道」一語得到補充。成己成物之感通可達內聖外王，至誠盡性之感通可達天人合一；「尊德性」一語工夫亦有了親切可行之路經。橫渠由此走向「至命」之工夫，伊川以此提出「涵養須用敬」之指示加以發揮。

〔註41〕《正蒙‧中正》語。

第六節　命遇分言與《中庸》義命分立之比較

　　《中庸》對於孔子所採「義命分立」〔註42〕觀點之「命」所持的態度爲「君子居易以俟命」，〔註43〕故云：「君子素其位而行，不願乎其外。素富貴行乎富貴，素貧賤行乎貧賤，素夷狄行乎夷狄，素患難行乎患難。君子無入而不自得焉。」「上不怨天，下不尤人。」〔註44〕然而橫渠卻有「命遇分言」之趨向及「義命合一」之觀念。

　　橫渠云「義命合一，存乎理」（《正蒙‧誠明》），王船山注云：「義之所在即安之爲命，唯貞其常理而已。」這是以天理爲安身立命之所，意謂我之所當爲者，即視之以爲天之所命我以必行者，此乃天理，雖有吉凶禍福之異，終不改我以之爲我所當爲，且必欲爲之的決心。故橫渠云：「天所命者，通極於性，遇之吉凶不足以戕之。」（《正蒙‧誠明》）亦是強調不以吉凶之遇改變善性（天地之性）之所必爲的意思。因此，誠知此理，則知天所命我之性，皆我所當爲當修者，而可視爲我之分內職事矣。因此橫渠云：「知性知天，則陰陽鬼神，皆吾分內爾。」（《正蒙‧誠明》）橫渠重言窮理者，窮此性分之理也；盡性者，盡吾分內之所當爲也；至於命者，知其爲天所命我之理而安之若素也。以其爲天所命我之理，則能悅之安之行之而無悔無疑，故橫渠云：「所謂天理者也，能悅諸心，能通天下之志之理也。」（《正蒙‧誠明》）以其能悅我而安行之，則無非我性命之正理，故橫渠又云：「命於人無不正，繫其順與不順而已；行險以徼幸，不順命者也。」（同上）

　　綜上所述，可知橫渠雖言「義命合一」，彷彿與《中庸》之「居易俟命」（屬孔子義命分立觀點，亦與孟子觀念同）〔註45〕者不合。其實，乃因二者

〔註42〕見勞思光《中國哲學史》第一卷第二章〈孔子與儒學之興起〉。

〔註43〕《中庸章句》十四章。

〔註44〕同前註。

〔註45〕除見註42外，《孟子‧盡心上》云：「殀壽不二，修身以俟之，所以立命也。」此是義命分立之觀點。修身者屬義，而所俟者爲殀壽吉凶禍福之命：義所操之在我者，命屬未可知者，義命分立明矣，故孟子曰：「存其心，養其性以事天也。」是將殀壽禍福歸之於天而不在我。故同篇又云：「求則得之，舍則失之，是求有益於得也，求在我者也。」此指修身之義，乃在我者；「求之有道，得之有命，是求無益於得也，求在外者也。」此指富貴吉凶壽殀禍福者爲命，乃在外者，故義命分立之意甚明。故〈盡心下〉又云：「堯舜，性者也；湯武，反之也。……君子行法以俟命而已矣。」行法俟命，亦即修身俟命之義。可見孟子對於現實生活中之吉凶禍福等歸之於命，以爲操之於天，非人力所可扭轉者；而道德生活中之修道行法者，則可求而有得，乃成之於己者。一屬內，一

之「命」觀念有異，故有不同之論。孔子、孟子與《中庸》之「命」乃指吉凶禍福夭壽貴賤者；橫渠之命則指天所賦予我者，故為我之性，亦為我之所當行之義理。故橫渠以之合一，而孔、孟、《中庸》則以之分立。橫渠以其為天命之正，故順受之而已，此為主動積極之順受與實踐；孔、孟、《中庸》則消極被動地等待與承擔，故俟之而已。二者之不同實由於對「命」字之用法有異之故。如僅就義命之分合而觀，《中庸》持躬守節之義顯，橫渠盡性至命之義明，實互有界限而不相涉。然而細審《正蒙》之意，實非全無《中庸》「命」之觀念，此見之於「遇」之觀念。

　　《正蒙・誠明》云：「德不勝氣，性命於氣；德勝其氣，性命於德。窮理盡性，則性天德，命天理。氣之不可變者，獨死生、修夭而已。」此謂義命合一於理，則「命」即正命，可順受而盡之至之。如此，則「大德必受命」（《正蒙・誠明》）蓋受命指順受正命而盡性之意（此與《中庸》之原意似有不同，不以辭害意可也。），非如朱子注《中庸》時所謂「受命者，受命為天子也」〔註46〕之意。故於孔子至聖而不得其位，繼世之君（如桀紂）無道而貴為天子，〔註47〕橫渠解釋為「所乘所遇之不同」〔註48〕而不以「命」稱之；可見《中庸》所云貴賤、壽夭、窮達、吉凶、禍福之「命」，於橫渠之觀念用語中實歸之於「遇」而非「命」。故橫渠於《正蒙・乾稱下》又云：「性通極於無，氣其一物爾；命稟同於性，遇乃適然焉。人一己百，十人己千，然有不至，猶難語性，可以言氣。行同報異，猶難語命，可以言『遇』。」意謂「性」得之於「靜常動順」之天理，無有不善；氣質只為其中濁而礙者，不可即據之以為性而安之也（此與「氣質之性，君子有弗性者焉」之意同）。而天命之於人者亦無不善，遇之吉凶禍福乃適然而非必然，故君子不以為命，只歸之於時遇而已。才質之異不可言性，只可謂氣之不能無偏（亦君子弗性之意），至於吉凶禍福壽夭窮通，只可謂所遇之時然也，不可謂命。〔註49〕可見橫渠確是將「命」與「遇」分別而觀；且以《中庸》之「居易俟命」之「命」歸之於「遇」明矣。

　　總而言之，「命」與「遇」之觀念於橫渠而言實大有分別，且亦有分別之

　　　　屬外：一在天，一在人，實是孔子義命分立之嫡傳。

〔註46〕《中庸章句》第十七章。

〔註47〕王夫之《張子正蒙注》卷三。

〔註48〕《正蒙・誠明》語。

〔註49〕王船山注此段云：「比干之死，孔孟之窮，非天命之使然，所遇之時然也。故君子言知命、立命而不言安命，所安者遇也。以遇為命者，不知命者也。」

必要。蓋依橫渠之理論體系而觀，性命無非氣化之理之所流行，必有相通之理；以其相通，故可窮理盡性以達天人合一、成己成物之聖德而上承《中庸》之教義。命無非理，命無非義，乃能進而言爲天地立命（心），爲生民立道（命），爲去（往）聖繼絕學，爲萬世開太平。否則，立「命」之內容若爲吉凶禍福，不僅生民無所依託其命，即「天命之謂性」一語亦顯得章法大亂，「率性之謂道」「修道之謂教」亦無從建立，「盡性」之教亦將無從說起。故對《中庸》而言，橫渠命遇分言之說，實有如下之發揮：

（一）釐清用語之混亂，避免內部理論之矛盾。

（二）使「天命之謂性」一語能通貫而下，確立天命之善與性命之善純屬道德範疇，乃可進而言「率性」「修道」而無礙。

（三）使《中庸》存誠盡性之義轉爲窮理盡性至命，兼顧「自誠明」與「自明誠」之境界與工夫義，亦使「尊德性而道問學」之教，不至於有所偏廢。理、性、命三者乃通一無別；窮理可以盡性至命，更突顯出「自明而可以誠」之義。

此外，由於橫渠獨特之天道觀本之於對《易傳》氣化之默契，故亦結合《易傳》「時位」之概念以言「時中」，而使時中有了形上意義的特殊面貌，亦有討論之必要。

第七節　賦予新義之時中、慎獨

橫渠云：「天之化也運諸氣，人之化也順夫時；非氣非時，則化之名何有？化之實何施？」（《正蒙・神化》）可見窮神知化之聖境與盡性而參贊天地、化育萬物之聖德，實皆由「順時而化」作起。然順時而化，實即「時中」之義的引申，故云：「順變化，達時中。」（同上）故時中之義於此與「唯天下至誠爲能化」之「至誠」及「唯天下之至誠爲能盡其性，……則可以贊天地之化育」之「盡性」之義，即有密切關聯，亦即所謂「至誠」與「盡性」無不依於「達時中」之觀念而有較爲明確之意義：無論視聽言動之已發或喜怒哀樂之未發，五達道之遵循、三達德之實踐，或治國之九經，無不順時而中節，如此乃爲「至誠」與「盡性」。

橫渠又以誠言「慎獨」曰：「鬼神常不死，故誠不可揜；人有是心，在隱微必乘間而見。故君子雖處幽獨，防亦不懈。」（《正蒙・神化》）此處須注意

橫渠之用語：「鬼神」指氣之屈伸不已，故「常」而不死；至誠者以其無息，故能有諸中必形諸外而不可揜。此處之「常」、「不死」、「誠」俱有不已無息之義，而不已無息之概念實即扣緊「時」之觀念立言，故橫渠云：「然則象若非氣，指何爲象？時若非象，指何爲時？」（《正蒙·神化》）除了表示「時」即「氣」即「象」，而使「時」具有宇宙形上本體之意義外，顯然是以氣化之「常」與氣化之屈伸往來、循環不已者言「時」之義。故以此「不已而常」之時與「有諸中必形諸外」之誠來觀察其心之發微處，乃知幽隱未顯之跡雖未形，然「幾」則已動於心，故終將因「時」之不已無息與「誠」之必顯必形而發露於外，因此君子必愼其獨以使幾之發動皆能如理不違，以去人欲之私。蓋私欲之幾雖隱微，終必顯現於外，故防檢工夫不敢稍懈（亦即無息、不已之義）。由此可知橫渠實是結合氣化之常、至誠之無息、時中之不已之義而言愼獨，故使愼獨之義亦因幽微之必顯而朗現其必要。

因此，橫渠以氣之常屈伸循環不已而言《中庸》之「至誠」、「盡性」、「時中」、「愼獨」諸義，不僅以「氣」之觀念貫通其間，作爲其形上之根據，而且拓展《中庸》諸義，使之呈顯更爲豐富之內涵。可知橫渠融通《易傳》之「氣」與「時」觀念而言《中庸》，進而賦與《中庸》舊義以新精神、新生命，對《中庸》推擴之功實有不容抹滅者。此外，橫渠於無時不中之愼獨工夫已明言「心」，亦較濂溪對《中庸》之發揮更進一大步，可知工夫當在心上用，〔註50〕此可進入下節言心性工夫。

第八節　心之朗現與神用

前文曾述及《中庸》指未發已發言性及其愼獨之教，雖未明言心，然其義實已呼之欲出。濂溪則進而明言誠心而以此建立愼動與無欲之工夫理論，可謂對《中庸》未及之心性分別，具有廓清概念之作用。然而能夠眞正經由精思熟慮而將心性觀念明確劃分，且進而呈顯心之主體意義者，在宋儒之中當以橫渠居首功。程朱對橫渠「通一無二」之氣化論（天道觀）雖不能相契（見本章註15引文），然對其心性之別與「心統性情」呈顯之主宰心，卻頗爲欣賞。〔註51〕

〔註50〕《正蒙·大心》云：「化則無成心矣。成心者，意之謂與！無成心者，時中而已矣。」可見不僅言工夫須落於心上說，時中之義實與心之觀念密切相關。此爲《中庸》所未及之意，亦濂溪之所未到。橫渠創新發明之功實不爲少。

〔註51〕參見前篇註4。

《正蒙・太和》云：

> 由太虛，有天之名；由氣化，有道之名；合虛與氣，有性之名；合
> 性與知覺，有心之名。

此處對於天、道、性、心之命名，雖在用語方面或不能無病，﹝註52﹞然其意卻極明白：兼具性之感通與虛明照鑑之知覺功能者為「心」。由於橫渠以氣兼形上形下而言天道性命之通一無二，此處又下及於「心」，可見就橫渠之用語而言：太虛、天、氣、道、太和、性、心之意義實亦為通一無二。只是就人物而言，皆有能感者謂之性，就能有知覺而能盡性窮理者而言，則稱之為心。性之與心雖於功用上言別，然皆為氣化妙合而凝者，皆為宇宙之形上本體。因此橫渠云：「大其心，則能體天下之物。」（《正蒙・大心》）又云：「體萬物而謂之性。」（《正蒙・乾稱下》）以「體萬物」分言心與性，可見心與性就形上本體而言，皆能「妙萬物而謂之神，通萬物而謂之道」（同上），本是通一無二者。

然而就實踐善性之道德工夫而言，橫渠依然有別：「心能盡性，人能弘道也；性不知檢其心，非道弘人也。」（《正蒙・誠明》）可見對道德實踐而言，心對性實有主宰意義。因此上章所云之窮理盡性至命亦全須落於心上立說。由於心有能知之明，故能窮盡天地萬物之理，橫渠於此云：「虛明照鑑，神之明也，無遠近幽深、利用出入，神之充塞無間也。」（《正蒙・神化》）意謂心知之神用可以無遠弗屆，無幽不照。因此，上通天道之窮神知化與聖境之順變化、達時中；下至人事之慎獨、大心、變化氣質、「誠莊盡性」（《正蒙・誠明》語）、辨命遇而順受性命之正，明理欲而上達天理，無不一一落在能明理盡誠之心上下工夫。以下即就與心有關之理論略作描述而後及於工夫途徑。

第九節　德性之知、聞見之知與尊德性、道問學之淵源

橫渠對於心之知覺作用辨之甚詳，一如其辨天地之性與氣質之性為二，因此說：「見聞之知，乃物交而知，非德性所知。德性所知，不萌於見聞。」（《正蒙・大心》）亦是將知分為二類：由耳目感官所聞所見而得之經驗知識，

﹝註52﹞勞思光先生《中國哲學史》卷三論橫渠此段以為太虛即氣，氣即太虛，故不當言「合」。然橫渠此處實是藉「虛」言性之本體，藉「氣」言性之神用，實亦未可遽以為有病。

及由人與生俱有不思而得、不慮而知之天德良知。橫渠云：「天之知物，不以耳目、心思；然知之之理，過於耳目、心思。」（《正蒙·天道》）蓋天以清通不測之神而有虛明照鑑之知，故天命於人之心性主宰，亦即稟之而有德性之知，此知乃依天德而有，非形後感官之所知者，故名為天德良知。因此，人心之知，一方面有不學而能之天德良知，一方面亦有學而後能之聞見之知。

然橫渠之意，本不欲偏廢耳目聞見之所知，故云：「耳目雖為性累，然合內外之德，知其為啓之要也。」（同上）意謂聞見之知亦足以啓發吾人靈明本心，使其發揮天德良知而體物不遺。即此可知：聞見之知於盡性成物之實踐工夫而言，自有其不可廢棄之價值。故語錄上云：「聞見不足以盡物，然又須要它；耳目不得，則是木石；要它便合得內外之道。若不聞不見，又何驗？」即是一面知耳目聞見之知可為性累，一面又認為聞見之知足以啓發天德良知。即此而論，橫渠實未嘗偏廢其一。此正如橫渠論性時既知氣質之性能助成天地之性，乃為人盡天地之性所必須假借者，又知氣質之性能徇欲背理而實成行為之惡一般。因此，就聞見之知之為啓發天德良知之要而言，橫渠重窮理之學；就其能為性累而桎梏本心者而言，橫渠強調大心之工夫（此見下節）。

橫渠又云：「誠明所知，乃天德良知，非聞見小知而已。」（《正蒙·誠明》）可見橫渠是以《中庸》之誠明觀念言知之二途，明是兼重而不偏廢，故云：「自明誠，由窮理而盡性也；自誠明，由盡性而窮理也。」（同上）自明誠，重聞見之知能啓發天德良知而言，故窮理可以盡性；自誠明，重天德良知能照鑑聞見之知之真偽，亦可朗現物我為一之理而成己成物，無不一併盡其性，是盡性亦可以窮理。故橫渠又云：「天人異用，不足以言誠；天人異知，不足以盡明。所謂誠明者，性與天道，不見乎小大之別也。」（同上）故欲上通天德而達天人合一，須以天德良知啓發天命之誠善而盡之；欲上窮天理而明天人不二，須致聞見一曲之知而觸類旁通。曲能有誠，亦能由明知天人不二之理進而誠達天人合一之德，更進而發揮天地萬物一體之仁，而上下與天地同流矣。

故橫渠以聞見之知而立明善窮理之教，近於《中庸》「道問學」一路。舉天德良知而立誠善盡性之道，近於《中庸》「尊德性」一路。且謂聞見之知為合外內之道之要，於是使道問學與尊德性之兩途合而為一，明善誠身之雙路亦圓融無別，正是對《中庸》思想作了更為精細而創新之探討後所發揮之見解。故日後王陽明亦云：「良知不由見聞而有，而見聞莫非良知之用；故良知不滯於見聞，而亦不離於見聞。」（《傳習錄》卷中〈答歐陽崇一書〉）可謂淵源於橫渠。

第十節 大心、虛心本於誠之工夫

《正蒙‧大心》云：「大其心，則能體天下之物；物有未體，則心爲有外。世人之心止於聞見之狹；聖人盡性，不以見聞梏其心，其視天下，無一物非我。孟子謂盡心則知性知天，以此。天大無外，故有外之心，不足以合天心。」上節曾提及聞見之知亦有能助能違之義，因其能違，故能梏桎靈明本心；於是心之大用不顯，亦無由窮理盡性至命。然實非聞見之知能梏人之心，而是人心自「徇象」（《正蒙‧大心》語）於物，且「存象」（同上）於心，於是心亦止是一象而爲物所限，故橫渠云：「徇物喪心，人化物而滅天理者乎！存神過化，忘物累而順性命者乎！」（同上）故知聞見之所以梏其心，蓋由於心不能發揮至誠之神用以化物，反而徇物喪心而爲物所化。可見心自不能至誠乃拘於物欲而有礙，實是「以見聞爲心」，故「止是感得所聞見」（〈語錄〉上）而不能體天地萬物爲一，故亦不能上合天心。橫渠於此言「成心」，蓋謂心止成一物之知而不能「體萬物而謂之性」也。成心即私意，故又云：「成心者，意之謂與！」（《正蒙‧大心》）私意則狹，狹則自梏其心；反私爲誠，故引《中庸》之言「至誠爲能化」及《孟子》之言「大而化之」而云「化則無成心矣」（《正蒙‧大心》）；因此，須以誠心「大其心」而化除成心私意，而後誠心乃能感萬物而無不體，亦才能復有萬物一體之仁而視天地萬物無一物非我。即此而言，橫渠雖取孟子「大而化之」而言大心工夫，然大心之本在誠，仍是《中庸》本色。故《孟子》言盡其心之大，而橫渠言盡其性，其間自有端緒可尋。

此外，橫渠亦由大心而言弘心：

> 求養之道，心只求是而已。〔註53〕蓋心弘則是，不弘則不是，心大則百物皆通，心小則百物皆病。悟後心常弘，觸理皆在吾術內；覩一物又敲點著此心，臨一事又記念著此心，常不爲物所牽引去。」
> （〈經學理窟‧論氣質〉）

又言心須謹敬：

> 若心但能弘大，不謹敬則不立；若但能謹敬而心不弘大，則入於隘，須寬而敬。大抵有諸中者必形諸外，故君子心和則氣和，心正則氣正。（同上）

此則是以誠敬言心之工夫。

〔註53〕或疑：「心」字當在「求養」之下。

　　針對成心而言，除了以誠化之而外，橫渠又云虛心：「人私意以求是未必是，虛心以求是方為是。」（〈經學理窟・學大原上〉）「心虛則公平，公平則是非較然易見，當為不當為之事自知。」（同上）此是以公心而論。此外亦有正心、寡欲等語：「正心之始，當以己心為嚴師，凡所動作則知所懼。如此一二年間，守得牢固則自然心正矣。」（〈經學理窟・學大原上〉）「仁之難成久矣，人人失其所好，蓋人人有利欲之心，與學正相背馳，故學者要寡欲。」（同上）

　　專就橫渠言心之工夫而言，主要在大心；欲大其心則須如聖人以誠盡性乃能合物我，通內外而無物不體，進而上達天人合一之境。以誠盡性，仍是《中庸》遺教。

第十一節　變化氣質及學至成性

　　橫渠之天道觀主體為「氣」，此氣兼形上形下，故可下貫人物心性而為一縝密之思想體系。然其形上觀念中最重要者則為「通一無二」，故體即是用，用即是體，切不可「體用殊絕」。〔註54〕故本此反觀橫渠之心性論，尚有必須說明者，述之於下，以為本章之結束。

　　天地之性與氣質之性，雖於概念上可別而為二，然落在個體生命中而言，卻止是天性，不容謂人有二性。橫渠云「性於人無不善」是指善以言天地之性，其實天地之性即氣質之表現者，非於氣質之外別有所謂天地之性。上文言及氣質有能助與能違二義，故即此而言，方其能助之義顯，而能如理呈顯仁義禮知四端於心，發而於外而為中節合宜之行，吾人即此而知人有超乎形氣之偏全不齊而上之本性；此性乃人之所以為人之性，故為共同義之性，乃人人生而具有者，不因氣質之偏全不齊而異者。即以其為人人共通且又超乎形氣之偏異而不受限於氣質之不齊者而言，故橫渠稱之為無不善之天地之性；蓋指其為天之命我命人無以異者而立說。

　　然人除有此共通之善性外，同時仍有偏全不齊之氣質，此為人人殊別之個體之性，故橫渠曰「形而後有氣質之性」，即是言其為人人殊別之形軀之性。故所謂氣質之性者，實即氣質中之性也。以人之形氣而言，不能無剛柔、緩急、與才不才之偏；以其依於形氣而有異，不能超拔於形氣之外者而言，故名之為氣質中之性。所謂「形而後有」實即指其依形而不能超拔者而言，故

〔註54〕《正蒙・太和》語。

人有形軀之所限，則有耳目食色攻取之欲，有昏明強弱之才性，此皆依於形軀之有別而不能無別者，故爲氣質之性。「形而後有」非眞有時間上之先後概念，以爲天地先命我以天地之性，而後生我之形軀者。蓋如此則天地之性不依於形軀之中，人即無從由形軀之氣之能助義見其天地之性矣；是天地之性與氣質之性即眞有二本，性與氣即分離爲二而無從言變化氣質矣。

　　故天地命人之性只爲一而不爲二，指其爲人人生而具有者，且爲人人共通者而言，爲天地之性；指其爲人人殊異於形軀者而言，爲氣質之性。氣質能助成天地之性，亦能違礙其天地之性。即此而言，所謂性，無非一氣之表現。方氣表現爲昏而偏者，人人殊異者，即爲氣質之性；經由變化之功，而使昏者明，偏者正，則此氣即表現爲天地之性。故天地之性與氣質之性皆依於一氣而有，氣有可以由清而濁，亦有可以由濁而清之理，此即變化氣質之依據。故天地之性與氣質之性於概念上可以二分，於個體生命而言，無非一氣之流行，故有清濁動靜種種差異，然終究只是一氣之流行而已，即此而論，亦止是一性之表現有別罷了。故天地之性亦依於氣質而有，但能超拔於氣質之外，不爲氣質所限，故能即氣質以表現人人共通之性者，即爲天地之性矣。

　　明乎此，乃能知橫渠「變化氣質」之說之所以立。蓋氣質有能助能違（助與違乃相對於天地之性而言）之可能，亦即有能變化之可能。而其主宰在心，故橫渠言「心統性情」，而將變化氣質落在心上立說。至於其變化氣質之工夫，除上節所及之大心、弘心、謹敬、化成心、虛心等概念外，主要在「學」。故橫渠云：「氣質惡者，學即能移，今人所以多爲氣所使，而不得爲賢者，蓋爲不知學。」（〈經學理窟・氣質〉）故又云：「爲學大益，在自能變化氣質，不爾，卒無所發明，不得見聖人之奧。故學者先須變化氣質，變化氣質與虛心相表裏。」（〈經學理窟・義理〉）可見變化氣質之工夫在學，而學之工夫實即於心上用。

　　然「學」將學何？橫渠云：「要見聖人，無如《論》、《孟》爲要。《論》、《孟》二書於學者大足，只是須涵泳。」（同上）故教人讀聖賢書，然讀書之功，卻須涵養義理，故曰：「學不能推究事理，只是心粗。」「觀書必總其言而求作者之意。」（同上）是不可只求於文字之中，須以探究義理爲先，故云：「學貴心悟，守舊無功。」「某觀《中庸》義二十年，每觀每有義，已長得一格。」（同上）皆是以探究義理爲言。故又云：「讀書少則無由考校得義精，蓋書以維持此心，一時放下則一時德性有懈，讀書則此心常在，不讀書則終

看義理不見。」（同上）可見橫渠變化氣質之工夫用於心，用心之道重於學，學之首功在讀聖賢書，讀聖賢書貴心悟，心悟當求明義理，故橫渠言「窮理盡性」，蓋唯窮盡義理乃能變化氣質之不善而見其天地之性，見性明善而後可盡其性。故橫渠又云：「但學至於成性，則氣無由勝……」（〈經學理窟・氣質〉）正是以學化其氣質而後明性之善，而後可以盡善「成性」，「成性」意即變化氣質而成天地之性；如此，則氣質形軀亦即無以限其天地之性矣。故橫渠云：「德不勝氣，性命於氣；德勝於氣，性命於德，窮理盡性，則性天德，命天理。」（《正蒙・誠明》）明是以窮理盡性與變化氣質連言。

可知窮理在學，學求心悟義理，明義理乃能明善誠身，化其氣質之惡，成其天地之性而盡其性。因此，窮理與盡性，實有密不可分之關聯，切不可將之分為兩途。亦可見窮理乃遙契《中庸》「道問學」之路，盡性乃遙契「尊德性」一路；《中庸》「尊德性而道問學」之教，於橫渠之變化氣質及窮理盡性之說，實有深刻之啟示。

故綜觀橫渠之學，可一言而盡，即《周易・說卦傳》所謂：「窮理盡性以至於命。」窮理屬「道問學」之路，為「自明而誠」之教；盡性屬「尊德性」之路，為「自誠而明」之教。至於命則上溯「天命之謂性」一語，勉人順受正命，為天人合一之境。窮理與盡性為功夫之二途，乃通往天人合一之境之所由。窮理以變化氣質，盡性以成其天地之性，窮理盡性乃能天人合一。如以此三語反觀《中庸》「天命之謂性，率性之謂道，修道之謂教」三語，可知窮理即修道之親切工夫，盡性即率性之旨而更見篤實踐履之意，至於命即天人合一之上達境界。橫渠逆而言之，除遙契《中庸》之教外，更直指《中庸》重修道工夫（見首章）須落在心上而明示下學上達之意。

第四章　二程對《中庸》思想之繼承與發揚

　　北宋理學家中除濂溪、橫渠之思想體系重在以《中庸》之「誠」結合《易傳》之陰陽、體用觀念而建立宇宙論、天道觀、心性論與下學上達之工夫途徑外，二程（程顥、程頤）對《中庸》之「誠」亦有精闢之發揮。然濂溪、橫渠之興趣與用心所在，似傾向於建立宇宙論與形上義理之混合系統，〔註1〕此由濂溪之〈太極圖說〉提出「無極而太極」與《通書》首章言：「大哉易也，性命之源乎」，可知其用心，亦可由橫渠精思苦索而完成之《正蒙》一書首篇即言「太和」、「太虛」與氣等觀念而歸結於「能推本所從來，則深於《易》者也」（《正蒙・太和》），而見其命意所在。至於二程則已有著重於發揮心性誠體之轉向，〔註2〕此可由明道以誠發揮「徹上徹下」的「一本」之義〔註3〕，

〔註1〕 見勞思光先生《中國哲學史》第三卷第二章〈宋明儒學總說：（A）宋明儒學之分派〉。

〔註2〕 同前註，並見第四章（二）〈明道學說之大旨〉一節。勞先生以為二程已持形上之本性論觀點，既與濂溪、橫渠之半宇宙論、半形上學系統有別，亦與陸、王之心性論觀點有異。然二程較周、張注重心性誠體之探討與發揮，於《二程集》中實隨處可見，雖未能如陸、王純粹強調心體，要之已較周、張更進一步矣。

〔註3〕 《二程遺書》卷一、〈二先生語〉載有「『忠信所以進德』，『終日乾乾』，君子當終日『對越在天』也。蓋『上天之載，無聲無臭』，……故說神『如在其上，如在其左右』，大小大事而只曰：『誠之不可揜如此夫』。徹上徹下，不過如此……」一條，是即以「誠」言徹上徹下之天道性命之理。此條遺書未註明誰語，然《宋元學案》列入〈明道學案〉中。又《遺書》卷二上云：「『居處恭、執事敬，與人忠』，此是徹上徹下語，聖人原無二語。」下並註一「明」字，示為明道之語。前三語即明道嘗以「誠」之不已言「敬以直內，義以方外」之義。至於一本之義即與徹上徹下之誠為一語之轉化，大要指心性天只是一，天人本無二之意，其「一本」二字見於《遺書》卷十一，標註為明道

以及以「誠」之感通無隔發揮「仁者渾然與物同體」〔註4〕之義而見，亦可由伊川之反復與呂大臨論「中」，及提出「涵養須用敬，進學在致知」〔註5〕之工夫途徑而見。因此，本章即繼濂溪、橫渠之後闡述二程對《中庸》思想之繼承與發揮。

今本《二程集》雖包括《遺書》、《外書》、《文集》、《易傳》、《經說》、《粹言》六種，然以朱子所編之《遺書》二十五篇語錄文字與《中庸》之義理最有淵源。因此，本章即以《遺書》之資料爲主，探討二程思想與《中庸》之關係。然因伊川對其學說與明道之異處並無明確之自覺，〔註6〕且《遺書》第一至第十，程氏門人及呂與叔所記者大抵只標爲二先生語而未注明究屬明道或伊川，〔註7〕倘單憑己意之去取選擇，遽下判斷而分二程之義理爲一系或二系恐有仁智之見，故本文擬將二程同置一章之中而不另外劃分。然自朱子以來，既已有意於分別二程，後世學者亦有明道啓象山或五峯，及伊川啓朱子之說，且二程之性格亦實有辨，〔註8〕二程之啓學者契入之道亦實有別，〔註9〕故雖不分章，

先生語一：「道、一本也。或謂以心包誠，不若以誠包心；以至誠參天地，不若以至誠體人物，是二本也。知不二本，便是篤恭而天下平之道。」又見於未註明誰語之《遺書》卷二上：「若不一本，則安得『先天而天不違，後天而奉天時』？」與前條合觀，並參之以明道之屢以天道性命之理通貫於誠，而又有「仁者渾然與物同體」之語，當屬明道之思路。

〔註4〕見於〈識仁篇〉。即《遺書》卷二上所記者，註「明」字示爲明道語。

〔註5〕《遺書》卷十八。案《遺書》十五以下至二十五，各家所錄皆伊川語。

〔註6〕朱子〈伊川年譜〉引伊川語張繹曰：「我昔狀明道先生之行，我之道蓋與明道同。異時欲知我者，求之於此文可也。」（見《二程集·遺書附錄》）是伊川未嘗明確分別與明道學說之異。且明道言：「窮理盡性以至於命，三事一時並了，元無次序。」伊川亦言三事只是一事。明道謂心性天是一，伊川亦云：「心也，性也，天也，非有以異也。」是皆見伊川實未自覺與明道之學有異。

〔註7〕就《遺書》二十五篇（卷）而言，除十五至二十五，各家所錄皆標明伊川語及十一至十四所錄皆明道語外，卷一至卷十之問題較多。卷二爲呂大臨（與叔）所記，有時於某條下註一「明」字，示爲明道語；註一「正」字，示爲正叔（伊川）語；然多半未嘗註明。第三卷爲謝顯道所記，則標明「右爲明道先生語」，「右爲伊川先生語」。其餘各卷則偶於引文中記有「伯淳（明道）先生曰」或「伊川先生曰」之語。然綜觀前十卷，可得以明確判定究屬誰語之「註語」畢竟少數。因此，本文分言明道伊川之思想時除參考《宋元學案》所錄之條文究歸之於明道或伊川外，主要以牟宗三先生所著之《心體與性體》第二冊之分法爲依據，而自作義理之闡釋。

〔註8〕《宋史·道學列傳》（卷四百二十七）云：「顥（案：指明道）資性過人，充養有道，和粹之氣，盎於面背；門人交友從之數十年，亦未嘗見其忿厲之容。……」伊川作〈明道先生行狀〉（見《文集》卷七）云：「荊公與先生（案：

仍有分別論述之必要。因此，本章甲部即論明道，乙部乃及伊川。

甲、明道之學

　　明道之思想重心本不在宇宙論上，故年少時雖曾從濂溪學，〔註10〕卻不發揮「無極而太極」之說，亦不似橫渠於《正蒙》〈參兩〉、〈動物〉篇中有系統地對宇宙生化過程刻意描述。其思想特色所在，似重在徹上徹下之一本論，

指明道）雖道不同，而嘗謂先生忠信。先生每與論事，心平氣和，荊公多為所動。」又云：「先生資稟既異，而充養有道：純粹如精金，溫潤如良玉；寬而有制，和而不流；忠誠貫於金石，孝弟通於神明。視其色，其接物也，如春陽之溫；聽其言，其入人也，如時雨之潤。胸懷洞然，徹視無間；測其蘊，則浩乎若滄溟之無際；極其德，美言蓋不足以形容。」可見明道之氣質溫柔敦厚、性格如和風慶雲之一斑。《二程集‧外書》卷十二有一則記錄正足以比較出二程性格之迥異：「朱公掞來見明道於汝，歸謂人曰：『光庭在春風中坐了一箇月。』游、楊初見伊川，伊川瞑目而坐，二子侍立。既覺，顧謂曰：『賢輩尚在此乎？日既晚，且休矣。』及出門，門外之雪深一尺。」此見明道之和煦溫柔與伊川之嚴屬有威。又同卷載「韓持國與伊川善」條，錄二程暇日「與持國同遊西湖，命諸子侍行。行次，有言貌不莊敬者，伊川回視，屬聲叱之曰：『汝輩從長者行，敢笑語如此，韓氏孝謹之風衰矣。』持國遂皆逐去之。」可見伊川之嚴嚴氣象。故明道曾言：「異日能尊師道是二哥。若接引後學，隨人才成就之，則不敢讓。」（同上）是二程之性格真有大異存焉。

〔註9〕　《遺書》卷一記錄蘇季明「嘗以治經為傳道居業之實，居常講習，只是空言無益，質之兩先生」。明道示之以「大小大事卻只是忠信所以進德為實下手處，修辭立其誠為實修業處」。伊川則答之以「為學、治經最好」、「如登九層之臺，自下而上者為是」。可見二程指點人實自有別。大抵明道重在當下體認誠體，體貼天理，認取渾然與物同體之仁，故每教人觀春意、生意、觀雞雛、或以切脈體仁；伊川則重下學而上達，循序漸進之教，故示人格物窮理而言「進學在致知」，因此牟宗三先生以為明道之境界與啟發學者具有圓頓之智慧，伊川則只是分解之漸（見《心體與性體》第二冊）。《外書》卷十二亦云：「伯淳常談詩，並不下一字訓詁。有時只轉卻一兩字，點掇地念過，便教人省悟。」蓋明道教導學者實重在啟悟誠體之仁，原不重文字解析，故以其圓融無礙之智慧可以出語成經，而又洞悟深遠，雖只是幾字口語之轉換點撥，卻使《易傳》、《中庸》之天道性命通貫為一而生意盎然。故朱子雖以為明道說得太高，以致使上蔡、定夫、龜山等「只睥見上一截，少下面著實工夫」而「下梢皆入禪學去」，黃宗羲《宋元學案‧明道學案上》之案語卻為明道辯：「引而不發，以俟能者。若必魚筌兔跡以俟學人，則匠斲有時而改變繩墨彀率矣。朱子得力於伊川，故於明道之學未必盡其傳也。」可見接引學者，或頓或漸，於明道、伊川正自有別。

〔註10〕《二程集‧文集》卷十一（伊川先生文七）〈明道先生行狀〉：「先生為學：自十五六時，聞汝南周茂叔論道，遂厭科舉之業，慨然有求道之志。未知其要，泛濫於諸家，出入於老、釋者幾十年，返求諸《六經》而後得之。」

故明言「天人無間」，〔註11〕以啓發學者識仁，〔註12〕強調當下認取，不假外求。〔註13〕因此，其思想學說所展現之風貌即不在精闢之解析，而是與其圓融純粹之性格爲一之洞澈化境。而此圓頓化境之所以能全然朗現，則是其生命誠體之仁，純亦不已之流露所致；故表現於天道觀即爲「體貼天理」，表現於性命觀即爲「生之謂性」，表現於工夫指引即爲「誠敬愼獨」。本文即探討其圓頓一本之誠與《中庸》之淵源，及其對《中庸》義理之發揮。

第一節　誠敬愼獨與圓頓一本之義

《遺書》卷十一云（明道先生語一〈師訓〉，劉質夫錄）：

> 「天地設位而易行乎其中」，只是敬也。敬則無間斷，體物而不可遺者，誠敬而已矣，不誠則無物也。詩曰：「維天之命，於穆不已，於乎不顯，文王之德之純。」「純亦不已」，純則無間斷。

此處明道以爲天地生生之德只是誠體之不已，故能不斷地生而又生，以成己生生之德，亦同時成物之生。故引《中庸》「不誠無物」及《詩經·周頌》之語以表現純誠之敬體不斷發用而成就天地生生之大德。這是承襲《中庸》「誠者，天之道」之意，並將《易傳》之天道觀向下接引至聖人之德性（所謂「文王之德之純」），也是《中庸》言天人不二之本色。明道將「誠敬」連言，可見誠體亦即敬體之意。《中庸》之「誠」本已有工夫之義（見首章），然仍不及明道之「敬」字更有指心以言工夫之意味，故明道屢以《易傳·文言》之語「敬以直內，義以方外」指點學者「誠中形外」之工夫。明道言「只是敬也」正是要學者當下由心認取，不必外求玄妙高深之空理之意。然則誠敬連言，均是即工夫即本體者，亦不可將敬字只視爲工夫之義，故又以「敬則無間斷」遙應「維天之命，於穆不已」之本體義，正是明道徹上徹下、圓頓一本之教之特色所在。《遺書》卷二上亦云：「『居處恭、執事敬，與人忠』，此是徹上徹下語，聖人元無二語。」（案：此條下注「明」字，示爲明道語。）恭、敬、忠原即是誠體發用之表現，以「徹上徹下」言之，即代表既爲天道性命之本體，亦爲生化應物之神用、體用不二之意。故《遺書》卷十一又云：

〔註11〕「天人無間」一語見《遺書》卷二上。詳下文所引。

〔註12〕〈識仁〉篇原只是《遺書》卷二上之一段，乃明道對呂與叔問而說者，義理圓熟，見解精到，以「識仁篇」名之，乃後人標名。

〔註13〕「當下便認取，更不可外求」之語見《遺書》卷二上。詳下引文。

「……『敬以直內，義以方外』，仁也。若以敬直內，則便不直矣。行仁義豈
有直乎？『必有事焉而勿正』則直也。夫能『敬以直內，義以方外』，則與物
同矣。……」（案：卷十一至十四皆錄明道語）意謂敬爲體而在內，不可只以
工夫言，否則即成「以敬直內」之工夫而敬在外矣。此正如《中庸》以「誠」
言體，以「誠之」言工夫一般，亦正如孟子辨「由仁義行，非行仁義」（《孟
子‧離婁下》）之意。蓋敬指體而在內言，則是本心自然流露（此即是直），
故形之於外則能應物中節而自然合理，絲毫不假外在之工夫。倘以工夫言，
則是「以敬直內」，而非本心敬體之自然發用，故曰「若以敬直內，則便不直
矣」。又謂孟子自然集義之養氣亦只是誠敬不已而已，不可專以爲義襲可以取
之，故曰：「『必有事焉而勿正』則直。」又曰：「行仁義豈有直乎？」前句指
誠敬之體自然發露，故「直」，是即由仁義行之意；後句則指「正」而言，是
以仁義爲外在規範之意。合此二句而言，均表示不可將敬字全只視爲工夫之
義，故明道於此條上文又云：「《中庸》所謂『率性之謂道』是也。」即表示
此「敬」本即誠性自然發用之意。故《遺書》卷二上又云：「學者不必遠求，
近取諸身，只明人理，敬而已矣，便是約處。」（案：此條未注明誰語，可視
爲二程共有之意）「不必遠求、近取諸身」正是反身而誠，是以「敬」言「於
穆不已」之誠體不間斷地發用之意。

　　明乎此，可知明道之意在展現誠敬之本體與工夫義，然工夫與本體不二，
故以徹上徹下言之；亦可知明道指點學者形上形下不必分言，只須當下體認
頓悟即可窮盡天理之意。故《遺書》卷十一又云：

　　〈繫辭〉曰：「形而上者謂之道，形而下者謂之器。」又曰：……「一
　　陰一陽之謂道。」陰陽亦形而下者也，而曰道者，惟此語截得上下
　　最分明，元來只此是道，要在人默而識之也。

明道意謂「道」雖是形而上之本體，陰陽雖是形而下之神用，然陽變陰合之
生生不測即是道體自身之呈顯發用，不可於器外尋道，亦不可於用外另尋本
體，陰陽之生生不測即是道，故指點學者須默識天道，以誠敬體悟。可見形
上形下之分、體用之判，全只是言語上須作如此說者，並非器生於道而分作
兩截，故又云：「……大小大事而只曰：『誠之不可揜如此夫。』徹上徹下，
不過如此。形而上爲道，形而下爲器，須著如此說。器亦道，道亦器，但得
道在，不識今與後，己與人。」（《遺書》卷一、《宋元學案》列入〈明道學案〉）
表示只是分解說明時不得不分道器體用，實則道器不離也。「不識今與後」即

謂不可謂道先器後，器生於道；「不識……己與人」即謂但得默識此徹上徹下
之誠乃實有諸己者，爲於穆不已之發露於外者，即可通人物而無別，蓋「誠」
本有成己成物之德也。故誠乃天道本體，亦爲天命於人之誠善本體，更即是
人率性於外而成之達道，體用原即一本而相貫，原即不可分言者。故又曰：「不
要將《易》又是一個事。即事（一作唯，一作只是）盡天理，便是《易》也。」
（《遺書》卷二上，案：以其指點之語有渾融之意，故可視之爲明道語）是不
可分天人或道器之意；人能誠盡其性，亦即是天地生生之化矣。

上引諸條，皆可見明道指點學者重在默識心通此不已之誠體敬體即內具
於人，而不必外求之意，此是其自家體貼之天理（見下文引）之實有諸己，
故亦以圓頓之境啓學者。明其上下如一，內外無二，道器不離之意，則可進
而見其所謂「一本」正是前引「澈上澈下」之轉語。

《遺書》卷六與《遺書》卷二上有云：

> 天人本無二，不必言合。

> 若不一本，則安得「先天而天不違，後天而奉天時？」（案：《宋元
> 學案》將此二條合併爲一，列入〈明道學案〉中）

首條即在闢清二本之觀念，次條即以反證方式言一本。「先天後天」出自《周
易・乾・文言》：「夫大人者，與天地合其德，與日月合其明，與四時合其序，
與鬼神合其吉凶，先天而天弗違，後天而奉天時。」蓋謂聖人盡性之誠明至
德乃上通天德，下達人事，亦即《中庸》二十九章描述君子之道而曰「考諸
三王而不繆，建諸天地而不悖，質諸鬼神而無疑，百世以俟聖人而不惑」之
意，皆指至誠無息之道乃通天人、合內外而言者，故《遺書》卷十一又云：「道，
一本也。」「『大人者與天地合其德，與日月合其明』，非在外也。」均是明言
天德人德原即不二之意。然明道於此言一本，實皆立足於《中庸》之「誠」，
故屢以誠敬言徹上徹下之體悟，又於《遺書》卷十四云（明道語，見註7）：

> 佛言前後際斷，「純亦不已」是也。彼安知此哉？子在川上曰：「逝
> 者如斯夫，不舍晝夜！」自漢以來，儒者皆不識此義，此見聖人之
> 心純亦不已也。詩曰：「維天之命，於穆不已。」蓋曰天之所以爲天
> 也。「於乎不顯，文王之德之純。」蓋曰文王之所以爲文也。純亦不
> 已，此乃天德也。有天德便可語王道，其要只在愼獨。

此即言聖德與天德不二之本在「純亦不已」之誠，並明示至誠之德與愼獨之
密不可分。《遺書》卷十三云：「洒掃應對，便是形而上者，理無大小故也。

故君子只在愼獨。」（案：此爲明道語）是可見明道言誠敬以見徹上徹下之一
本，正是發揮《中庸》愼獨之教的形上根據；蓋形上形下既不可分，道器體
用原皆一本，則有諸中者必形諸外，因此，愼獨之教更顯其必要矣。此正如
橫渠結合「時中」之誠而言愼獨一般，皆是以《中庸》之詞語，更深入而精
切地發揮愼獨之意。如以其「敬以直內、義以方外」之意而觀愼獨，則工夫
在心上體認之義亦更爲明顯矣。敬乃即體即用，愼獨亦即存誠（涵養本體）
時中（發皆中節）之意。此較之《中庸》既未言心，且愼獨只是防檢之工夫
者而言，實已拓展出更爲細密之理論與更爲圓融之境界矣。

　　因此，在圓頓一本之當下體認中，天人本無二，言「合一」，便是多一「合」
字；言體天地之化，便是多一「體」字。蓋如此言之，則仍是以與天相對之
人合天，以人體天，不能算是「無隔」之此心即性即天矣。因此明道云：

> 觀天理，亦須放開意思，開闊得心胸，便可見，打撲了習心兩漏三
> 漏子。今如此混然說做一體，猶二本，那堪更二本三本！今雖知「可
> 欲爲善」，亦須實有諸己，便可言誠，誠便合內外之道。今看得不一，
> 只是心生。除了身，只是理，便說合天人。合天人，已是爲不知者
> 引而致之。天人無間，夫不充塞則不能化育，言贊化育，已是離人
> 而言之。（案：此見於《遺書》卷二上，《宋元學案・明道學案》將
> 「除了身」以上刪去，並移《遺書》卷二下「目畏尖物」條於其上
> 而併爲一條。）

此處最須注意者爲：明道指示所謂「一本」不是義理上、概念上之一本而已，
乃是須「實有諸己」地認取此心，須開闊心胸乃可直下言誠而見天人無間；
決不可只是想像中、義理上地言合一。倘只是由義理概念上「混然說作一體」，
仍只是習心而已，終見不得此心之至誠無外。此是明道以誠敬言徹上徹下之
一本所最具特色者：「一本」不由推斷想像而來，乃因誠體之實有諸己，故當
下體認即見天人無間，否則言「合」，仍只是有對而爲二本矣。此心即是誠即
是性，亦即是天即是道，徹上徹下不過如此；故言「合」乃爲誘發學者而言，
言「贊」亦即已離天人爲二矣。故又云：「言體天地之化，已剩（按：剩，多
也）一體字。只此便是天地之化，不可對此個別有天地。」（《遺書》卷二上，
《宋元學案》列於〈明道學案〉），又云：「凡言充塞云者，卻似有個規模底體
面，將這氣充實之。然此只是指而示之近耳。……贊與充塞又早卻是別一件
事也。」（同上）。可見只是爲指示學者開拓心胸，當下體認，故不得已而以

近似之意言「體」、「贊」、「充塞」；實則，倘能當下認取此心，使之朗現無礙，則只此便是天地之化。心性之「純亦不已」即天德流行之「於穆不已」，不可分言兩事明矣。因此，明道進而言：

> 只心便是天，盡之便知性，知性便知天，當下便認取，更不可外求。
> （同上）

> 窮理盡性以至於命，三事一時並了，元無次序。不可將窮理作知之事。若實窮得理，即性命亦可了。（同上）

明謂須當下體貼，直尋本心；倘實能見此心當體自在，則亦即實能窮徹得性命之理，實能踐盡得誠性，亦實能朗現出此性之自命自律、自不容已之呈顯發露，亦正見此於穆不已之天理亦如如不斷地流行。故謂心性天是一，三事一時並了。「了」字不可作明白知解之義看，否則即是將窮理作知之事。由此可知，明道之體貼天理（見下引文），是直下認取誠性之內具而感通無隔，誠有見其活潑靈動之生命本體，與其如如不已之神用，故無上下內外之分，並非窮索苦探而後得之知識而已。故其指示學者，亦強調當下認取，全然朗現德性誠之之主宰、自律與自命。此處「實窮得理」一語是關鍵所在，即是「反身」而「誠有諸己」之意；反身即不假外求，「誠有諸己」即當下認取也。然此條亦須活看：「元無次序」並非排斥下學上達之意，橫渠強調三事儘有工夫次第，乃質實漸進之教；〔註14〕明道之當下認取，一時並了乃重言啓悟本心；啓悟學者圓融之智慧與工夫次第原可並行而不悖。明道之渾融頓悟之教，即屬橫渠「誠明所知，乃天德良知，非聞見小知而已」（《正蒙·誠明》）之意，而橫渠之重工夫次第以窮理爲先，實亦涵有以誠明本心之天德良知窮盡義理之意，只是橫渠亦重知解之追求耳，故云：「耳目雖爲性累，然合內外之德，知其爲啓之要也。」（《正蒙·大心》）可見明道強調橫渠之誠明之知，故與橫渠「相較」而言，似近於《中庸》所謂尊德性之路；相對地，橫渠則傾向道問學耳。然此只是「相對」而言，橫渠之「窮理盡性以至於命」實兼涵此二路（詳見前章）而未嘗偏廢。故王陽明於〈答

〔註14〕《遺書》卷十中蘇季明錄二先生語十（「洛陽議論」）云：「二程解『窮理盡性以至於命』：『只窮理便是至於命。』子厚謂：『亦是失於太快，此義儘有次序。須是窮理，便能盡得己之性，則推類又盡人之性；既盡得人之性，須是并萬物之性一齊盡得，如此然後至於天道也。其間煞有事，豈有當下理會了？學者須是窮理爲先，如此則方有學。今言知命與至於命，儘有近遠，豈可以知便謂之至也？』」可見橫渠之意與《中庸》之有推擴漸進之過程者相同，而與明道之「一時並了」不合。

顧東橋書〉云:「知之真切篤實處,即是行。行之明覺精察處,即是知。知行工夫,本不可離。」(《傳習錄》卷中)本此而論,明道之當下認取,誠有諸己之圓頓之教,未嘗不是明覺精察之知;橫渠之窮理之教,未嘗不是真切篤實之行,故乃能言誠而將三事貫通一處,明道亦本此而能言心性天是一。倘二人之學說與《中庸》相較而言,實與「尊德性而道問學、致廣大而盡精微,極高明而道中庸」之誠明對揚、仁知並重之教,若合符契。

明乎此一「當下認取,不可外求」之精神所在,可進而觀其指點體貼天理之〈識仁篇〉之指歸。

第二節　〈識仁篇〉與〈定性書〉對誠之發揮

明道徹上徹下之一本理論,通過誠敬慎獨之發揮,已展現出與《中庸》、濂溪、橫渠不同之風貌。《中庸》以誠明言天人合一,然重在指點下學上達之修道工夫(見首章);且據《中庸》之描述語而言,當有致曲→→有誠→→形著明動→→至誠之工夫順序,亦有盡己之性→→盡人物之性→→贊化育→→參天地之推擴過程。濂溪以誠言天人感通,聖人立中正仁義之人極,並以希聖希賢之工夫言上達;然其重心所在乃是宇宙論之形上學思想。橫渠則言天人合一本乎誠之意,並言窮理盡性以至於命,然其思想體系以氣之通一無二為主。明道則言天人無間不必言合,窮理盡性至命一時並了,而其形上之根據則為徹上徹下之一本。是明道之發揮已較前述三者更進一步而強調圓頓之領悟,當下便認取,逐漸走向心性主體之呈顯矣。

然則,當下所認取之心性本體倘只歸之於誠敬,在工夫上固有所依循,在本體上終嫌籠統而不真切,於是明道乃以誠之真實無妄與能感能通之特質注入孔子之思想中心──「仁」之中,而以「識得為己」、「寂痛相感」二語賦予「仁」字更活潑躍動之新生命,使仁體較孟子以惻隱之心指點者更為真切鮮明而可感。於是所謂圓頓一本之誠,乃能繼橫渠〈西銘〉之境界後,再度呈顯其豐富盎然之生命情態,且將《中庸》之誠所內涵之成己成物之性德,通透貫暢而為一,作最圓滿、最真實、最親切與最活潑之推擴發揚,明道之功,實不可掩。

《遺書》卷二上(二程先生語二上,呂與叔記,注一「明」字,示為明道語)云:

> 學者須先識仁。仁者,渾然與物同體。義、禮、知、信皆仁也。識

得此理，以誠敬存之而已；不須防檢，不須窮索。若心懈則有防，
心苟不懈，何防之有？理有未得，故須窮索，存久自明，安待窮索？
此道與物無對，大足以明之。天地之用皆我之用，孟子言「萬物皆
備於我」，須反身而誠，乃爲大樂。若反身未誠，則猶是二物有對，
以己合彼，終未有之，又安得樂？〈訂頑〉意思，乃備言此體。以
此意存之，更有何事？「必有事焉而勿正，心勿忘，勿助長」，未嘗
致纖毫之力，此其存之之道。若存得，便合有得。蓋良知良能元不
喪失，以昔日習心未除，卻須存習此心，久則可奪舊習。此理至約，
惟患不能守。既能體之而樂，亦不患不能守也。〔註15〕

此即後人所謂「識仁篇」全文。此處首先須知：防檢窮索本爲下學之人，欲
求上達時所必具之入手工夫，亦爲孔子教顏淵「克己復禮」之意；因此明道
之意必非反對防檢窮索之克己修持工夫，只是指點曰：「須先識仁」耳；此其
一。防檢窮索之學當屬橫渠定性問題之延伸，蓋依橫渠之理論重心爲「氣」
而言，氣本有清濁動靜、浮沈升降、相感而屈伸勝負之理，故橫渠之心性必
與外物有「攻取百塗」之相感者，於是清通之性亦有濁礙之理（詳見上章），
因此有防檢窮索之必要，亦有定性而不累於物之必要。而呂大臨正爲橫渠弟
子，乃橫渠沒後東見二程請益者，故以防檢窮索之學質諸二程，明道乃答之
以「識仁」（見註 15），此爲橫渠與明道思想之重心有別所必然產生之工夫異
途；此其二。明道首先提出「識仁」之義，此所謂「識」決不可只是知識層
面之認知而已，當是明道所特重之「體貼」在己之意，故「識仁」意即當下
認取吾人性體本有之眞切可感之仁。此處之識仁須是反身而誠，誠有諸己者，
乃能有大樂存焉。否則，識仁倘只作爲窮理之學，即只是向外而求，終究與
心性本體渺不相涉，所得亦只是文字意義之「仁」之模糊概念，而非天理流
行之於穆不已而又活潑靈動之「不忍」、「不安」（見下文）之心；此其三。先
識仁體即是直見涵有良知良能（案：此指「本性」而言，詳下節）之本心之
意，以人有此能純亦不已地實踐道德之仁體，乃能自命自律而又自不容已地
實踐道德；此乃道德實踐之所以可能之根據，故明道即當下指點「須先識仁」，

〔註15〕此條爲呂與叔所記，乃明道答其問而說者。《宋元學案》卷三十一、〈呂范諸
儒學案〉，述呂大臨云：「初學于橫渠。橫渠辛，乃東見二先生。故深淳近道，
而以防檢窮索爲學。明道語之以識仁，且以不須防檢、不須窮索開之。先生
默識心契，豁如也。作〈克己銘〉以見意。」案：明道教呂與叔不須防檢諸
語，當是橫渠原教之以防檢窮索之功；此可與〈定性書〉之義合觀，詳下文。

從本心提起一超拔挺立之主宰以貞定吾人生命意志之方向，乃能不在窮索防檢之時迷喪其方向而終不知反；此其四。

先明此四點，則能進而討論識仁之親切工夫。

「仁」字在《論語》中書中討論最詳，然孔子指點弟子卻無一字面訓詁之義，可見「仁」字本最難言，故須超越文字層面，當下指認，乃能使弟子識得仁體而有心契之悟。其中最爲親切之指點，莫過於以心之「安」與「不安」反問宰予之問短喪（《論語・陽貨》）。孟子以惻隱之心言仁（《孟子・告子上》），亦是以「不忍」言仁，正與孔子指點宰予之「不安」相得益彰。而明道之識仁正是承自孔門嫡傳之心法，而以《中庸》之「誠」貫注其中，使能感能通之意更爲凸顯鮮活，故曰「仁者渾然與物同體」，「以誠敬存之而已」。

《遺書》卷二上又云：

> 醫書言手足痿痺爲不仁，此言最善名狀。仁者，以天地萬物爲一體，莫非己也。認得爲己，何所不至？若不有諸己，自不與己相干。如手足不仁，氣已不貫，皆不屬己。故「博施濟眾」，乃聖之功用。仁至難言，故止曰：「己欲立而立人，己欲達而達人，能近取譬，可謂仁之方也已。」欲令如是觀仁，可以得仁之體。（案：此條下注一「明」字，示爲明道語）

此處以「認得爲己，何所不至」言仁，即是明道一貫啓悟學者「當下便認取，更不可外求」之法。明道以誠之感通言仁，以爲仁心無所不感、無所不通而無所不至，因此仁者以其感通無隔之仁心，當下即可體貼天理之於穆不已者，無非此心之純亦不已，亦無非此誠性之真實呈顯，因此，「天地之用」即「皆我之用」，天地萬物無非我之手足耳。此亦正是橫渠於〈西銘〉所云：「民，吾同胞；物，吾與也。」與「凡天下疲癃殘疾、惸獨鰥寡，皆吾兄弟之顛連而無告者也」之意，故明道曰：「〈訂頑〉意思，乃備言此體。」此處亦須注意明道嘗言：「欲令如是觀仁，可以得仁之體。」「識得此理，以誠敬存之而已。」可見仁心即是仁體、仁理，亦可稱爲仁道（此道與物無對，見上文引）、仁性（案：〈定性書〉中之「性」字當即指「心」字，「心」、「性」二字，明道本未明辨爲二）。而上節曾提及天道性命只是誠敬而已，故仁體即是誠體，敬體；一物而數名耳。因此，明道又以誠敬慎獨言仁：

> 孔子言仁，只說「出門如見大賓，使民如承大祭」。看其氣象，便須

心廣體胖，動容周旋中禮自然。〔註16〕惟慎獨便是守之之法。聖人修己以敬，以安百姓，篤恭而天下平。惟上下一於恭敬，則天地自位，萬物自育，氣無不和，四靈何有不至？此體信達順之道，聰明睿知皆由是出。以此事天饗帝，故《中庸》言鬼神之德盛，而終之以微之顯，誠之不可揜如此。（《遺書》卷第六。未注明誰語。牟宗三先生以為明道語）

此條正是以誠敬言仁，以慎獨存仁，乃《中庸》之發揮。

又明道於〈識仁篇〉中以孟子養氣工夫須「必有事焉而勿正，心勿忘，勿助長」，而言「未嘗致纖毫之力，此其存之之道。」也正是以誠體敬體當下挺立推擴，而以「慎獨」涵養之意，如此，乃能由「此道與物無對」而知「萬物皆備於我」而達「仁者渾然與物同體」之仁境。此亦是上節所謂「一本」之發揮。

此外，明道亦有他語以親切指點「仁」體者。明道謂：「切脈最可體仁。」（《遺書》卷三，注一「明」字）乃是欲人體會仁（誠）之跳動活潑，真切可感之意。「觀雞雛，此可以觀仁。」（同上）此是欲人體會生意盎然（生物不已）之意。「『鳶飛戾天，魚躍于淵，言其上下察也。』此一段，子思吃緊為人處。與『必有事焉而勿正心』之意，同活潑潑地。會得時，活潑潑地；不會得時，則只是弄精神。」（《遺書》卷三，注一「明」字）此更可見明道結合《中庸》、《易傳》與《論》、《孟》之意，而融會出其特殊之風格所在。仁、誠敬、慎獨諸語，正是活潑潑地成為明道生命性靈之根源，故能有睟面盎背，精純溫潤之人格表現。

明道〈答橫渠張子厚先生書〉云：〔註17〕

承教諭：以定性未能不動，猶累於外物。……所謂定者，動亦定，靜亦定。無將迎，無內外。苟以外物為外，牽己而從之，是以己性為有內外也。且以性為隨物於外，則當其在外時，何者為在內？是有意於絕外誘，而不知性之無內外也。既以內外為二本，則又烏可遽語定哉？

〔註16〕一本下無「自然」二字。

〔註17〕此即後人所謂「定性書」，見《明道文集》卷二。據云此處有關定性問題當是橫渠未著《正蒙》前才有之困惑，蓋《正蒙》書中已以大心工夫消弭物我之對待，以窮理盡性以至於命以貞定主宰心之自律自令：以忘成心，順變化，達時中之追求而達虛心成性之境界。因此，定性之困惑，橫渠於《正蒙》書中自有解答。而明道之意亦正與《正蒙》之意不遠，特出之以系統論述而加詳耳。

夫天地之常，以其心普萬物而無心；聖人之常，以其情順萬事而無情。故君子之學，莫若廓然大公，物來而順應。易曰：「貞吉悔亡。憧憧往來，朋從爾思。」苟規規於外誘之除，將見滅於東而生於西也。非惟日之不足，顧其端無窮，不可得而除也。

人之情各有所蔽，故不能適道，大率患在於自私而用智。自私則不能以有為為應跡，用智則不能以明覺為自然。今以惡外物之心，而求照無物之地，是反鑑而索照也。易曰：「艮其背，不獲其身，行其庭，不見其人。」孟氏亦曰：「所惡於智者，為其鑿也。」與其非外而是內，不若內外之兩忘也。兩忘則澄然無事矣。無事則定，定則明，明則尚何應物之為累哉？

聖人之喜，以物之當喜；聖人之怒，以物之當怒。是聖人之喜怒，不繫於心而繫於物也。是則聖人豈不應於物哉？烏得以從外者為非，而更求在內者為是也？今以自私用智之喜怒，而視聖人喜怒之正為如何哉？夫人之情，易發而難制者，惟怒為甚。第能於怒時遽忘其怒，而觀理之是非，亦可見外誘之不足惡，而於道亦思過半矣。心之精微，口不能宣。……」

案：本文雖標明「定性」，然以其「聖人之喜怒，不繫於心而繫於物」、「心之精微，口不能宣」之語可知，定性或即指定心。〔註18〕然不論橫渠本意如何，此處所言者乃屬工夫問題，借工夫以貞定心性活動之意則可無疑。而此處工夫應直指以心定性之謂，蓋橫渠本云：「心能盡性，人能弘道也；性不知檢其心，非道弘人也。」（《正蒙‧誠明》）是可知工夫當全在主宰心上用矣。且所謂定性，當是指學至於成性（亦即變化氣質，而使德勝其氣，性命於德）之意（見上章）。性本身無所謂定與不定，蓋天命為性（案：此指共同義之性，詳下節），乃「萬物之一源，非有我之得私」（《正蒙‧誠明》），本昭然具在，元不稍減。明乎此，則當以「定心」觀〈定性書〉之意旨，乃能圓融無礙矣。

依明道之理論體系而言，仁者與天地萬物為一，因無所謂人我、內外之

〔註18〕橫渠原書今不可見，然明道復書首段云：「承教諭：以定性未能不動，猶累於外物。……」可見橫渠頗以性為外物所累而惑。然橫渠於《正蒙‧大心》固言之：「世人之心，止於聞見之狹；聖人盡性，不以見聞梏其心。」是明指「心」為見聞所梏。又云：「人病其以耳目見聞累其心，而不務盡其心。」「耳目雖為性累，然合內外之德，知其為啟之要也。」是皆可見橫渠或以性或以心言累；然則「定性」或即「定心」之謂與！

分可言，故云：「所謂定者，動亦定，靜亦定，無將迎，無內外。」蓋心性誠敬之體固有的良知良能原本就昭昭具在，活潑靈動而無不感通，只此即是天命之於穆不已，只此即是鳶飛魚躍，生意盎然之全然朗現，故不論動靜寂感，性體（即心體）原即不可須臾離，亦未嘗須臾離人而稍減。且依明道之一本論而言，既無內外人我之分，則無須規規於外誘之除（不須防檢窮索），但以誠敬慎獨存養此心，則可如濂溪所云「動而無動，靜而無靜。」動靜一合於理，喜怒哀樂雖未發，然順發順動之天理無不朗然於心，誠有諸己，故方其發而形之於外，可以自然中節，而「未嘗致纖毫之力」於其間。如此，則是以物之當喜而喜，物之當怒而怒，喜怒自有其理而非私意小知之所出，否則，「自私，則不能以有為為應跡，用知，則不能以明察為自然」，正是橫渠所謂徇象喪心而為物所化之意（見上章）。因此，明道以為天地以其無不持載、無不覆幬之公心化育萬物，而無絲毫偏私為「無心」，聖人亦本其至誠盡性，故能「廓然大公，物來順應」，而無偏私之情為「無情」，則此所謂「無心」、「無情」斷不可視為釋老之意亦可知。「聖人之喜怒不繫於心而繫於物」一語亦不可誤解。「不繫於心」是指無私心，「繫於物」是指依循於理而言。此外，「兩忘」乃指無須分別物我，為一本之意。

　　因此，就〈定性書〉全文而觀，明道展現之義理正是天人無間、物我一體之仁，故明道日後即強調「學者須先識仁」，此為明道一生之思想重心所在。而學者識得仁體之在己而當下認取後，即可無須規規於防檢窮索，蓋仁心誠體無不活潑潑地呈顯流露，未嘗止息，但當以誠敬存之，以慎獨挺立其自令自命，且自律自主之天理，即可內外兩忘，物我如一而澄然無事。如此，則天地之間無一物非我，亦即無一處非此誠性之發露貫注，誠性之仁亦無不遍運，無不關照。且所謂仁，「義禮知信皆仁也」，則仁體當下呈顯其自生自成之活潑圓覺時，亦即與物相感通而無不潤物成物，正是《中庸》能成己成物的誠體之全體大用矣。由此可知，明道之〈識仁篇〉與〈定性書〉，實即發揮《中庸》誠敬慎獨之意，且更進一步，由誠言仁之當下朗現而超越於循序之工夫之上。橫渠所重在在自明而誠；而明道所言，正是自誠而明之最佳詮釋。然而對明道而言，「識仁」即是明澈此誠體之當體自在，且此誠此仁之當體朗現即是其全體大用，是以全體是用，全用是體，但以誠敬存之而已。自明而誠即是自誠而明，正是《中庸》「誠則明矣，明則誠矣」之充極發揮。亦可見明道之「識仁」、「定性」，正是以《中庸》之誠為其命脈所在。「誠」不僅為

明道徹上徹下一本之仁的本體，也是明道「識仁」、「定性」的愼獨工夫之所在，《中庸》之誠對明道之啓發，不可謂不大矣。

第三節　天理及生之謂性與天命之謂性之比較

　　《外書》卷十二云：「吾學雖有所受，天理二字卻是自家體貼出來。」案「天理」二字早見於《莊子》及《樂記》，〔註19〕其中以《樂記》之「天理」指人稟受於天命之善性而言，此爲正統儒家所共許之義。明道所謂之天理即承此義而來，而後伊川、朱子、象山及其後之宋明儒者，無不重視此天理之義。故明道之「天理」實即與其論性之語相結合，而展現出特殊的「生之謂性」之理論。本文擬由其「天理」與「生之謂性」理論見其與《中庸》「天命之謂性」之關係。

　　《遺書》卷二上云：

　　　　天理云者，這一個道理更有甚窮已？不爲堯存，不爲桀亡。人得之
　　　　者，故大行不加，窮居不損。這上頭來，更怎生說得存亡加減？是
　　　　佗原無少欠，百理俱備。（案：牟宗三先生以爲明道語）

案：此處之「天理」乃指人同稟自於天之善性，乃人人同具之性，不獨堯舜有之，桀紂亦元無稍減，只是堯舜善於推擴其性而善盡之，故成聖人；桀紂則循人欲之私而蔽其性耳。然「良知良能元不喪失」，只是未盡其「性」而已。「人得之者」即是當下認取，識得在己而於穆不已地呈顯善性而已，並非天命於人之性有所不同，亦非行惡之人於性有所缺欠，故云：「是佗元無少欠，百理俱備。」（就人而言性，可兼指「共同義」及「殊別義」之性，見〔註20〕）此正有似於橫渠之言「性者，萬物之一源，非有我之得私」（《正蒙・誠明》）

〔註19〕《莊子・內篇・養生主》言「依乎天理」、〈外篇・天運〉言「至樂者先應之
　　　　以人事，順之以天理，行之以五德」，〈刻意〉篇言「循天之理」，〈盜跖〉篇
　　　　言「從天之理」，蓋皆指生命之順天而動之義。《禮記・樂記》云：「人生而靜，
　　　　天之性也，感於物而動，性之欲也。物至知知，然後好惡形焉。好惡無節於
　　　　內，知誘於外，不能反躬，天理滅矣。」是則指人稟受於天之善性言天理。
　　　　明道之天理亦同此義。
〔註20〕共同意義之性與殊別意義之性可參考勞思光先生《中國哲學史》卷三〈宋明
　　　　儒學總說〉，及第四章〈中期理論之建立及演變・論明道部分〉。大要言之，
　　　　通人物而言性者，須是指共同義之性；指人而言者，可兼共同與殊別二義之
　　　　性而言「元不喪失」。倘指物不能推而言，則物即無「良知良能」，此爲殊別
　　　　之性，亦人與物之所以有別。

之意（此指共同義之性），然橫渠有「天良能本吾良能，顧爲有我所喪爾」（同上）之語，似與明道之「元不喪失」相背反；其實不然。橫渠意謂人若徇人欲而不返，則將使天賦善性沈淪不彰，故曰「喪」；「喪」字並非全然消滅或稍減之意。蓋依橫渠之有無、聚散「混一之常」觀點而言，天賦善性絕無消減之可能（見上章）；言「徇物喪心」或「人化物而滅天理」（俱見《正蒙・神化》），只是「喪」、「滅」二語下得不妥，絕非眞喪眞滅之意，否則即與其循環不已、無增無損之氣化理論（見上章）相背反矣。此可見於其「天所性者，通極於道，氣之昏明不足以蔽之」（此專指人而言，可兼指二義）一語而得知，「不足以蔽」則是天地之性如如而在，未嘗稍減之意；亦可由其變化氣質以復善成性之主張而見天地之性元未喪未滅之意。

明道「大行不加，窮居不損」之語，正是強調人人具有、無時不在之意，甚至不獨人有之，物亦皆然，故曰：

> 所以謂萬物一體者，皆有此理，只爲從那裏來。「生生之謂易」，生則一時生，皆完此理，人則能推，物則氣昏，推不得；不可謂他物不與有也。人只爲自私，將自家軀殼上頭起意，故看了道理小了佗底。放這身來，都在萬物中一例看，大小大快活。（同上條）

此處「只爲從那裏來」、「皆完此理」即是「天命之謂性」之意，乃是通人物而言者（此則指共同義之性）。然人與物之別只是氣質之差異，而非天命之性有所不同。物以氣質昏濁，故不能識仁存誠而善推擴此性，因此即成其爲物；然物性之中亦是百理俱在、元無稍減。此段文字可以見出明道承《中庸》「天命之謂性」而加以發揮，並且提出氣質之異作爲人、物之別。「人只爲自私……大小大快活。」即代表人未能當下朗現仁理之誠，故有自私用智之蔽，於是人與物有隔而不能爲一矣。此是「識仁」及「定性」之延伸而已。

除此之外，尚有數條文字與此義相通者，茲並列於左：

> 萬物皆備於我，不獨人爾，物皆然。都自這裏出去。只是物不能推，人則能推之。雖能推之，幾時添得一分？不能推之，幾時減得一分？
> 百理俱在，平鋪放著。幾時道堯盡君道，添得些君道多，舜盡子道，添得些孝道多？元來依舊。（同上條，《宋元學案》列〈明道學案〉中）

案：此條言理言道，仍是言性之意，亦可與《中庸》天命爲性、率性爲道及「道不遠人」、「道也者，不可須臾離也」之意相發明。因此，明道之所謂「天理」，實仍與《中庸》天道性命相貫通之傳統無異，只是多出宋儒言人與物之別的氣

質之說，且融入孟子「擴充」之說與《中庸》「盡性」之意而言人物有別耳。

> 萬物只是一個天理，己何與焉？至如言「天討有罪，五刑五用哉，
> 天命有德，五服五章哉」，此都只是天理，自然當如此，人幾時與？
> 與則便是私意。……曷嘗容心喜怒於其間哉？……只有一個義理，
> 義之與比。（《遺書》卷二上。牟宗三先生以爲明道語）

案：此處所云之「天理」，則不同於前舉諸條之天理。前引之「天理」皆有指性而言仁、誠之意；此處之「天理」則專指事之義理，有似於〈定性書〉所云「觀理之是非」之義理（物來順應之理）。然依明道之意，則此事之義理亦無非此涵有天理之性體的全然朗現，不可以事理爲在外者，否則即是以心合理而有內外之二本矣。此處亦以「與則便是私意」爲言，可見正是發揮〈定性書〉之旨意。

> 死生存亡皆知所從來，胸中瑩然無疑，止此理爾。孔子言「未知生，
> 焉知死」，蓋略言之。死之事即生是也，更無別理。（同上，注一「明」
> 字）

案：此言生死之理皆是自然之理，此理有爲認知對象之義，亦當與上條指處事之義理者同觀。

> 天下善惡皆天理。謂之惡者非本惡，但或過不及便如此，如楊墨之
> 類。（同上）

案：此處之「天理」有指性而言之意，謂行爲之善惡無非誠性之呈顯，但以氣質之偏異或呈顯方式之或過不及而有惡；實則誠性元不稍減。牟宗三先生以爲此「天理」乃指現實自然曲折之勢，而非主體性之指性而言者，恐有未安。〔註21〕

> 事有善有惡，皆天理也。天理中物須有善惡。物之不齊，物之情也。
> 但當察之，不可自入于惡，流于一物。（同上）

> 天地萬物之理無獨必有對，皆自然而然，非有安排也。（《遺書》卷
> 十一）

> 以物待物，不以己待物，則無我也。聖人制行不以己。言則是矣，
> 而理似未盡於此言。夫天之生物也，有長有短，有大有小。君子得
> 其大矣，安可使小者亦大乎？天理如此，豈可逆哉？（同上）

〔註21〕詳牟宗三先生《心體與性體》第二冊。

> 服牛乘馬，皆因其性而爲之，胡不乘牛而服馬乎？理之所不可。(同
> 　上)

案：上引四條皆爲現實存有之自然之理，此乃即物情物狀而言氣質偏異之「自然偏異」者而言，故非指誠性仁體中於穆不已、活潑感通之主宰心而言，而是指事物自然之不齊之理，與吾人處事之義理。

由此可知，明道所謂之「天理」，實兼涵主觀誠仁之理，與客觀認知對象之事理二義。前者爲道德實踐之主體，是物與我同有之天性而元無稍欠者（通人物而言，必須指共同義之性）；後者則落在各類或個別之事物ˇ呃存有之理與吾人處物之義理而言者。以此反觀明道「識仁」之意，當是指前者而言，故識仁之意亦即「體貼天理」而當下認取，不假外求之意。復以此反觀明道言「窮理盡性以至於命，三事一時並了」，則窮理亦即體貼於穆不已之天理、仁理、誠理之意，故能識得爲己而通貫無隔，因此乃能三事一時並了而與萬物渾然同體而爲一矣。至於橫渠之以三事爲有工夫次第而重窮理之學，則較近於明道所云之自然事物之理（此亦相較而言者）；伊川即於此而發揮其「性即理」與「格物窮理」之教矣。故知明道「識仁」、「定性」與體貼天理者，俱爲一本而通貫者，亦皆發揮《中庸》之誠與天命之性、率性之道者。即此可見《中庸》之義理已渾融無間地溶入明道的思想體系之中，並綻放出朵朵瑩澈通透的智慧火花，朗現出清澄圓頓的生命化境。

此外，明道亦云「生之謂性」，亦應與其識仁、體貼天理者合觀，乃能得其眞意。

> 「天地之大德曰生」，「天地絪縕，萬物化醇」，「生之謂性」（原注
> 云：告子此言是，而謂犬之性猶牛之性，牛之性則人之性，則非也），
> 萬物之生意最可觀，此「元者善之長也」，斯所謂仁也。人與天地
> 一物也，而人特自小之，何耶？(《遺書》卷十一)

案：此處以「萬物之生意最可觀」一語言「生之謂性」，可見明道之「性」實即指生生不已、生而又生之本體（此爲共同之性）。《中庸》以爲「天命之謂性」，明道即承此意而謂於穆不已之天命下貫而順成爲吾人內具之誠性，此性亦自能至誠無息地成己成物而無不感通，故明道命之曰「斯所謂仁」也（仁即成己而不斷，進而感通無隔地成物而不已之意，見上文）。此處之「生之謂性」雖借用告子之語，然明道自創新意，只「點掇地念過」；（見註 9）切不可拘於告子之意而已。明道借「元者善之長」而言「仁」，即是指仁性

能有生物不測、純亦不已的呈顯，亦即能繼天地生物之善而相續不已地成其道德創生與實踐之義，故名之爲「仁」。此爲「生之謂性」之第一義；此義同於指仁性而言之「天理」，是「不可謂他物不與有」者，乃共同之性。則此「生之謂性」之內涵自不同於告子所謂生之自然的質性之意。除此而外，明道又有以「生之謂性」一語轉釋《中庸》「天命之謂性，率性之謂道，修道之謂教」三語者：

> 告子云「生之謂性」則可。凡天地所生之物，須是謂之性。皆謂之性則可，於中卻須分別牛之性、馬之性。是他便只道一般。如釋氏說蠢動含靈，皆有佛性，如此則不可。「天命之謂性，率性之謂道」者，天降是於下，萬物流形，各正性命者，是所謂性也。循其性而不失，是所謂道也。此亦通人物而言。循性者，馬則爲馬之性，又不做牛底性；牛則爲牛之性，又不爲馬底性；此所謂率性也。人在天地之間，與萬物同流，天幾時分別出人是物？「修道之謂教」，此則專在人事，以失其本性，故修而復求之，則入於學。若元不失，則何修之有？是由仁義行也。則是性已失，故修之。「成性存存，道義之門」，亦是萬物各有成性存存，亦是生生不已之意。天只是以生爲道。（案：此見於《遺書》卷二上。牟宗三先生以爲明道語）

此條所謂之「生之謂性」，顯然不同於前條指天理誠仁之性者，而略近於告子與董仲舒之自然本質之性。故明道特別強調須分別牛、馬之性。前條之性乃是「只爲從那裏來」而「不獨人爾，物皆然」者，故爲萬物共同根源之性；此條之性則是「物則氣昏，推不得」之氣質之性，亦是殊別意義之本性。此兩種不同意義之性，須先作如是分別，否則即混淆不清而陷於迷妄之中。

「凡天地所生之物，須是謂之性。」意謂凡天地所生之物，皆有其個體存在，言「性」即須就有生之後個體之成者而言；「皆謂之性則可」意謂皆可就個體之存在而言性（此自指殊別之性），然卻不可於此含混籠統地誤以爲牛、馬、人之性全然無別，故「於中卻須分別牛之性、馬之性」。此可視爲對前條共同義之性的補充，蓋明道意謂萬物雖皆有同稟自天之共性，然物自氣昏而推不得，故不能如理呈顯此性。就物之氣昏而言，則人與物自有殊別之氣質差異，故爲免學者誤以爲只有共同義之性（如此，則使人與物行爲之惡無法解釋），因此作如上之補充。即此殊別之性而言，物既氣昏而不能推，則

已無成佛之性，雖共同義之性「百理俱在、平鋪放著」而無稍欠，然物則受限於氣質之昏濁而不能善盡其共同義之性，故於此而謂：「皆有佛性，如此則不可。」此處吾人亦無須諱言明道用語之夾雜（倘此條正如牟宗三先生之體認而屬明道），蓋謂物無佛性一語，就字面意義推究而言，實與其「不可謂他物不與有也」一語相背反。然如將「佛性」釋爲成佛之才質之性，而與氣之氣昏推不得之意合觀，則當可了解明道言性實涵不同（殊別與共同）之二義，亦可稍解其中之迷惑。

明道此處解「天命之謂性，率性之謂道」，亦是即才質殊別之性而言，而非共同義之性。故「天降是於下，萬物流形，各正性命者，是所謂性也」，即同於就個別存在之形體而言「凡天地所生之物，須是謂之性」之「性」（殊別義）。此處所特須注意者爲其釋「率性之謂道」之語。

前文曾謂《中庸》「率性之謂道」乃落在聖人之境界上說者（詳見首章所論），明道此處卻以爲是通人物而言者。明道此處之「性」如不指殊別義之才質之性，則牛、馬之性之劃分即成爲不可解者。然若指殊別義之性而言，則「循其性而不失，是所謂道也。」一語即又陷於另一矛盾之中（見首章註6）。此處又可見明道用語之糾纏不清。唯一可能之疏解方式爲分辨《中庸》之「道」與明道此處之「道」爲二，亦即《中庸》之「道」乃聖人盡性踐誠所定立之人倫日用之達道，故此道亦爲吾人當修之道，如此則教化成爲可能；明道此句之「道」乃是指第二義之「天理」，亦即「物之不齊，物之情也」之實理、事理、物理，乃「皆自然而然，非有安排」（見前引）之自然且實然之事理。故牛、馬各自然地循其殊別之性，於是有牛馬之別，此即明道之「率性」之性，此「性」決不可指共同義之性。且此「循其性而不失」所表現出之自然之理（道），即是吾人所以乘馬服牛之理（此爲吾人處事之義）。至於「人在天地間與萬物同流，天幾時分別出是人是物」一語，當仍是強調自然實理之意，人與物莫非天地之所生，各有成其爲人與物之理。明道並以此天之無別而體認「無心」、「無情」自然之理，並發揮之於〈定性書〉中（見前引）。

明道釋「修道之謂教」則承《中庸》之意而落在人事上言。然「以失其本性，故修而求復之，則入於學」。此處之「性」則指人本有之良知良能，乃天理之在我者而言，指道德實踐之能力而言，亦即人與物之殊別之性。然此處明道言「失」亦是用語之不當（一如橫渠之言「喪」、「滅」之未妥），蓋〈識

仁篇〉明云「良知良能元不喪失」；因此，此處當指人之自私用知而未能善用良知良能之意。「若元不失，則何修之有？」一語亦不妥，蓋自有未失其踐理盡性之能力，而可以經由啓悟修持之功而充盡其良知良能者，此則爲學之大功矣。是以「性已失」之性亦指殊別之性（良知良能）之未能充極之意，實不可言「失」，否則即非人本有之「性」矣（蓋「可離非道也」）。

因此，明道之用語實有澄清之必要，其所謂「性」實兼涵二義：一指天命之誠體仁體，可以有道德創生之自律自命而純亦不已者，此近於第一義之天理，爲萬物同具之共同之性；一指氣質之性（踐理盡性之能力）而言，此爲殊異之性，亦人與物分別之關鍵所在，此近於第二義之天理（事物自然眞實之理）。明道即以第二義之「性」釋《中庸》首章三語，未必盡合於《中庸》原意。就其用語而言，明道或夾雜混淆而不知其分際所在；然此種缺點不獨明道爲然，精思偉構如橫渠之《正蒙》者，亦不能無此混雜之失。

最後，仍須引明道論性之另一重要文字，以見其繼承傳統儒家「性善」之觀點，並作爲本節之結束：

> 「生之謂性」，性即氣，氣即性，生之謂也。人生氣稟，理有善惡，然不是性中元有此兩物相對而生也。有自幼而善，有自幼而惡，是氣稟有然也。善固性也，然惡亦不可不謂之性也。蓋「生之謂性」、「人生而靜」以上不容説，才説性時，便已不是性也。凡人説性，只是説「繼之者善」也，孟子言人性善是也。夫所謂「繼之者善」也者，猶水流而就下也，皆水也，有流而至海，終無所污，此何煩人力之爲也？有流而未遠，固已漸濁，有出而甚遠，方有所濁。有濁之多者，有濁之少者。清濁雖不同，然不可以濁者不爲水也。如此，則人不可以不加澄治之功。故用力敏勇則疾清，用力緩怠則遲清，及其清也，則卻只是元初水也。亦不是將清來換卻濁，亦不是取出濁來置在一隅也。水之清，則性善之謂也。故不是善與惡在性中爲兩物相對，各自出來。此理，天命也。順而循之，則道也。循此而修之，各得其分，則教也。自天命以至於教，我無加損焉，此舜有天下而不與焉者也。（案：《遺書》卷一，未注明誰語。《宋元學案・明道學案》列有此條。朱子亦以爲明道語）

此段文字爲明道言「生之謂性」之義最明確者，亦爲後人屢次提及者，當爲明道論性之最重要文字。

　　首先，明道謂「生之謂性」必須是落在個體形成之後乃可言性，倘個體未形成，則所言之性即無所依歸，亦無可指其實而名之爲性。蓋個體未形成之前，則只是一「於穆不已」之體（或天德，而非人性物性），絪縕不息地變化耳，既無性之可狀，亦無性之可名，故必此「於穆不已」之生生大德之本體，隨氣化之流行而貫注於個體之中，乃可指成形之個體而言「性」。故云：「人生而靜以上不容說，才說性時，便已不是性也。」明是強調未形成個體之實前（人生而靜以上），並無性之實與性之名之可言（不容說）；吾人只一言「性」，則已是結合氣稟而言，已非單指純粹本然之性矣（此「性」字之義近於第一義之天理）；故吾人所謂之「性」實皆指有生之後而言者，有生之後即指隨氣而俱存之「性」，此時性已與氣相即（混雜）而不離，故曰「性即氣，氣即性」。此即是相混雜而不離之意，既非概念上相等相同之意，亦非圓頓心悟之意（如識仁之當下體悟之化境）。〔註 22〕故此條所云「生之謂性」意指於穆不已之天德之體與氣化之流行相俱而不離地化生萬物，故而有萬物殊異之個體之成，亦有殊異之個體之性。〔註 23〕明道此條所論之性，即是指人而言者，故單言「人生氣稟，理有善惡」，而不及物也。

　　「性」既指有生之後，則是與氣而俱成，故人生而後即有清濁不同之氣稟，亦即有表現爲善爲惡之行爲之理。然卻不是天賦於人之性中原分善惡二性，蓋天命於人之性，無不有良知良能也。雖自有爲惡、爲善之別，亦只是個體氣稟有清濁之異，故表現於行爲亦有善惡之別耳。是以明道往往就個體殊異之氣質上立論，而謂：「惡亦不可不謂之性也。」此一性字，吾人自可理解，決非指超越意義之性。孟子說性善，亦是即「人可以有呈顯良知良能之本性」之行爲表現而言，而非指人生而靜以上言者，故謂之「繼之者善也」；「繼」即涵具體呈顯實踐之意。故明道意謂孟子之言性善亦是就人能有善之行爲表現者而言也。

　　明道於此而有水流之喻。水流而就下即是指人生而有形氣以後者，故水流而下則有不同程度之清濁差異，如同人生而後有種種才性之差異。清濁雖

〔註 22〕此三不同意義之「即」，見牟宗三先生《心體與性體》第二冊第一章之區分。
〔註 23〕此處言「個體之性」不同於前所云殊異之性。前所云殊異之性乃指牛、馬不同之「類性」，故人與物異之關鍵即是人有良知良能而能推，而物則氣昏而不能推，而「個體之性」乃人與人殊異之才質之性，即此而有賢愚、強弱、昏明、靜躁之不同才性。此說詳見勞思光先生《中國哲學史》卷三、第四章、論明道之部。

有不同，卻仍只是水之表現，才性雖有殊異，亦無非性之表現殊異耳。不可以水濁而謂之非水之流動，亦不可以善惡而謂非性之表現；蓋良知良能元不喪失也。水之就下而濁，只以澄治之功可復其清，逮其清，亦只是元初水，水本無二；人之有形而行惡，亦只須修道而各如其分，「及其成功，一也」（《中庸》語），亦只是天賦善性之於穆不已而當體自在，性（本性）本無二。故不是將清以換濁，亦不是取出惡性而別置一善性耳。以良知良能（本性）原不喪失，只是習染而使之惡，或氣稟之不齊而造成行為之惡而已，故道可修而善性可以復現。然不論當修而修，或不必修而不修，此「性」原無增損也。故明道謂：「此理，天命也。順而循之，則道也。循此而修之，各得其分，則教也。自天命以至於教，我無加損焉。」

以上所述，乃明道最重要之性論，其意亦明確而無礙。本此以觀前引二條「生之謂性」，則知此條之「生之謂性」正是融合前引二條而為一者，兼涵共同義之性（天理之第一義，指誠體仁體能於穆不已地創生道德而自律自命者而言）與殊別義之性（兼人物而言之類性，此為第二義之天理），更進而單指人而言個別之性（此指言人人殊之氣稟清濁之才性）。故明道論性即兼涵此三義而言者，而末條所引之「生之謂性」（以水為喻者），即是指「生生大德之於穆本體，內貫於人，而為人之所以為人之本性，此本性亦即良知良能」。而言此良知良能之本性，即已兼氣而言性，故性氣不相離。又本此以觀明道「良知良能原不喪失」一語，與其論天理、定性、識仁之意而往往兼人物而言性者，亦可知明道往往有將第一義之天理及共同義之性，與第二義之天理及殊別義之性混合而說之傾向；此或即由於明道之形上思維中最重要之概念為「徹上徹下」與「一本」，故當其論性與天理時，即往往有上下打通、內外無別而天人無間之傾向。亦或即由於明道重圓頓之教，強調當下認取而不重分解所致。然明道之學——不論其以誠言徹上徹下之一本論，或以誠敬慎獨言識仁、定性與體貼天理之工夫，或匯通《中庸》而走向《論》、《孟》以言「性」之諸義——實皆正為消化與吸收《中庸》之義理後，由其生命心靈之深處，活潑而鮮明地朗現其洞澈晶瑩之智慧者。此種超凡之生命情態與奇特之圓頓教示，衡諸北宋諸儒，實無有能出其右者。就其思想義理而觀，則已漸擺脫濂溪、橫渠之宇宙論傾向，逐漸由《易傳》、《中庸》之思路走出較濂溪、橫渠更為純粹之天道觀，更進而走向回歸《論》、《孟》之本性論矣。《中庸》之「誠」實即為明道「識仁」的重要津渡。

乙、伊川之學

二程之學自有異同之處。大要言之，明道重圓頓一本之啓悟，故謂：「窮理盡性以至於命，三事一時並了，元無次序。」（《遺書》卷二上）「只心便是天，盡之便知性，知性便知天；當下便認取，更不可外求。」（同上）並謂識得渾然與物同體之仁，而以徹上徹下之誠敬存之而已。凡此舉舉大端，俱因明道重言自家體貼之天理乃昭昭俱在，不爲堯存，不桀亡，且物我同體者（俱見前引），故有天人無間、物我無隔之一本之教。伊川於此與明道並無大別，故亦云：「窮理盡性至命，只是一事。才窮理便盡性，才盡性便至命。」（《遺書》卷十八）「性之本謂之命，性之白然者謂之天，自性之有形者謂之心，……凡此數者皆一也。……」（《遺書》卷二十五）且亦重「仁」與居敬涵養之義。故謂明道天理與一本之誠爲伊川所承而有「性即理」之創見與「體用一源、顯微無間」（《易傳·序》）之體悟，自無不可；而明道「敬以直內，義以方外」之工夫理論亦爲伊川「涵養須用敬，進學在致知」之所本，亦自有其理路可循。

然則伊川與明道之別果何在哉？則亦可以一言而盡，曰：「理一分殊」（〈答楊時論西銘書〉）。明道所重者，厥在「理一」，故成其圓頓一本之教；伊川除亦重此之外，又強調「分殊」之義以補只言「理一」之不足，故成其格物窮理之學。因此，《遺書》中所載明道之語多渾淪圓融，伊川語多分解精密。此固爲學術演進之必然趨勢，殆亦二程性格之不同所當有之異趣也。故明道之學可謂奠定伊川之基礎，而伊川之學，正有以充實明道之殿堂。以下即就伊川之學略作申論，以見伊川承明道之意及其對《中庸》之體悟與發揮。

第四節　性即理、理一分殊與天命之謂性之傳承

前文曾提及明道「生之謂性」及「天理」之說實相混融而兼及三層不同意義之性，且由於明道通人物而言性，故易使人有混淆之感。實則，倘以伊川「性即理」之肯定與「理一分殊」之體悟以觀明道之意，則明道之渾淪語即可撥雲見日，眉目清爽矣。蓋明道雖已有打通性與理而合言之傾向，終究未嘗明言「性即理」，故時易使人就其用語產生語意滑轉之困惑；〔註24〕且明道云：「所以謂萬物一體者，皆有此理，只爲從那裏來。」及「不可謂他物不與有也」（俱見前引）者，正是共同義之性理，亦是伊川所云「理」者。「理一」即謂萬物同得於

〔註24〕見牟宗三先生《心體與性體》第二冊。

天命而爲性之意。而明道補充分別牛馬之殊別性者，〔註25〕則是伊川所云「分殊」者。且此「分殊」者不僅可用以分別人與物間之相異爲：人有「良知良能」而能推，物則氣昏推不得；亦可進一步由人皆有所以爲人之性而言「理一」，而由氣質之清濁不齊言人與人之「分殊」而別昏明賢愚之差等。由此可知，明道言性言理已指出兼言性氣之方向，而朝此正確之方向，加以拓展使之成爲康莊坦途者，則有待於伊川之功。〔註26〕是以朱子謂伊川「性即理」之說爲「千萬世說性之根基」（《語類》卷九十三），實非過譽。蓋明道所言之性理，雖模型已具，而仍渾沌未鑿，終不免煙霧繚繞，啓人迷誤；倘無伊川以「理一分殊」之意言「性即理」，予以一一廓清，則明道之言對博學深思如朱子者而言，已有「渾淪、煞高、學者難看」（同上）之歎，後之學者幾何而不茫然失其所指耶？故本伊川之言，以觀明道之論，當可見伊川實非亦步亦趨於明道之後而終不出其範疇者，伊川之所以爲伊川而爲朱子所推仰，實以其於明道而言，有推拓之功；而於後世儒者而言，更有正本清源，指引迷誤之大功也。

　　《二程遺書》卷二十四載伊川澄清有關「性」字之各種混淆說法云：「性字不可一概而論。」僅此一語已足撥開文字表面之障蔽，直探各家言性之系統而見其用字之別；故下文又云：「生之謂性，止訓所稟受也。天命之謂性，此言性之理也。」此四語已將前引明道之混合「生之謂性」與「天命之謂性」二語以言性之淆亂（詳本章上節引文）予以澄清。蓋明道實應是以「生之謂性」訓稟受，故有「性即氣，氣即性」之認定，且於此特別強調牛馬與人之性有異；另一方面，應是以「天命之謂性」訓性之理，此則是人物一理者。前者屬「分殊」之氣性，後者指「理一」之性理；前者乃性氣相「即」之性、氣質之性，後者乃純粹義理之性，爲性「即是」理者。〔註27〕故牛馬人之氣稟不同，而有牛馬人殊別之性；然牛馬人又莫非得自天理流行之命以爲性，故不可謂牛馬不有此同源於天理之性。僅此數語，已將明道本於《中庸》「天命之謂性」而言物我一理者，與本於告子「生之謂性」而言牛馬殊性者，明白劃清界限，並且進而將明道以「生之謂性」觀點解釋「率性之謂道」之「性」

〔註25〕明道之學重在一本之教，故勞思光先生以爲明道之學近於天道觀；然明道論性終亦不能泯滅人與物之殊別，故仍須有此本性論之補充，否則必有種種「論性不論氣，不備；論氣不論性，不明。」（《遺書》卷六）之矛盾與困惑。

〔註26〕參前註引文。未注明誰語，然可由《遺書》中二程俱以氣稟清濁論「才」者得知，兄弟二人皆有兼言性氣之確認。

〔註27〕此二「即」字不同，見牟宗三先生《心體與性體》第二冊。

字，明白地限定於氣稟分殊之異上，而後明道所謂「循性者，馬則爲馬之性，又不做牛底性；……」（同上）等語，乃成爲可解者。吾人亦因此而了解：明道其實忽略了「率性之謂道」應是指聖人境界而言者，故不依《中庸》原句之善性與達道之意而只「點掇地念過」，以致共同義之性與殊別義之性頗有上下混亂之虞。而伊川此處分別二句不同之「性」爲各有所指，亦正可見出明道既由告子「生之謂性」一語之啓示，領悟出孟子之性善亦是就有生而後立說者，因而提出人生而靜以上不容說性之圓頓語，與性氣相即不離之創闢語；亦由《中庸》「天命之謂性」通人物而言同具天理之性者，推擴出其渾然與物同體之仁性。而後明道論性之意旨，乃能各有所歸，各有所當，各具其本來面貌，與各顯其義理淵源而見涇渭原自分明矣。

《遺書》卷十八亦同有此分別之言：

> 凡言性處，須看他立意如何。且如言人性善，性之本也；生之謂性，論其所稟也。孔子言性相近，若論其本，豈可言相近，只論其所稟也。……

此條可見伊川將告子「生子謂性」與孔子「性相近，習相遠」歸於氣稟之性，而將孟子與《中庸》之善性歸之於本然之性。故伊川又云：「性相近也，此言所稟之性，不是言性之本。孟子所言，便正言性之本。」（《遺書》卷十九）「孟子言性之善，是性之本。孔子言性相近，謂其稟受處不相遠也。」（《遺書》卷二十二上）皆同是此意。伊川即承明道兼言共同與殊別之性而提出「性即理」之一大肯定：

> ……孟子所以獨出諸儒者，以能明性也。性無不善，而有不善者才也。性即是理，理則自堯、舜至於塗人，一也。才稟於氣，氣有清濁。稟其清者爲賢，稟其濁者爲愚。（《遺書》卷十八）

又云：

> 性即理也，所謂理，性是也。天下之理，原其所自，未有不善。喜怒哀樂未發，何嘗不善？發而中節，則無往而不善。凡言善惡，皆先善而後惡；言吉凶，皆先吉而後凶；言是非，皆先是而後非。（《遺書》卷二十二上）

合此二條而觀，正見伊川既言明道所謂「不爲堯存，不爲桀亡」與「萬物一體者，皆有此理」之共同之性理，亦言明道「人生氣稟，理有善惡，然不是性中元有此兩物相對而生也」與「性即氣，氣即性」之殊別之氣性。共同之

性理，乃其所謂「理一」者，此承自「天命之謂性」之性善理論而來；殊別之性理，乃其所謂「分殊」者，此承自「生之謂性」之氣性觀點而來。而此二種不同意義之性理，又可以統之於「理一分殊」之一肯定下。故伊川於事物之有殊別之理則云：「凡一物上有一理，須是窮致其理。」（《遺書》卷十八）「天下物皆可以理照。有物必有則，一物須有一理。」（同上）「如火之所以熱，水之所以寒，至于君臣父子間，皆是理。」（《遺書》卷十九）此皆是由於殊別之物，各具殊別之性，自有成其為殊別之物之理也。然物雖萬殊，卻仍有本源共同之性，故云：「物我一理，纔明彼，即曉此，合內外之道也。」（《遺書》卷十八）「所以能窮者，只為萬物皆是一理。至如一事一物，雖小，皆有是理。」（遺書卷十五）「自一身之中，至萬物之理，但理會得多，相次自然豁然有覺處。」（《遺書》卷十七）即由於人物雖萬殊，皆同源於天命而為性，故亦必具有同源相通之性理，因此伊川云：「今日格一件，明日格一件，積習既多，然後脫然自有貫通處。」（《遺書》卷十八）伊川即於此建立其「格物窮理」之教，而使《大學》「格物致知」之語有其確定之內容。且伊川以格物窮理為手段，而以得其貫通之理為目的，實即指向《中庸》盡性之教；蓋唯能窮究事事物物之理，乃能有盡人己之性進而盡物之性之可能，否則物性物理不明，則「盡物之性」亦即無其確定之內容，而止成一空泛之風光語耳。

　　就人而言，伊川亦同以「理一分殊」一語通貫兩層不同意義之性；故謂「天命之謂性」乃是言共同義之「性之理」，然亦不泯人與人間之殊異，故又以氣之清濁別賢愚（見前引文）云：「性出於天，才出於氣。氣清則才清，氣濁則才濁。……才則有善與不善，性則無不善。……」（《遺書》卷十九）明是兼性氣二者而言共同與分別之性。伊川亦即以「性即理」之善性肯定而言「窮理盡性至命，只是一事」。蓋性即是理，理即是性也。天命於人之性既為無不善之理，故人率性而善盡之以發之於外，則無不中節如理而合於天下之達道。因此，《中庸》云「道不遠人」、「道也者，不可須臾離也」。理即是道，而性即是心，故伊川云：「在天為命，在義為理，在人為性，主於身為心，其實一也。」（《遺書》卷十八）「在天為命，在人為性，論其所主為心，其實只是一個道。」（同上）又云：「自理言之謂之天，自稟受言之謂之性，自存諸人言之謂之心。」（《遺書》卷二十二上）如此，則天、命、性、心、理、道實皆為　；伊川言「窮理盡性至命，只是一事」，實有其必然的理論根據。而由「理一分殊」原則以觀此處「盡性」一語，亦可見《中庸》所

云盡己、盡人之性，乃至於實窮得理而盡物之性，以達到贊化育、參天地之聖境，實皆須以「性即理」之肯定爲其先天而形上之根據。〔註28〕

明乎此，可以進而由「理一分殊」之原則與「性即理」之肯定，回顧《中庸》之思想體系，以見伊川此二大創發對《中庸》之發揚。

「天命之謂性」既指性之理而無不善者，則性善之肯定即得以彰顯而出，「性」之內容亦得「理」而充實圓滿。天理流行而於穆不已之誠體，即以其生物不測之神用，創生萬殊之人物；人物雖然萬殊，無不各有其生意盎然、活潑靈動之生理，故鳶飛戾天，魚躍在淵，皆爲盎然活潑之天理的呈顯。且萬殊之人物亦皆得此具體之生理以爲其純粹至善而又創生不已之「性」，是以如能善盡己性，即可循此人物共通之性而善盡人物之性，而達物我同體之誠仁聖境。此爲「理一」之性理對《中庸》之承繼與發揚。然就「分殊」處而言，人物之所以萬殊，不在共通之性理，而在人物之生必隨個體之成而一時俱生。個體之形成乃由清濁厚薄殊異之氣所凝，不僅牛馬人有其不同之類別性，即人與人間亦有賢愚昏明強弱才不才之個體殊異性。於此而言，人物之不齊，實是天理流行與氣俱化之自然現象；牛有牛之性，馬有馬之性，而人即稟得「天地之中」最靈之氣以生，是以人有殊異於牛馬之「惻隱、羞惡、辭讓、是非」之心與良知良能。此爲人物之分殊。就人之分殊而言，稟得氣清則才善，稟得氣濁則才惡，自有賢愚強弱明昏之異。是以，《中庸》未加說明而直言之愚明柔強之別，亦有其合理之解釋，此爲「分殊」之才性對《中庸》之補述。〔註29〕

就「率性之謂道」而言，性既是理，則意謂循此善性之自然要求而表現於外，自可合於禮儀節文之規範。聖人率循本性而制定之達道，亦擺脫其外在束縛、壓抑、限制之形式教條，而成爲人內心自然、安然之期許。於是聖人所定之達道、所成之達德均實根源於人內在之共同要求；合於達道，實踐達德乃能心安理得，否則必然不安、不忍、不得寧靜愉悅。而後方知原來天理、公理、義理自在人心，《中庸》所謂「道也者，不可須臾離也」一語，不再爲空洞、浮泛、不知其所以然的教條約束，而是可以親切地反身而誠，

〔註28〕濂溪以「寂然不動，感而遂通」之誠神言盡性之依據，橫渠則以動靜相感之氣言誠性以賦予盡性之根據，明道亦以誠敬之仁言感，唯伊川則直標舉「理」字言感通。

〔註29〕周、張、二程實皆已兼言性氣，橫渠甚至分辨出天地之性與氣質之性，可見《中庸》在「天命之謂性」之原則下，所忽略之才性之別，實有補充說明之必要。

證之於己者。率循本然之善性而行即可以通達如理而無礙，亦因「性即理」之肯定，成爲可以當下認取，當下完成之境界；無須再有氣性、才性淆亂「理性」之困惑矛盾。此爲「理一」之本然善性對《中庸》之命題所補充之義理根據。濂溪云聖人立中正仁義之人極，亦只是率性如理，並非遙不可及；橫渠與明道之窮理盡性至命，亦各有其實質之意義。〔註30〕

　　就「修道之謂教」而言，《中庸》表現出變化氣質之強烈肯定，故既明言修道之必要外，又云「人一己百，人十己千」可以「雖愚必明，雖柔必強」。伊川「性即理」之肯定，即使所修之道（理）有了必須反求諸己（性）之意義，義理之在外者雖因聖賢而明，其實無不根源於一己之心性，道之可修亦因「性即理」而益明。此爲「理一」原則對《中庸》之補充。率性雖可爲道，然人有才性氣質之異，故往往未能有中節如理之善行，是以雖有善性，卻亦有習染蔽固之流惡。因此，就「分殊」原則而言，道之當修亦因此而成立；有此才性殊異之肯定，乃能避免率性與修道間之矛盾（見首章第三節與三章第四節）。

　　因此，伊川論性之分理氣爲二而有「理一分殊」之原則與「性即理」之肯定，實即爲近承明道，遠挑《中庸》，再加以鎔鑄鍛鍊而後發揮者。於此「性即理」之大肯定下，伊川進而有理氣善惡之辨及未發已發之中和論，此請論之於下節。

第五節　心性情三分對未發已發之闡揚

　　由於伊川善作分解表示，故對於形上形下之分，頗有心得。然伊川雖作分

〔註30〕橫渠以窮理盡性至命儘有工夫次序，不可一時並了，而明道、伊川則以爲一時並了，其實「窮理」之所指不同。依「性即理」之肯定，窮理盡性至命三事，自然是一時並了：明道之言是圓頓智慧之當下認取爲一，伊川之言則有性即理之依據。依「理一分殊」之原則，則橫渠之窮理近於伊川所云之「格物窮理」以求豁然貫通之理之工夫，故伊川亦由此建立下學上達之工夫途徑。橫渠與明道之理路本即不同，伊川乃兼涵二者。「格物窮理」與「窮理盡性」二「窮理」本即有不同之內容：前者由分殊之理以見貫通之理，後者即是體貼萬物爲一之天理。雖用語無殊，意義自有分別。牟先生於《心體與性體》第二冊中，認爲伊川所言窮理盡性至命只是一事，實是「或只是隨其老兄如此說，或只是一時之乍見，儱侗地作此可喜之論，實未曾究其實，亦不合其思想心態之本質也。」其實，在伊川「性即理」之肯定下，三事自是一事。倘能分別「格物窮理」與「窮理盡性」之「窮理」二字各有不同之範圍，則亦可見伊川分解精密，未曾相混。甚且，因「性即理」之提出，乃能賦予明道所云之「一時並了」者以必要之理論根據。

解表示，實則仍有回歸匯通於一之傾向，故於《易傳·序》云：「至微者理也，至著者象也。體用一源，顯微無間。」足見伊川雖精析形上形下，理氣為二，然伊川之意蓋在將形上之理通澈為下學上達之教，與明道並無二致。此蓋由於二程之人生態度與精神面貌實為儒者本色，故其教導學者，往往由日常生活中親切指點，而不專著一書以探討宇宙性命之理如周、張二人之所為。伊川作〈明道行狀〉即謂明道「盡性至命，必本於孝弟；窮神知化，由通於禮樂」（《伊川文集》卷七）。可見明道之精神所在，正是欲將形上之理通澈為下學上達之教，故明道云：「學者須守下學而上達之語，乃學之要。」「學者不必遠求，近取諸身，只明人理，敬而已矣，便是約處。」又云：「下學而上達，意在言表也。」〔註31〕伊川亦由此而發揮其下學上達，由明而誠之工夫途徑（此詳下節）。因此，本節只先引數條有關分言形上形下、理氣二分之文字，以作為探討伊川心性情三分之說之依據，然不以此為本節之重心所在，故說明如上。

1. 「離了陰陽更無道。所以陰陽者是道也，陰陽，氣也。氣是形而下者，道是形而上者。形而上者則是密也。」（《遺書》卷十五）

2. 「冲穆無朕，萬象森然已具，未應不是先，已應不是後。如百尺之木，自根本至枝葉，皆是一貫，不可道。」上面一段事無形無兆，卻待人旋安排引入來，教入塗轍。既是塗轍，卻只是一個塗轍。（同上）

3. 「寂然不動，感而遂通，此已言人分上事。若論道，則萬理皆具，更不說感與未感。」（同上）

4. 「寂然不動，萬物森然已具。感而遂通，感則只是自內感，不是將外面一件物來感於此也。」（同上）

上引諸條皆表示「體用一源，顯微無間」之意，故不可將形上形下分截為兩事。此外，仍有須注意者：（一）感應須就人事而言，已有指向「心」之傾向；故伊川由「未發已發」處言心，至於性則萬理皆具。（二）由於性即是理，故當能感能應之心有所感應時，即能呈顯性理於外而無不通達（感而遂通）；此與《中庸》「發而皆中節」一語有關。（三）然當此心冲穆無朕，未有感應時，自具萬象森然之性理於中，此與「喜怒哀樂之未發謂之中」有關。故感時亦只是內具之性理呈顯於外而已，故曰「內感」。（四）心雖未感，然性理之全則昭昭具在；心雖已應，亦只是內具性理之流露發用。故此心所涵之性理不

〔註31〕前語見《遺書》卷二上，前有「伯淳言」三字，為明道語。中語亦見同卷，下註一「明」字。後語見《遺書》卷十一，上有「君子上達，小人下達」之語。

因感與未感而有增損，此性理乃一純形上之義理，恒常自存，永不改變者，故既是未應之前則已先在，又不可謂已應之後乃有者，故曰「未應不是先，已應不是後」。明乎此，可進而討論其心性情三分之說。

> 性之本謂之命，性之自然者謂之天，自性之有形者謂之心，自性之
> 有動者謂之情，凡此數者皆一也。……（《遺書》卷二十五）

首二句即《中庸》「天命之謂性」之意，「自然」一詞，當是指其恒常自存，「未應不是先，已應不是後」者之義。三、四句當是謂心之知覺活動能使性之理初顯於心內，故稱爲「形」；且更能將性理全然呈顯於心外而表現爲情，故曰「動」。蓋「形」與「動」二字於《中庸》描述「曲能有誠」之「形、著、明、動、變、化」六種境界時，即代表不同程度之呈顯表現之意，因此伊川亦以此分別心與情。伊川又云：

> 在天爲命，在義爲理，在人爲性，主於身爲心，其實一也。心本善，
> 發於思慮則有善有不善。若既發，則可謂之情，不可謂之心。譬如
> 水，只謂之水，至於流而爲派，或行於東，或行於西，卻謂之流也。
> （《遺書》卷十八）

首句仍將性之本源歸之於天命，然天命流行之體與人性純亦不已之本體皆是以「理義」爲其具體內容，且此性命之理實即涵攝於心中，因此，心、性、天、命、義、理實皆有其共通之意義，故曰「其實一也」。上條文字中，伊川似有主宰在「性」之意，故全由「性」之觀點分說天、命、心、情；然本條文字中，伊川則已撥開此層迷霧，而明白指出未發已發之決定關鍵全在一心。故「性之有動者謂之情」一語，雖暗示出吾人之性理涵有能動、能趨向於呈顯之義，然並不即代表能主宰或決定呈不呈顯；蓋性雖可動而爲情，然必先「形」之於心。「性即理」之肯定涵有此性理爲「理當呈顯發用」之義，然只是「義所當然」而非實然，故伊川云「在義爲理」。故性理雖有「理當呈顯發用」之趨向，卻未必皆能實然呈顯發用（於此，不善之可能乃能成立），決定是否如理呈顯之主宰關鍵，仍是在心而不在性。故「性之有動謂之情」一語，雖己表現出性理並非只爲一靜態存有之理，〔註32〕乃是能動能呈顯，能觸發吾人主宰之心靈，以要求表現之理。然而，其能否表現之主宰則仍在心之活動，故伊川又云：「心，生道也。有是心，斯有是形以生。惻隱之心，人之生道也。」（《遺書》卷二十一下）意謂性理之所以能全然呈顯而無偏蔽，全在

〔註32〕《心體與性體》一書中屢以此觀點討論伊川之性理，恐有未安。

心靈之覺識感通，而後乃能依此性理之趨向呈顯而使之全然朗現於外，成為人倫日用所當依循之達道。且必當此心有此覺識感通，而後乃能形之於外而為情；亦即由此已發之情，更反顯人有此性理。於此，伊川以惻隱之心為例：惻隱之心是已發者，故當謂之情（上引之文曰：「若既發，則可謂之情，不可謂之心」），吾人即由此表現於外之惻隱之心（情）而體悟吾人必涵此仁道於心乃能有此惻隱之發用；即此而言，惻隱之仁實即為人心所生之道也。可見伊川實有以一心之動靜寂感，分已發未發之性情之意。故伊川又云：「心有指體而言者，寂然不動是也；有指用而言者，感而遂通天下之故是也。」（《伊川文集》卷九、〈與呂大臨論中書〉）寂然不動者指心之體，此時性之理昭然涵攝於內而未發；感而遂通者指心之用，此時性理即發用於外而為情。因此，伊川又進而提出「仁性愛情」之說云：

> 孟子曰：「惻隱之心，仁也。」後人遂以愛為仁。惻隱固是愛也。愛自是情，仁自是性，豈可專以愛為仁？孟子言惻隱為仁，蓋為前已言「惻隱之心，仁之端也」，既曰仁之端，則不可便謂之仁。退之言「博愛之謂仁」，非也。仁者固博愛，然便以博愛為仁，則不可。（《遺書》卷十八）

> 問：「仁與心何異？」曰：「心是所主處，仁是就事言。」曰：「若是，則仁是心之用否？」曰：「固是。若說仁者心之用，則不可。心譬如身，四端如四支。四支固是身所用，只可謂身之四支。如四端固具於心，然亦未可便謂之心之用。」或曰：「譬如五穀之種，必待陽氣而生。」曰：「非是。陽氣發處卻是情也。心譬如穀種，生之性便是仁也。」（同上）

此二條文字可見伊川是以心之未發已發分言性情，而此種分解精密之表現，可謂已將《中庸》「已發未發」之分解方式發揮得淋漓盡致。就前條言，惻隱乃心之動，自屬已發，已發則可謂之情，不可謂之心（性），然以惻隱之情實發之於心，故前人每云「惻隱之心」。實則，惻隱只是心性一端之發用，並未能全然表現所有仁心性理所涵之一切表現（孝順、慈愛、友善、老老、幼幼……），故惻隱為情為已發，仁心為性理為未發；已發者止為一理一端之呈顯，未發者即是「萬理皆具」（《遺書》卷十五語），故一理一端之用不即是萬理萬象之體。此處固可見伊川分辨名言之精密，然亦可見伊川藉著《中庸》未發已發而使孔子所不肯輕易許人之「仁」更具活潑豐富之內涵。就後

條而言,最可見出伊川心性情三分、性在心內與心統性情之意。仁既是性,故未發無形而不可見,此時性理在心,因此伊川借穀種(心)中涵有生之性(仁)為喻。然人之性理(仁)必即事乃可見,亦即:必呈顯乃為情,故曰「仁是就事言」。然不論未發為性或已發為情,皆以心為主宰(心生道),故曰「心是所主處」,此即與橫渠「心統性情」之意同。能生之性必依穀種感於陽氣之動,而後見其發芽成長之情;可見伊川以心之未發已發析辨心性情為三,且性在心內與主宰在心之義亦凸顯而出。然伊川固已有「體用一源,顯微無間」之體認,又有「如百尺之木,自根本至枝葉,皆是一貫」之語,則伊川此條文字,當只是「心生道」一語之事實過程之描述,故不可執此以為伊川既分形上形下、未發已發、寂感、理氣為二,則伊川必無明道圓頓一本之教示,遂將明道伊川之理論全視為相互背反、相互對立者;伊川蓋言之矣:「離了陰陽更無道。」(《遺書》卷十五)伊川之分解表示,正所以展現其「體用一源,顯微無間」之義也。而伊川此段文字之所重者,即在表示「仁」乃在內(心)而非在外者,故謂四端(仁)本具於心,猶四肢本為身之四肢,四肢(仁)自為身(心)之用;倘言「仁者」為心之用,則此「仁者」即是在外而非在內(四肢即成身外之四肢而非一身之四肢)矣。伊川之喻雖似有語焉不詳之病,然其意當是:性本涵具於心內,切不可以心在內而性在外也。

伊川除以心之未發已發分辨性情之外,亦進而由此有理氣善惡之辨云:

> 氣有善不善,性則無不善也。人之所以不知善者,氣昏而塞之耳。孟子所以養氣者,養之至則清明純全,而昏塞之患去矣。(《遺書》卷二十一下)

> 性出於天,才出於氣。氣清則才清,氣濁則才濁。譬猶木焉,曲直者性也,可以為棟樑、可以為榱桷者才也。才則有善不善,性則無不善。「惟上智與下愚不移」,非謂不可移也,而有不移之理。所以不移者,只有兩般:為自暴自棄,不肯學也。使其肯學,不自暴自棄,安不可移哉?(《遺書》卷十九)

此處可見伊川將不善歸之於氣之昏濁,性即是理則無不善,故理氣善惡之辨即此可見。《中庸》明言擇善固執地下苦工夫可以變化氣質,故伊川亦云「養之至」可以去昏塞之患。此種善惡之論、性才之別雖已見諸橫渠《正蒙》中,然亦是伊川發揮《中庸》之義理者,故伊川又云:

> 氣清則才善,氣濁則才惡。稟得至清之氣生者,為聖人;稟得至濁

之氣生者，爲愚人。……若夫學而知之，氣無清濁，皆可至於善而
復性之本。(《遺書》卷二十一上)

仍是以理氣分別性才、善惡之意，且亦發揮《中庸》變化氣質之肯定。然伊
川又特別意識到變化氣質雖可能，其中儘有大段艱辛之工夫，且與其求才之
由不善而善，莫若由窮理明善爲有功，故云：「大凡所受之才，雖加勉強，
止可稍進，而鈍者不可使利也。惟理可進。除是積學久，能變得氣質，則愚
必明，柔必強。」(《遺書》卷十八)即由於伊川能有此認識，故特重格物窮
理之教。

又《伊川文集》卷九有〈與呂大臨論中書〉，《遺書》卷十八亦有與蘇季
明討論未發已發之議論。前者今已不全，難窺全貌，[註33] 然依稀可見伊川
與呂大臨往返論辯之關鍵一在「中和」之名義，一在心屬已發或未發。大抵
伊川之意在「凡言心者皆指已發而言」(見呂大臨信中所引)，未發之前並無
工夫可言，而呂大臨則謂：「未發之前，心體昭昭具在，已發乃心之用也。」
故欲求中於喜怒哀樂未發之際。二人往返書信數通，伊川似未能針對問題而
有相應之討論；然伊川終亦自承「凡言心者皆指已發」一語爲失當，故於日
後[註34]蘇季明之問未發已發與求中於未發之前，伊川即有轉圜地答之以「若
存養於喜怒哀樂未發之時，則可；若言求中於喜怒哀樂未發之前，則不可。」
可見亦已察覺未發之時(際)當有工夫可用，只是以爲不可「求中」，蓋有求
中之思即是已發爲和，不可稱爲未發之中。蘇季明亦同大臨之意以爲未發之
前「謂之有物則不可，然自有知覺處」，蓋仍是肯定心有未發之靜時；伊川卻
先謂不可言靜，又謂：「謂之靜則可，然靜中須有物始得，這裏便是難處。」
即此而言，伊川對心之究屬未發已發，及未發之前可否有工夫二問題，似有
隨呂、蘇二人之叩問而移轉其意見者，然亦無須執此詆訶伊川之糾繆纏雜，
混淆矛盾，蓋「教學相長」、「弟子不必不如師，師不必賢於弟子」，昔人既已
言之矣；且「大抵論愈精微，言愈易差」(〈與呂大臨論中書〉末段)，伊川亦
已自承未當。故伊川於答蘇季明之問時即以「大人不失其赤子之心」者爲「取
其純一近道也」，[註35]此既可見呂、蘇二人窮理之明與好學深思之功，亦可

[註33] 原題下注云：「此書其全不可復見，今只據呂氏所錄列者編之。」
[註34] 蘇季明之問有云：「呂學士語：『當求於喜怒哀樂未發之前。』信斯言也，恐
無著摸，如之何而可？」且《遺書》卷十八所載文字之末又藉呂大臨「赤子
之心」之意問答，可判蘇季明之問當是在呂大臨之後者。
[註35] 呂大臨初謂「赤子之心，止取純一無僞，與聖人同」，故以赤子之心爲未發之

見伊川從善如流之胸懷，正有似於橫渠之虛己下人。〔註 36〕伊川亦由未發已發之討論，而確立「涵養須用敬」之內修工夫，以遙接《中庸》慎獨存誠之教；此請述之於下節。

第六節　涵養須用敬、進學在致知對誠明雙修之發揮

伊川雖頗不以「求中」爲然，卻不代表伊川反對涵養心性之工夫。蓋明道明以「敬以直內，義以方外」啓悟學者誠敬慎獨與格物窮理之內外雙修工夫。〔註37〕「敬以直內」即是誠心之工夫，「義以方外」亦須實窮得事理乃能服牛乘馬各得其當，因此伊川除承明道之意而言「學者須是將『敬以直內』涵養此意。直內是本」(《遺書》卷十五) 外，又云：「敬只是涵養一事。『必有事焉』，須當集義。」(《遺書》卷十八)「敬以直內、義以方外，合內外之道也。」(同上) 並進而發展出「涵養須用敬，進學在致知」(同上) 兩大工夫總綱。前者表現於主敬集義，後者表現於格物窮理，正是《中庸》「君子尊德性而道問學」、誠明並重、仁知雙修之精神所在。因此，伊川發揮誠敬慎獨之義云：

> 學者患思慮紛亂、不能寧靜，此則天下公病。學者只要立個心，此
> 上頭儘有商量。(《遺書》卷十五)

亦即強調心上下工夫之義。「商量」即是工夫。又云：

> 學者先務，固在心志。……人心不能不交感萬物，亦難爲使之不思
> 慮。若欲免此，唯是心有主。如何爲主？敬而已矣。有主則虛，虛
> 謂邪不能入。無主則實，實謂物來奪之。今夫瓶罌，有水實內，則

中：伊川似全忽略大臨之取義有別，故期期以爲不可。然伊川於答蘇季明之問，則已對呂大臨之取義有相應之了解。此二段文字，原文頗長，故不俱引，詳見《遺書》卷十八及《伊川文集》卷九。

〔註36〕《宋史・道學列傳》載：「(張載) 嘗坐虎皮講《易》京師，聽從者甚眾。一夕，二程至，與論《易》。次日，語人曰：『比見二程深明《易》道，吾所弗及，汝輩可師之！』撤坐輟講。……」此即可見橫渠虛己納人之雅量與率眞正直之性格之一斑。

〔註37〕明道先生亦有格物之教云：「致知在格物，格，至也。或以格物爲正物，是二本也。」(《遺書》卷十一) 又云：「致知在格物。格，至也。窮理而至於物，則物理盡。」(《遺書》卷二上，未註明誰語，《宋元學案》列入〈明道學案〉，可視爲二程同有者。) 然以其少見，故僅錄二則於此；其詳，則有待伊川之發揮。

> 雖江海之浸，無所能入，安得不虛？無水於內，則停注之水，不可
> 勝注，安得不實？大凡人心，不可二用，用於一事，則他事更不能
> 入者，事爲之主也。事爲之主，尚無思慮紛擾之患，若主於敬，又
> 焉有此患乎？所謂敬者，主一之謂敬。所謂一者，無適之謂一。且
> 欲涵泳主一之義，一則無二三矣。言敬，無如聖人之言，《易》所謂
> 「敬以直內，義以方外」，須是直內，乃是主一之義。至於不敢欺、
> 不敢慢、尚不愧於屋漏，皆是敬之事。但存此涵養，久之自然天理
> 明。（同上）

此段文字實是融合明道〈識仁篇〉與〈定性書〉爲一，且強調「主敬」之工
夫者。然明道以誠敬連言，故有至誠不息與敬則無間斷之義含蘊其中，因此
在其識仁之「即本體即工夫」理念下，自有「以誠敬存之而已。不須防檢，
不須窮索」之圓徹語；伊川轉而專重「敬」字，蓋對人心思慮紛亂之體會較
明道爲深切，故特重防檢窮索之工夫，因此頗有分別內外之意，而與明道異
趣。明道對《中庸》之「誠」體悟較深，故以誠爲合內外之道而識仁，而「內
外兩忘」，因此不欲「規規於外誘之除」。伊川則對《中庸》「愼獨」之教契會
較切，故轉誠爲敬，強調「主一」之敬以防邪物之奪入。二人之言論，雖外
貌相似，然精神不同；此或由於性格之異，或由於人生體驗之不同有以致之。
二人之學之同處，固不可強以爲異；然其實有不同處，亦不可勉強湊合，故
先辨之如上。

　　伊川此處提出「主敬」之工夫明是發揮《中庸》愼獨之教，故以勿自欺、
無愧屋漏爲言。故伊川又云：

> 閑邪則誠自存，不是外面捉一箇誠將來存著。今人外面役役於不善，
> 於不善中尋箇善來存著，如此則豈有入善之理？只是閑邪，則誠自
> 存。故孟子言性善，皆由內出。只爲誠便存，閑邪更著甚工夫？但
> 惟是動容貌、整思慮，則自然生敬。（同上）

閑邪即是防檢愼獨而不使流於惡之義。伊川似有以工夫明本體之傾向，故謂
閑邪（工夫）則誠（本體）自存，又謂：「動容貌，整思慮，則自然生敬。」，
此與明道「居處恭，執事敬，與人忠，此是徹上徹下語」亦有些微差異。蓋
明道之意是誠於中自然形外，伊川則是由動容周旋之整齊約束而存養誠敬，
仍是愼獨一路之思想。故伊川云：「一者無他，只是整齊嚴肅，則心便一。一
則自是無非僻之奸。」（同上）仍是由外之容貌以「整」內之思慮，與明道之

自然粹面盎背之神采有異，當亦屬愼獨之路無疑。明乎此，則當返回「主一」
之命題。

　　伊川雖以虛實言心之有主、無主，然斷不可誤以爲伊川歧入道家思想中。
蓋伊川此處已爲虛實各下定義，意謂中心有主則邪物不得奪入而充實於心，
則此心湛然澄靜，天理自明，故名之爲「虛」；否則，即易繫累於物而心思紛
亂矣。雖虛實之命名稍異於常，然正與明道「澄然兩忘」及「聖人之喜怒，
不繫於心，而繫於物」之用語相同，雖似道家面貌，實皆發揮《中庸》「時中」
之義，蓋「時中」即是不可「執一無權」之義（此語轉化自《孟子·盡心上》）。
因此，伊川於「主一」云「無適之謂一」，即是既不偏於此，亦不偏於彼之意；
因此，伊川〈與呂大臨論中書〉亦謂：「不倚之謂中，甚善。」而後朱子作《中
庸章句》，即於篇首引伊川之言曰：「不偏之謂中。」〔註38〕可見伊川實有以
「中」之觀念言「敬」之意，故又云：

　　　主一，則既不之東，又不之西，如是則只是中。既不之此，又不之
　　　彼，如是則只是內。（同上）

伊川實是兼容《易傳》之「敬以直內」、孟子之「集義」與《中庸》之「時中」
觀念於一，以發揮其主一之論，故云：

　　　敬只是持己之道，義便知有是有非。順理而行，是爲義也。若只守
　　　一箇敬，不知集義，卻是都無事也。且如欲爲孝，不成只守著一箇
　　　孝字？須是知所以爲孝之道，所以侍奉當如何？溫清當如何？然後
　　　能盡孝道也。（《遺書》卷十八）

並於下文又說：「內外一理，豈特事上求合義也？」凡此皆可見伊川「主一無
適」之工夫確是以《中庸》之義理爲血脈而滙通《易傳》、《孟子》者，決非
襲自道家學說。然而，伊川之主敬工夫，卻極易引人誤會，以爲其實只是主
靜而非主敬，因此答人問「敬莫是靜否」時，必須強調：

　　　纔說靜，便入於釋氏之說也。不用靜字，只用敬字。纔說著靜，便
　　　是忘也。孟子曰：「必有事焉而勿正，心勿忘，勿助長也。」必有事
　　　焉，便是心勿忘，勿正，便是勿助長。（同上）

可見伊川主敬心虛之工夫，雖當無事時，然心中自有誠敬愼獨之涵養，決非

〔註38〕《遺書》卷十五載伊川語云：「中者，只是不偏，偏則不是中。庸只是常。猶
　　　言中者是大中也，庸者是定理也。定理者，天下不易之理也，是經也。孟子
　　　只言反經，中在其間。」疑爲朱子所本者。

道家之絕聖棄智或坐忘虛靜可比。故又云：「敬則自虛靜，不可把虛靜喚做敬。」
（《遺書》卷十五）所以然者，無非強調主敬工夫乃是得自《中庸》慎獨之教，
而不可與釋道同觀之意。因此，伊川將主敬與集義連言，強調不可只守一個
敬字，否則即易流於無事之「靜」；而避免如此偏蔽之輔助工夫，則是須當集
義。集義之工夫，除即是主敬之「必有事」外，仍須於事上實窮得理明，乃
能於「方外」時無不合義；因此伊川又有格物窮理之工夫，此雖是由《中庸》
回歸《大學》之教，然卻仍是《中庸》博學、審問、慎思、明辨之工夫與進
而篤行實踐之要求，故伊川云：「君子之學將以反躬而已矣。反躬在致知，致
知在格物。」（《遺書》卷二十五）可見伊川實已將《大學》之工夫融入《中
庸》明善誠身之教中，故雖強調格物致知之重要，卻仍時時不忘集義與慎獨
誠敬之不可分，故云：「入道莫如敬，未有能致知而不在敬也。」（《遺書》卷
三，標明為伊川語）可見致知格物實不可只作純粹知識之追求來瞭解，最切
要者仍是要反求諸己而躬行實踐，故又云：「格物之理，不若察之於身，其得
尤切。」（同上）凡此種種，皆可見伊川諄諄叮嚀不可將本末內外視為兩段各
不相干之事，可謂用心良苦。

　　尤其是在伊川「理一分殊」與「體用一源，顯微無間」之原則下，格物
窮理正是欲由窮究殊別事理之後，得其豁然貫通之理，而後能合內外、通天
人，進而達到窮理盡性至命一時並了之境界。因此，伊川極為重視窮理工夫，
《遺書》所載有關文字，可謂不勝枚舉，茲引數則於后，以見伊川指點下學
工人之一斑：

> 又問：「如何是格物？」先生曰：「格，至也，言窮至物理也。」又
> 問：「如何可以格物？」曰：「但立誠去格物，其遲速卻在人明暗也。
> 明者格物速，暗者格物遲。」（《遺書》卷二十二上）

可見格物必先存誠主敬，明是內外夾輔乃能成功之意。故《遺書》卷十八又
載伊川答人問「進修之術何先」時云：

> 莫先於正心誠意。誠意在致知，致知在格物。格，至也，如「祖考
> 來格」之格。凡一物上有一理，須是窮致其理。窮理亦多端：或讀
> 書講明義理，或論古今人物，別其是非：或應接事物而處其當，皆
> 窮理也。

其下又云：「須是今日格一件，明日又格一件，積習既多，然後脫然自有貫通
處。」可見伊川實是強調誠意正心與格物致知雙修並重。此處伊川已經以誠

明對揚之觀念合《大學》與《中庸》之工夫理論於一矣。

> 格猶窮也，物猶理也，猶曰窮其理而已也。窮其理，然後足以致之。不窮，則不能致也。格物者適道之始。欲思格物，則固已近道矣。是何也？以收其心而不放也。（《遺書》卷二十五）

> 格物窮理非是要窮盡天下之物，但於一事上窮盡，其他可以類推。……窮理，如一事上窮不得，且窮別事。或先其易者，或先其難者，各隨人淺深。如千蹊萬徑，皆可適國。但得一道入，便可。（《遺書》卷十五）

> 凡物有本末，不可分本末爲兩段事。洒掃應對是其然，必有其所以然。（同上）

> 聖人之道更無精粗。從掃洒應對至精義入神，通貫只是一理。雖洒掃應對，只看所以然如何。（同上）

以上所引，俱可見伊川格物窮理之教，正欲由分殊處而見理一，由理一而達窮理盡性至命通貫爲一之境，以契合《中庸》贊化育、參天地之聖功。

因此，伊川「涵養須用敬」一語所涵之「閑邪存誠」、「主一無適」與「居敬集義」諸工夫實屬《中庸》尊德性與慎獨之教；「進學在致知」一語所涵之「格物窮理致知」工夫，實屬《中庸》道問學與致曲有誠之教。無論是對未發已發之探討，心性情之三分、性在心內之論證；或以「性即理」對性善作肯定、澄清性與才之分、補充率性盡性之所未及，以及誠明雙修、仁知對揚之發揚等，伊川所建立之理論系統，實較濂溪、橫渠二人對《中庸》之傳承，多一分下學上達之契悟；亦較明道對於穆不已之誠體，多一分篤行實踐之使命感。因此，伊川乃能有較前述三人更完整、更圓滿之系統，亦因而下啓朱子集北宋理學大成之契機。

結　語

　　北宋理學之所以稱爲理學，殆即由濂溪之「禮曰理」、橫渠之「義命合一存乎理」、明道之「體貼天理」與伊川之「性即理」及「理一分殊」諸概念逐漸演成。而此四人所探討之性命義理，初實由《易傳》、《中庸》而來，至二程轉而回歸《論》、《孟》。伊川又重《大學》，而後規模始具。由濂溪之《通書》、橫渠之《正蒙》、以至《二程全集》之所錄而觀，《中庸》之思想義理實已內具於周、張、二程之理論體系，且成爲其不可或缺之中心思想。故倘無《中庸》誠明雙修、仁知並揚，且通天人、合內外之理論爲之啓悟、引導，儒學於孟子歿後，道統失墜而沈淪已久之趨勢，面對釋道二家微妙高明之理論，恐難有復興之契機。相對而言，如無周、張、二程對《中庸》血脈之繼承與對《中庸》義理之推擴發揚，《中庸》一書「放之則彌六合，卷之則退藏於密」之心法實學恐亦難彰顯於世，更遑論成爲千百年來家喻戶曉之經典。因此，朱子雖慧眼獨具，將《論語》、《孟子》、《大學》、《中庸》合爲「四子書」，並爲之作《章句》，以爲儒學由入德之門至傳授心法之下學上達，循序漸進之經典；然周、張、二程對《中庸》之繼承與發揚，實已開其先河矣。其後儒學雖演變爲程朱與陸王不同之流派，然實不出「尊德性」與「道問學」之範疇。《中庸》之義理，經周、張、二程之繼承與發揮，實籠罩宋、明六百年之理學發展。即此而論，周、張、二程對《中庸》之傳承與發揚，可謂居功厥偉矣。

主要參考資料

一、專書部分

1. 《易注》，王弼，中華書局。
2. 《四書集註》，朱熹，藝文印書館。
3. 《讀四書大全說》，王夫之，自由出版社。
4. 《宋史》，脫脫等，鼎文書局。
5. 《中國近三百年學術史》，梁啓超，中華書局。
6. 《清代學術概論》，梁啓超，中華書局。
7. 《中國哲學史》，馮友蘭，不著出版書局。
8. 《明代思想史》，容肇祖，開明書局。
9. 《中國政治思想史》，蕭公權，聯經出版社。
10. 《中國近三百年學術史》，錢穆，商務印書館。
11. 《宋明理學概述》，錢穆，華岡出版社。
12. 《中國思想史》，錢穆，學生書局。
13. 《中國思想史論集》，徐復觀，學生書局。
14. 《中國思想史論集續編》，徐復觀，時報出版公司。
15. 《中國思想史》，韋政通，大林出版社。
16. 《中國哲學大綱》，羅光，商務印書館。
17. 《中國哲學史》，勞思光，三民書局。
18. 《宋明理學》，蔡仁厚，學生書局。
19. 《五十年來中國思想之演變》，郭湛波，龍門書店（香港）。
20. 《老子注》，王弼，中華書局。

21. 《周子通書》，周敦頤，中華書局。

22. 《朱子語類》，朱熹，正中書局。

23. 《伊洛淵源錄》，朱熹，藝文印書館。

24. 《王陽明傳習錄》，王守仁，廣文書局。

25. 《張子正蒙注》，王夫之，世界書局。

26. 《宋元學案》，黃宗羲等，中華書局。

27. 《明儒學案》，黃宗羲，中華書局。

28. 《近思錄注》，江永，中華書局。

29. 《東塾讀書記》，陳澧，商務印書館。

30. 《墨子閒詁》，孫詒讓，河洛出版社。

31. 《荀子柬釋》，梁啓雄，河洛出版社。

32. 《貞元六書》，馮友蘭，龍門書店（香港）。

33. 《玄學·文化·佛教》，湯錫予，廣山出版社。

34. 《朱子新學案》，錢穆，三民書局。

35. 《中國哲學原論》，唐君毅，學生書局。

36. 《中國哲學的特質》，牟宗三，學生書局。

37. 《才性與玄理》，牟宗三，學生書局。

38. 《心體與性體》，牟宗三，正中書局。

39. 《新儒家哲學十八講》，方東美，黎明文化事業公司。

40. 《大學中庸今釋》，陳槃，正中書局。

41. 《梅園學術論集》，戴君仁，開明書局。

42. 《學庸辨證》，胡志奎，聯經出版社。

43. 《中庸思想研究》，陳滿銘，文津出版社。

44. 《中庸誠的哲學》，吳怡，東大圖書公司。

45. 《學庸研究論集》，吳康等，黎明文化事業公司。

46. 《中國哲學與中國文化》，成中英，三民書局。

47. 《學術與世變》，杜維運，環宇出版社。

48. 《莊子今註今譯》，陳鼓應，商務印書館。

49. 《陳同甫的思想》，吳春山，臺灣大學文史叢刊。

50. 《黃梨洲之生平及其學術思想》，古清美，臺灣大學文史叢刊。

51. 《北宋周張二程思想之分析》，戴景賢，臺灣大學文史叢刊。

52. 《韓文公集》，韓愈，商務印書館。

53. 《李文公集》，李翱，商務印書館。

54. 《臨川集》，王安石，商務印書館。

55. 《張載集》，張載，里仁書局。

56. 《二程集》，程顥、程頤，商務印書館。

57. 《朱文公文集》，朱熹，商務印書館。

58. 《陸九淵集》，陸九淵，里仁書局。

59. 《南雷文定》，黃宗羲，商務印書館。

二、論文部分

1. 〈張橫渠之心性論及其形上學之依據〉，唐君毅，《東方文化》，一卷一期，民國 43 年 1 月。

2. 〈周濂溪學說研究〉，吳康，《學術季刊》，二卷三期，民國 43 年 3 月。

3. 〈張橫渠學說〉，吳康，《學術季刊》，二卷四期，民國 43 年 6 月。

4. 〈二程學述〉，吳康，《學術季刊》，三卷一期，民國 43 年 9 月。

5. 〈程朱「性即理」與陸王「心即理」之比較〉，唐亦男師，《人生》，十卷三期，民國 44 年 6 月。

6. 〈先秦諸子對天的看法〉，許倬雲，《大陸雜誌》，十五卷二～三期，民國 46 年 7～8 月。

7. 〈中庸哲學（上下）〉，孫致和，《幼獅學報》，三卷二期，民國 50 年 4 月，四卷一～二期，50 年 10 月。

8. 〈李翱「復性書」試解〉，韋政通，《人生》，二七卷六期，民國 53 年 2 月。

9. 〈中和觀念自周子至程子的進展〉，王煜，《人生》，二八卷一期，民國 53 年 5 月。

10. 〈太極問題疏抉〉，唐君毅，《新亞書院學術年刊》，十期，民國 53 年 9 月。

11. 〈宋代儒學復興之先例〉，張君勱，《人生》，二八卷十二期，民國 53 年 11 月。

12. 〈新儒學「理」之思想之演進〉，陳榮捷，《人生》，三一卷六～七期，民國 55 年 10～11 月。

13. 〈論先秦諸子天人關係思想之發展〉，唐端正，《新亞書院學術年刊》，十期，民國 57 年 9 月。

14. 〈「中和」與「誠」新釋〉，謝扶雅，《景風》，十九卷，民國 57 年 12 月。

15. 〈論周濂溪通書的誠〉，羅光，《人文學報》，一期，民國 59 年 9 月。

16. 〈易傳性命天道思想之析論〉，鄭力為，《新亞書院學術年刊》，十二期，民國 59 年 9 月。

17. 〈濂溪學案蠡測〉，姚榮松，《孔孟學報》，二四期，民國 61 年 9 月。

18. 〈唐型文化與宋型文化〉，傅樂成，《國立編譯館館刊》，一卷四期，民國 61 年 12 月。

19. 〈論致中和與致良知〉，成中英，《哲學論評》，三期，民國 62 年 5 月。

20. 〈張載之宇宙論〉，王芯芬，《哲學論集》，二期，民國 62 年 6 月。

21. 〈二程「敬」的思想之意義〉，李日章，《大陸雜誌》，四八卷四期，民國 63 年 4 月。

22. 〈宋代理學與禪宗之關係〉，杜松柏，《孔孟學報》，三十期，民國 64 年 9 月。

23. 〈略談宋明儒學與佛學之關係〉，唐君毅，《哲學與文化》，三卷一期，民國 65 年 1 月。

24. 〈朱子的居敬窮理說〉，周學武師，《書目季刊》，九卷四期，民國 65 年 3 月。

25. 〈伊川程子之理氣論〉，胡自逢，《東海學報》，十七卷，民國 65 年 6 月。

26. 〈理學的基本原理〉，張君勱，《鵝湖》，二卷七期，民國 66 年 1 月。

27. 〈朱子太極即理說〉，戴景賢，《書目季刊》，十卷四期，民國 66 年 3 月。

28. 〈黃震對宋代理學之研究〉，林政華，《臺北師專學報》，六卷，民國 66 年 4 月。

29. 〈程明道的識仁篇與定性書〉，蔡仁厚，《孔孟學報》，三二期，民國 66 年 4 月。

30. 〈董仲舒的哲學思想〉，羅光，《人文學報》，六期，民國 66 年 6 月。

31. 〈程朱的「理、氣、性、心」說〉，黃錦鋐，《國文學報》，六期，民國 66 年 6 月。

32. 〈程伊川對「性、情、心」之理解〉，蔡仁厚，《孔孟學報》，三四期，民國 66 年 9 月。

33. 〈張橫渠研究〉，袁蜀君，《臺北工專學報》，十一期，民國 67 年 6 月。

34. 〈朱熹論性〉，王孺松，《國文學報》，七期，民國 67 年 6 月。

35. 〈學庸的價值要旨及其實踐工夫〉，陳滿銘，《中國學術年刊》，二期，民國 67 年 6 月。

36. 〈楊龜山學術思想研究〉，林義勝，《師大國研所集刊》，二二號，民國 67 年 6 月。

37. 〈二程「理」的思想之意義與淵源〉，李日章，《國立編譯館館刊》，七卷二期，民國 67 年 12 月。

38. 〈朱子的中和舊說與新說〉，蔡仁厚，《孔孟學報》，三七期，民國 68 年 4 月。

39. 〈張載道學之解析與整理〉，孫振青，《國立編譯館館刊》，八卷二期，民國 68 年 12 月。

40. 〈張橫渠的天道思想〉，王開府，《國文學報》，十期，民國 70 年 6 月。

41. 〈周子道學的體系〉，孫振青，《國立編譯館館刊》，十卷二期，民國 70 年 12 月。

42. 〈北宋新儒對禪佛的闢評〉，陳郁夫，《思與言》，二十卷一期，民國 71 年 5 月。

43. 〈宋明理學中的太極觀念〉，陳榮捷，《思與言》，二十卷三期，民國 71 年 9 月。

44. 〈張橫渠的人性論〉，郭清寰，《中國國學》，十期，民國 71 年 9 月。

45. 〈論張載的氣〉，蔣秋華，《孔孟月刊》，二一卷三期，民國 71 年 11 月。

46. 〈周濂溪的道學研究〉，趙文秀，《臺北商專學報》，十九卷，民國 71 年 12 月。

47. 〈宋明理學中的「格物」思想〉，陳榮捷，《史學評論》，五期，民國 72 年 1 月。

48. 〈中道中和與時中〉，成文英，《孔孟月刊》，二一卷十二期，民國 72 年 8 月。

49. 〈濂溪學說中的動靜問題〉，周學武師，《書目季刊》，十七卷三期，民國 72 年 12 月。

50. 〈程頤心性論的再省察〉，楊儒賓，《國立編譯館館刊》，十二卷二期，民國 72 年 12 月。

51. 〈楊龜山哲學思想述評〉，張永儁，《臺大哲學論評》，七期，民國 73 年 1 月。

52. 〈中庸在中國思想史上的地位〉，王邦雄，《華學月刊》，一四六期，民國 73 年 2 月。

53. 〈程明道的哲學〉，孫振青，《政大學報》，五十期，民國 73 年 12 月。

54. 〈宋明儒學之物質與現代意義〉，劉述先，《哲學年刊》，三卷，民國 74 年 6 月。

55. 〈盡心與盡性〉，楊祖漢，《哲學年刊》，三卷，民國 74 年 6 月。

56. 〈程明道的天道觀〉，張德麟，《中大文學院院刊》，三卷，民國 74 年 6 月。

57. 〈張橫渠的性說〉，王開府，《師大國文學報》，十五期，民國 74 年 6 月。

58. 〈原氣〉，莊耀郎，《師大國研所集刊》，二九號，民國 74 年 6 月。

59. 〈張橫渠思想研究〉，劉錦賢，《師大國研所集刊》，二九號，民國 74 年 6 月。